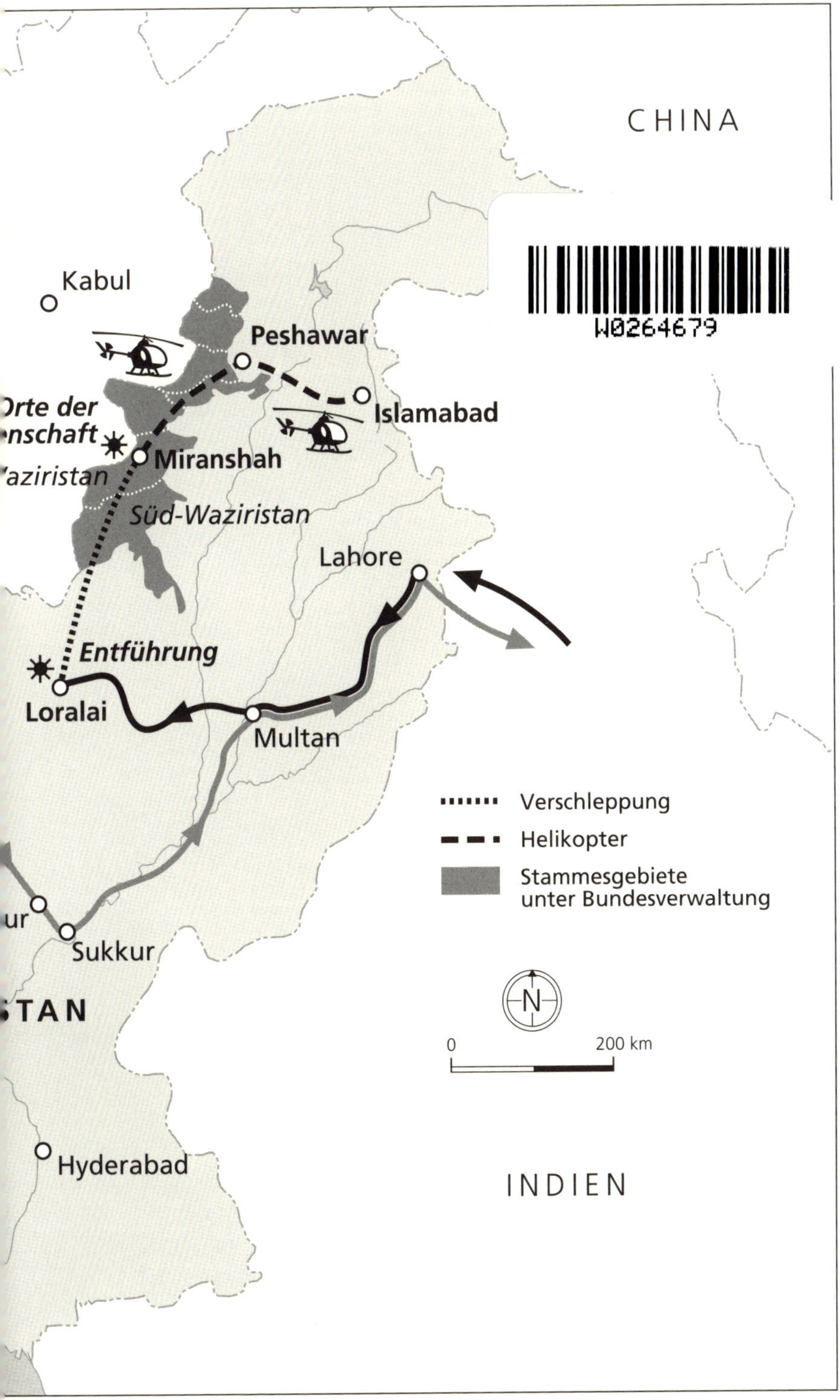
CHINA
Kabul
Peshawar
Islamabad
)rte der
nschaft
Miranshah
'aziristan
Süd-Waziristan
Lahore
Entführung
Loralai
Multan
ur
Sukkur
TAN
Hyderabad
INDIEN
Verschleppung
Helikopter
Stammesgebiete
unter Bundesverwaltung
N
0
200 km

Daniela Widmer
David Och

UND MORGEN SEID IHR TOT

Erfahrung ist nicht das, was einem zustößt.
Erfahrung ist, was du daraus machst.

Aldous Huxley

KAPITEL I

DIE ENTFÜHRUNG
1. JULI 2011

Aus dem Autoradio ertönt Jack Johnson, ich singe laut mit. David dreht die Augen gen Himmel, weil er meinen Gesang inzwischen nur mit Mühe erträgt. Wie immer ist er ganz aufs Fahren konzentriert, kontrolliert Ölstand, Kühlertemperatur und die Tanknadel.

David hat bisher genau so zuverlässig gearbeitet wie der Dieselmotor, der unter unserer Kabine nagelt. Nichts konnte ihn in den letzten zwei Monaten erschüttern, weder die Stürme, die mich nachts aus der Koje warfen, noch der Mob, der auf der Schnellstraße plötzlich unseren Bus einkeilte. Aber die vielen Magenverstimmungen haben David ausgezehrt, auch er will wieder in unserem Bett schlafen, duschen, Greyerzer Käse essen ... Außerdem will er, seit er einen mysteriösen Ausschlag am Bein hat, unseren Hautarzt konsultieren. In drei Wochen möchten wir zu Hause in der Schweiz sein. Spätestens zum Nationalfeiertag am 1. August. Wir wollen kein Risiko eingehen und haben für die Rückfahrt eine Route gewählt, die uns erfahrene Individualreisende und Einheimische empfohlen haben: über Loralai nach Quetta. Hier soll die politische Lage entspannt sein, die Orte sehenswert.

Jack Johnson, der von seinem Leben als Wellenreiter singt, vom kühlen Wasser des Pazifiks, schafft einen kuriosen Kontrast zur Wüstenlandschaft, die an unserem zum Wohnmobil umgebauten LT 35 vorbeizieht. Wir sind in Belutschistan, karges Geröll, Hügel, die wie Abraumhalden wirken. Ab und zu ein Baum, manchmal Kamele. Belutschistan ist die größte Provinz Pakistans, und die am dünnsten besiedelte. Aber wer in den Iran will, muss sie zwangsläufig durchqueren.

An einem großflächigen Parkplatz, den eine einzige Zapfsäule als Tankstelle kenntlich macht, steht ein Lkw. Als wir ihn passieren wollen, springen plötzlich Menschen vom Anhänger. Etwa dreißig Männer laufen auf die Straße, umringen unseren Bus und schreien: »Thank you for coming to Pakistan!« – »Give us all a chance!«

Immer wieder sind wir erstaunt über die herzliche, offene Art der Pakistani. Über die kleinsten Geschenke freuen sie sich. Für die Kinder ist schon ein Filzstift ein kleiner Schatz. Trotzdem muss man in diesem Land auf der Hut sein. Wir haben von Gefechten zwischen Freischärlern und der pakistanischen Armee gehört, hin und wieder soll es Überfälle auf Touristen geben. Deshalb haben wir alles getan, was die Sicherheitsbehörden raten: Wir haben unsere Durchfahrt genehmigen lassen, Formulare für unsere genaue Route ausgefüllt und Geleitschutz angefordert. Vor uns fährt die pakistanische Polizei, ein Jeep mit vier bewaffneten Männern, der jetzt wartet, bis wir uns aus dem Pulk befreit haben.

Wir kommen nach Loralai, eine Ansammlung niedriger, sandfarbener Häuser. Auf der Straße wimmelt es von Fußgängern, Fahrrädern, Handkarren, Eseln und Ziegen. Unsere Eskorte bahnt uns im Schritttempo eine Gasse durch den Markt.

Am Ortsausgang sehe ich einen Stand mit Obst, ich tippe David auf den Arm, und er hält. Wir kaufen vier große Mangos, die uns so manches Mal über die Sehnsucht nach Vollkornbrot und Wein hinweggetröstet haben. Die Polizisten bleiben in ihrem Wagen und beobachten uns geduldig.

Wir setzen unsere Fahrt fort. Als wir die letzten Häuser

passiert haben, bremst der Jeep plötzlich ab und bleibt am Straßenrand stehen. David und ich schauen uns an. Was ist nun? Schon wieder eine Panne? So wie beim Start vor drei Stunden? Der Motor sprang nicht an, und wir mussten den Geländewagen gemeinsam anschieben.

Doch nichts geschieht. Wir schauen in die Führerkabine des Jeeps, auf Englisch fragt David den Commander durchs offene Seitenfenster: »Sollen wir weiterfahren?«

Der Commander nickt.

»Alleine?«, fragt David.

»Nein, die Ablösung ist verständigt. Sie wartet am nächsten Kontrollpunkt.«

»Wo ist der Kontrollpunkt?«, fragt David.

Der Commander zeigt nach vorne. »Ein Kilometer.« Er tippt an sein Käppi und verabschiedet sich. Der Wagen wendet, eine große, helle Staubwolke schluckt ihn. Diese fliegenden Wechsel haben wir schon mehrmals erlebt.

Die Landschaft wird freundlicher. Felder in zartem Grün, Bäume mit majestätischen Kronen, hin und wieder eine Hütte. Ich habe meine Mango gegessen, der Saft klebt an meinen Fingern. »Kannst du mal irgendwo anhalten?«, frage ich David.

»Schon wieder? Wozu denn?«

Ich zeige ihm meine Hände, aber David scheint mich nicht zu hören.

»Mich macht das klebrige Zeug verrückt bei der Hitze«, schiebe ich nach. Ich lasse zwar auf unseren Bus nichts kommen, elftausend Kilometer hat er sich über Passstraßen, Schotterpisten und durch Schlaglochparcours gequält, er hat gestöhnt, gekeucht und gekocht, aber uns nie im Stich gelassen. Allerdings liegt sein Motorblock in der Fahrgastzelle, was im Winter angenehm wärmt. Im Sommer ist derselbe Effekt weniger willkommen. Draußen sind es mindestens fünfundvierzig Grad, bei uns hier drinnen über fünfzig. Wir können gar nicht so viel trinken, wie wir schwitzen. Ich überlege, wie ich David erweichen kann, aber da schaut er schon zu mir herüber, lacht und setzt den Blinker: »Na gut. Ich muss sowieso mal.«

Er lässt den Bus in den Schatten zweier Bäume rollen. Ich steige nach hinten in den Wohnbereich und hole den Wasserkanister aus dem Schrank. Dann entriegle ich die Heckklappe, springe auf die Straße und schraube den Kanister auf. Spritze mir das brühwarme Wasser über Gesicht und Hände. Aus dem Augenwinkel sehe ich einen Jeep, der vorbeirollt und dann bremst. Langsam setzt er zurück.

Bitte nicht, denke ich. Ich will nicht schon wieder unseren zum Campingbus umgebauten VW-Lieferwagen vorführen, will nicht schon wieder erklären, was die Schweizer Medien über Pakistan berichten. Die meisten Einwohner Belutschistans haben noch nie einen Touristen gesehen, ihre Neugier ist groß und arglos, aber ich fühle mich im Moment nicht in der Stimmung für Publikumsverkehr.

»Da kommen Leute. Lass uns lieber weiterfahren«, sage ich zu David, der vor mir im Wohnbereich steht.

»Okay.«

Aus dem Jeep sind fünf Männer ausgestiegen, sie marschieren auf den Bus zu. Ich klettere zurück ins Wageninnere, doch ehe ich die Klappe schließen kann, ruft der Erste: »Hello, how are you?«

Der Mann trägt ein weißes Gewand, sein schwarzes Haar umrahmt ein gepflegtes, fast attraktives Gesicht. Dennoch ist mir bei seinem Anblick nicht wohl. »Bitte nicht eintreten«, sage ich – zum ersten Mal auf dieser Reise. Jetzt erkenne ich eine Waffe mit langem Lauf. Wie einen Spazierstock hat der Mann sie auf den Boden gestellt. Auf den Boden unseres Wohnbereichs. David versucht, ihm den Weg zu versperren, fasst ihn an der Schulter und ruft: »No, no!« Doch der Fremde springt herein, gefolgt von den vier anderen. Sie drängen uns zurück und schreien: »Dollar, Dollar!«

»Wir haben keine Dollars«, sagt David, im Gedränge der sieben Leiber.

Da treffen ihn zwei Schläge ins Gesicht. David bleibt ruhig. Er ist Polizist, er ist Kampfsportler, er ist auf Extremsituationen trainiert. Und das Wichtigste dabei ist Selbstbeherrschung.

»Es tut uns leid, wir haben keine Dollars«, sagt er noch einmal.

»Hinsetzen«, sagt der Mann im weißen Gewand. Ich fange an zu zittern, setze mich aber instinktiv auf die Klappe, unter der wir unser Geld, die Kamera und den Computer verstaut haben. Die Männer sind mit Kalaschnikows und Pistolen bewaffnet und zerren an Davids Hosentaschen herum. Er zieht zehntausend Rupien hervor. Aber die schlagen sie ihm aus der Hand und schreien immer wieder: »Dollar, Dollar!«

David sagt erneut, wir hätten keine Dollars. Seine Stimme ist nicht mehr so kontrolliert, als man ihm einen Gewehrlauf ins Gesicht drückt.

Mit einem Griff unter meine Achseln werde ich aus dem Bus gezerrt.

»Nicht meine Frau«, höre ich David schreien. »Nicht sie!« Hände fassen nach mir, mit einem Ratschen reißt mein Kleid. Ich werde über die staubige Erde geschleift und auf die Rückbank des Jeeps geworfen.

Ich war mein Leben lang ein Angsthase. Als Kind traute ich mich nicht allein in den Keller, und selbst als Erwachsene fürchte ich mich vor der Dunkelheit, was mir im Polizeidienst reichlich Probleme bereitete. Anfangs wollte ich auch nicht im Bus schlafen, weil die Straßengeräusche aus den finsteren Gassen die wildesten Fantasien bei mir freisetzten. Bis ich ein fast kindliches Zutrauen zu dem Bus entwickelte. Der Bus ist mein Zuhause geworden, mein Nest, mein Kokon. Ich will ihn nicht zurücklassen. Den Bus nicht und erst recht nicht David. Ich bin wie gelähmt. Ich sehe mich aus der Vogelperspektive, eine blonde junge Frau, inmitten dieser fremden Männer. Ich will zurück in unseren Bus, ich will zurück zu David.

Da merke ich, dass David bei mir ist. Er sitzt bereits im Jeep. Ich höre, wie sie auf ihn einschreien. Ich verstehe die Sprache nicht, sie klingt anders als Arabisch und Urdu, irgendwie weicher. Später werden wir merken, es ist Paschtu. Die Männer machen einen hektischen Eindruck, sie springen in den großen Geländewagen und wieder hinaus, wechseln die Plätze, hantieren mit den Waffen, zerren an uns herum und schreien uns Befehle zu. Falls die Männer einen Plan hatten, ist er gescheitert. Die Worte verschwimmen zu einem ungestalten Brei. Ich nehme nur noch den Waffenlauf wahr, der wieder in Davids Gesicht zeigt, ein Würgen in meinem Hals. Mein Kehlkopf drückt sich zusammen, löst einen Hustenreiz aus, aber ich kann nicht husten, ich kann nicht einmal atmen. Ich merke, dass jemand von hinten an meinem Schal zieht. Der Druck lässt ein wenig nach, als ich rückwärts über die Lehne rutsche und im Kofferraum lande. Ich muss mich in Embryonalstellung auf die Seite legen und sehe plötzlich Davids Gesicht vor mir. David. Er ist genauso zusammengerollt wie ich. Seine Augen machen mir keinen Mut. Sein Blick ist leer.

Ein dicker Mann zwängt sich zu uns in den Kofferraum und lehnt sich mit dem Rücken gegen die Heckklappe. Seine Schienbeine drücken sich in meine Flanke, sein massiger Leib ist über uns und nimmt uns die Luft. Unsere Hände werden mit einem Seil gefesselt, dann wird es dunkel, eine Decke verschluckt mich. Die Decke riecht nach Staub und verbranntem Gummi. Sie riecht nach Schweiß, nach Davids Angstschweiß.

»David«, presse ich hervor, »was passiert?«

Der Jeep jagt mit jaulendem Motor durchs Gelände. Er setzt über Buckel hinweg, die Reifen drehen durch, greifen plötzlich wieder in den Untergrund. Bei jedem Satz, den das Fahrwerk macht, knallt mein Kopf auf den Boden, und ich meine, unter der Decke zu ersticken.

»Wir sind nicht mehr auf der Straße«, flüstere ich.

»Sie bringen uns nach Afghanistan«, meint David.

»Wozu?«

Er antwortet nicht.

»Sie erschießen uns?«, frage ich.

»Zuerst fahren sie uns in die Wüste. Dann bringen sie uns um.«

Ich kann nicht weinen, ich kann nicht schreien. Meine trockene Zunge klebt am Gaumen, und ich bekomme keine Luft mehr.

»Es wird schnell gehen. Wir werden nicht leiden müssen«, meint David. »Ich liebe dich, vergiss das nicht.«

»Ich liebe dich auch.«

Ich denke an Liv und Fynn, die beiden Kinder unserer besten Freunde, mit denen ich so oft im Garten, nur wenige Meter vom Aare-Ufer entfernt, gespielt habe. Ich denke an ihre blonden Haare, die kleinen, schmalen Finger, die nach meiner Hand griffen, wenn ein Tier im Laub raschelte.

Davids Hand dagegen ist kalt und steif, aber sie versucht, meinen Druck zu erwidern, mir Mut zu machen. Ich schluchze und flüstere: »David«, aber dann brüllt man uns an, wir sollen still sein.

David, der hyperventiliert hat, versucht seine Atmung zu

beruhigen, und ich flehe immer wieder: »Bitte, bitte, bringt uns nicht um.«

Ich denke an meine Mutter, die heute, am Freitagnachmittag, mit ihrer Freundin ihren obligatorischen Trainingslauf macht, sich danach mit einem Glas lauwarmem Wasser ins Wohnzimmer setzt und hinausschaut über die blühenden Wiesen und die Maisfelder, auf denen die Julihitze steht. Sie freut sich, dass das Wochenende beginnt, dass sie ihre Rosen schneiden und etwas Besonderes kochen kann. Sie wird den Computer hochfahren, sich ins Internet einwählen und auf unserem Reiseblog nachsehen, wo wir gerade sind. Seit unserer Abreise aus Langnau habe ich fast täglich über unsere Etappen berichtet, ich habe unsere Koordinaten an unseren Freund Fabian gemailt, der unseren Standort aktualisierte. Sechsundsechzig Tage lang konnten unsere Angehörigen teilhaben an unserer Reise, konnten unsere Fotos, unsere exotischen Kleider, unsere Erlebnisse mitverfolgen. Heute wird meine Mama keinen neuen Eintrag finden, und wie jede Mutter wird sie einen feinen Stich in ihren Eingeweiden spüren. Die Angst, dass ihr Kind in Gefahr sein könnte.

»Seid vorsichtig. Ich bin erst dann beruhigt, wenn du in unser Haus läufst und ich dich umarmen kann«, hat sie mir gestern in ihrer SMS geschrieben. Nun denke ich, sie wird mich nie wieder umarmen können.

Plötzlich hält der Jeep, und wir können durch eine Ritze aus dem Kofferraum sehen. Die Landschaft ist menschenleer, keine Straße erkennbar. Ich habe das Gefühl, ins Leere zu fallen. Der Anführer spricht in sein Handy, dann geht die Fahrt weiter. Sie dauert Stunden, während sich die Hitze zu einem unerträglichen Druck auflädt, das Blut sich an den Fesseln staut. Manchmal hebt David mit der Nase einen Zipfel der Decke, manchmal fächelt ein Bewacher uns Luft zu. Man flößt uns

Wasser ein. Und als ich das warme, nach Plastik und Schlamm schmeckende Wasser auf meiner Zunge spüre, denke ich: Wozu das knappe Wasser teilen? Mit zwei Menschen, die sowieso gleich sterben? Ich will den Gedanken gar nicht zu Ende denken, zu groß ist die Furcht, es könnte alles nur eine Illusion sein, aber der Gedanke lautet: Vielleicht werden sie uns doch nicht töten. Zumindest vorerst nicht. Weil sie uns für etwas anderes brauchen. Aber wofür?

Sie scheinen es selbst nicht zu wissen, denn während die Männer hektisch den Wagen über Schotterstraßen, Feldwege und dann wieder querfeldein steuern, murmeln sie selbstvergessen ihre Suren. Der Dicke bei uns im Kofferraum, der eine Pistole und eine Sprengstoffweste trägt, hat angefangen zu weinen.

Ich sage auf Englisch, dass wir Kinder hätten, die in der Schweiz auf uns warten, sie mögen uns doch bitte nicht töten.

»No kill, Rupees«, antwortet einer der Männer. Wir haben gehört, dass er Subera heißt. Er ist groß und hager und kann ein wenig Englisch. Wenn sie Rupien wollen, warum haben sie dann David das Geld aus der Hand geschlagen?

Was ist das für ein Kommando?

Unser ganzer Leib schmerzt, Arme und Beine sind eingeschlafen, als der Wagen endlich hält und die Decke zurückgeschlagen wird. Wir schnappen nach Luft. Stunden sind vergangen. »Wir haben eine Kreditkarte im Bus«, sage ich, »damit könnten wir Geld abheben.« Subera erwidert in seinem gebrochenen Englisch: »Wir können nicht zum Bus zurück.« Außerdem – wo sollten wir einen Geldautomaten finden? Wir stehen mitten in der Wüste. Nur karstiges Geröll, ein paar vertrocknete Grasbüschel und Kakteen sind zu sehen. Wir setzen uns auf, und ein anderer Entführer schaut über die Rückbank zu uns und sagt: »Smile.« Ich schüttle den Kopf und erwidere: »No smile.« Er zückt ein Handy und schießt ein Foto von uns.

Die Männer geben uns weiße Kleider, dieselben weiten Hosen und Umhänge, die sie selbst tragen. Wir müssen, während das Blut wieder anfängt, in den Gliedern zu zirkulieren, und alle Muskeln brennen, die Kleider über unsere Sachen ziehen. Der Anführer mit seinem hübsch geschnittenen Gesicht steigt nun ebenfalls auf die Rückbank. Er schaut wieder freundlich, so wie bei unserer ersten Begegnung in Loralai, als er seine Kalaschnikow wie einen Spazierstock in den Bus gestellt hat. »Killing David and Daniela?«, fragen wir. Er lacht und schüttelt den Kopf. »No killing.« Er gibt uns die Hand darauf, sagt, er heiße Omera, und erklärt dann mit Gesten, das sei ein Versprechen, das gilt – es sei denn, wir versuchen zu fliehen.

Meine Blase sticht. Ich frage, ob ich auf die Toilette gehen kann. Man bringt mich vor den Kühler des Geländewagens, wo jedoch mehrere Entführer stehen. Plötzlich ist die Situation entspannt. Sie werden uns nicht töten, denke ich und bedeute ihnen, sie müssen die Augen schließen, solange ich pinkle. Und da stehen sie in Reih und Glied, mit geschlossenen Augen, in dieser schier unendlichen Fläche und warten artig, bis meine Blase entleert ist.

Die Fahrt geht weiter. Trotz ihrer Zusicherungen fragen wir die Männer immer wieder, mit umständlichen Gesten, ob sie uns erschießen werden. Nein, geben sie uns zu verstehen. Aber wir trauen ihnen nicht. Wie auch? Direkt nach der Entführung haben sie in der Seitentasche von Davids Hose unsere Pässe gefunden. Nun haben sie auch die restlichen Sachen, die sie aus unserem Bus mitgenommen haben, durchsucht. Sie haben sich mein IKEA-Kissen und unser Moskito-Netz angeschaut, unsere Shoppingkarte, eine Magnetkarte von einem thailändischen Hotel und Davids Klangschale. Und schließlich haben sie in Davids Portemonnaie den Dienstausweis von der Berner Polizei entdeckt. Sie wissen jetzt, sie haben keine gewöhnlichen Touristen gefangen, sondern einen Polizisten. Dass auch ich bei der Polizei war, geht aus den Papieren nicht hervor. Werden sie uns jetzt doch erschießen, weil wir ihnen nicht geheuer sind?

Der Anführer und sein Assistent Adekka schauen einander an. Ihre Mienen sind undurchdringlich. Falls sie eine Entscheidung getroffen haben, wird sie uns nicht mitgeteilt.

In der Ferne ist eine Staubwolke zu sehen, die sich langsam nähert. Glanzlichter springen über das Geröll, die Sonne blinkt auf einer Blechkarosserie. Eine weiße Limousine hält direkt vor uns, ein kleiner, hagerer Mann steigt aus und begrüßt die Entführer. Wir werden umgeladen. Der neue Mann klettert auf den Beifahrersitz, Omera setzt sich ans Steuer und lässt sich von dem kleinen Mann, der sich offensichtlich in dieser Gegend bestens auskennt, dirigieren.

Man hat mir einen weißen Turban gebunden, um meine blonden Haare zu verstecken. In der Dämmerung erreichen wir ein kleines Gehöft aus beigefarbenem Stein. Die Männer verschwinden hinter einer Hütte, um sich zu erleichtern. Wir dürfen ebenfalls hinter die Hütte treten. Aber nicht gemeinsam. Sie halten David fest und machen Zeichen, ich müsse alleine gehen. Die wenigen Augenblicke, die David nicht bei mir ist, die ich alleine in dieser öden, menschenleeren Landschaft stehe, zehren all meine Widerstandskraft auf. Es ist, als wollte diese Landschaft mich zerstören. In der Schweiz sieht man Weiden, Straßen, rauchende Schlote, Berggipfel, Bahngleise, Strommasten. Alles kommt einem geordnet und sinnvoll vor, und das Panorama überragt die Muster der Zivilisation wie ein erhabenes Geschenk.

Hier ist die Landschaft feindselig. Nicht einmal für den Wind scheint es eine Angriffsfläche zu geben, an der er sich reiben, über die er fauchen oder zischeln könnte. Stille. Leere. »Nachdem Gott die Welt erschaffen hatte, war noch ein bisschen Schutt übrig. Er schmiss ihn auf die Erde, und wo er landete, entstand Afghanistan«, stand in einem unserer Reiseführer.

Mir fällt erneut Jack Johnson ein, wie er mit eleganten Schwüngen seines Surfbretts in eine Welle eintaucht, sich durch den Luftdruck wieder hinauskatapultieren lässt, wie er einen Moment lang auf dem Wellenkamm steht, zu fliegen scheint, vollkommen schwerelos und frei. Eine Melodie geht mir durch den Kopf, aber ich kann nicht singen.

Die Männer sitzen in der Hütte. Omera, den Anführer, haben wir für uns »Junkie« getauft. Neben ihm sitzt seine rechte Hand, Adekka oder »Rotchäppli«, der Mann mit roter Mütze. Dann ist da noch Manora, alias »Krustenfuß«, der hagere, große Mann mit den knochigen, von rissiger Hornhaut überzogenen Füßen, außerdem ein Mann mit einem Drei-Tage-Bart und dem Gesicht eines Süditalieners: Subera. Er wird eines Tages mit einer Ziege anmarschieren und daraufhin den Namen »Geißenpeter« bekommen. Khaled, der Dicke, der bei uns im Kofferraum gekauert hat, wird bei unserer weiteren Verschiebung als Koch dienen. Atschi, der sechste Mann, scheint hier zu Hause zu sein. Er bringt Essen, und wir setzen uns an die Außenmauer des kleinen Gehöfts, in dem offensichtlich seine Familie und seine Viehherde leben. Aber ich habe keinen Hunger, obwohl Geißenpeter mir die schönsten Stücke auf mein Fladenbrot legt. David nimmt sich ebenfalls von dem Fleisch und kaut es mechanisch. Sein Blick sagt mir, ich müsse essen, und so tue ich ihm den Gefallen.

Ich spüre nichts als unendliche Müdigkeit. Inzwischen sind

noch zwei weitere Fremde aufgetaucht, ebenfalls schwer bewaffnet. Die Gruppe verfügt über Kalaschnikows, Handgranaten, eine Panzerfaust, Sprengstoffwesten und Pistolen. Junkie hat außerdem ein amerikanisches M16-Sturmgewehr, wahrscheinlich eine Kriegsbeute, an der er besonders zu hängen scheint. Die Männer tragen Sackhosen, genannt »Shalwar«, und darüber einen »Sherwani« oder »Kamiz«, ein fast knielanges Hemd. Den Kopf haben einige mit einem Tuch bedeckt, andere tragen kreisrunde Hüte. Abgesehen von ihren kurzen Bärten sehen sie aus wie die Gotteskrieger, die wir von Fernsehbildern, aus Bekennervideos und Terrormeldungen kennen. David fragt sie, ob sie Taliban-Kämpfer seien. Junkie schüttelt den Kopf. »Nein«, sagt er, »keine Taliban.« Was sie dann sind, und was sie mit uns vorhaben, verrät er nicht.

Auf den Kissen, durch die die Wärme der Steine drang, bin ich, an David gelehnt, sofort in einen tiefen, bleischweren Schlaf gefallen. Nun zwinge ich mich, meine Benommenheit abzuschütteln, denn wir müssen laufen und einen Teil des Gepäcks tragen. In der Nähe knattert ein Mopedmotor, über uns wölbt sich ein strahlender Sternenhimmel, wie ich ihn nie zuvor gesehen habe. Als hätte man eine pechschwarze Leinwand, hinter der ein gewaltiger Scheinwerfer steht, perforiert. Das Licht lässt die Steine auf dem Boden gräulich schimmern. Der Hirte führt die Gruppe an, danach kommen Junkie und Geißenpeter, dann David und ich. Die anderen Männer bilden die Nachhut. Ich höre ihre Schritte im Geröll, das Metall der Waffen, und immer wieder frage ich David: »Werden sie uns von hinten erschießen?«

»Nein«, sagt er, wenig überzeugt.

Am Horizont werden Lichtzeichen gegeben. Ein Auto wartet auf uns. Es ist die weiße Limousine, mit der wir schon am

Nachmittag ein Stück gefahren sind. Wir können uns auf die Rückbank setzen und endlich ausruhen.

Der Wagen holpert über eine steinige Piste, immer wieder schlägt das Bodenblech auf, und dann fällt das Scheinwerferlicht auf eine glitzernde Fläche. Wir stehen an einem Bach, die Fahrt ist nach wenigen Minuten schon wieder zu Ende. Wozu sind wir dieses kurze Stück mit dem Auto gefahren? Wussten sie nicht, dass hier ein Bach verläuft? Obwohl der Hirte hier jeden Stein zu kennen scheint?

Alles wirkt jetzt wieder chaotisch und willkürlich auf uns. Ein Moped kommt angeknattert, es ist das Moped, das uns schon den ganzen Tag, in einem gewissen Abstand, eskortiert. Wir müssen durch den Bach waten, ich verliere immer wieder meine Flip-Flops und bekomme Gummisandalen mit Klettverschlüssen, die mir jedoch zu weit sind und nach kurzer Zeit schon Blasen verursachen.

Wir steigen einen Hügel hinauf. Der Hirte scheint sich blind orientieren zu können. Unsere Entführer folgen ihm, die schweren Waffen schleppend. Doch plötzlich werden sie hektisch, zischen einander an und werfen ihre Lasten ab. Man hört einen Motor. Sie legen sich auf den Boden und befehlen uns, es ihnen gleichzutun.

Ein Motorrad knattert durch die Stille, der Scheinwerfer tanzt über die Geröllfelder, kriecht den Hügel hinauf und senkt sich dann Richtung Tal. Als wieder Stille herrscht, dürfen wir aus der Deckung kommen, der Marsch geht weiter. Stundenlang. Ich umklammere Davids Hand, rutsche aber trotzdem in den zu großen Gummisandalen aus, schlage mir das Knie blutig.

Wenn gerastet wird, sitzen wir im Kreis und eine in Stoff eingeschlagene Plastikflasche mit trübem Wasser macht die Runde.

Gegen Morgen breiten die Männer ihre Tücher auf den Steinen aus. Diese Tücher haben viele Funktionen. Sie dienen als Kleidungsstück, zur Vermummung, als Taschen- und Handtuch sowie als Isomatte. Wir müssen uns in ihre Mitte legen. Ich lausche angsterfüllt auf ihre Stimmen, die eine unverständliche Sprache sprechen, versuche, am Tonfall zu erkennen, was mit uns geschehen wird. »Ich habe ein ungutes Gefühl, Daniela«, hat meine Mutter immer wieder vor der Abreise gesagt, »bitte, fahr nicht.« Ich sehe den Mond, den sie jetzt ebenfalls betrachtet, sich fragend, warum wir uns nicht mehr melden. Doch irgendwann ist der Selbsterhaltungstrieb, der die Funktionsfähigkeit des Körpers über alles stellt, stärker als alle Ängste, und ich falle in einen tiefen Schlaf.

2. JULI

Ich kann mich nicht erinnern, in diesen ersten Stunden geträumt zu haben. Falls doch, dann sicher von zu Hause, vom Wohnzimmer meiner Eltern, von dem Kuchen, den meine Mutter am Sonntag serviert, vom Blick über unseren Garten und das weite, grüne Tal. Im Wachzustand kreisen meine Gedanken jedenfalls permanent um meine Eltern. So schmerzhaft diese Gedanken sind. Ich spüre eine unendliche Entfernung von ihnen, die noch größer wird durch die Vorstellung, dass sie nichts von unserem Schicksal wissen. Machen sie sich Sorgen, weil unser Reiseblog schweigt? Weil wir auf ihre Anrufe und SMS nicht reagieren? Hat man unseren verlassenen Bus mit dem Schweizer Kennzeichen gefunden? Hat man womöglich bereits die Behörden alarmiert?

Wir wissen nicht, dass meine Eltern schon gestern in den Acht-Uhr-Nachrichten von der Entführung zweier Schweizer Touristen in Belutschistan gehört und sofort an uns gedacht haben, dass die Berner Polizei in der Nacht bei Davids Mutter geklingelt und ihr von unserem Verschwinden erzählt hat. Dass unser Freund Fabian, der diese Reise von Anfang an mit geplant und im letzten Moment darauf verzichtet hatte, soeben Peter und Muriel, die Eltern von Liv und Fynn, verständigt hat, und dass Peter nun flucht und schreit, bis er den erschrockenen Gesichtsausdruck seiner Mädchen sieht und sich beherrscht.

Mit David rede ich stundenlang von zu Hause, auch wenn er immer einsilbiger wird und schließlich mürrisch reagiert.

Wir sind schon wieder in Marsch gesetzt worden. Beim ersten Morgengrauen hat man uns wachgerüttelt, mit Gesten und den wenigen Wörtern Englisch, die Manora spricht. Die anderen sagen nur alle zwanzig Minuten: »No tension, no problem«, »Inschallah«, oder geben uns Befehle: »Sleep!«, »Rest!«, »Walk!«. Der Hirte geht wie üblich voraus, dann kommen die fünf Entführer und wir. Die restlichen Männer gehen in einigem Abstand. Mal seitlich versetzt, mal vor oder hinter unserer Gruppe. Als Geleitschutz, Spähtrupp, Bewachung. Das Kommando verfügt über militärische Erfahrung. Auch hinter dem Zickzack-Kurs, der scheinbar planlosen Verschiebung, steckt eine Logik. Das Kommando bewegt sich deshalb so wirr, weil es sich in Feindesland befindet, Hauptstrecken und Kontrollpunkte meiden muss, weil niemand uns als Geiseln identifizieren darf. Und damit taucht ein neuer Gedanke auf: Wenn eine Polizei- oder Militärstreife uns aufgreift, sind wir befreit. Ein Hoffnungsschimmer. Aber auch nicht mehr. Denn bei einem solchen Zusammentreffen käme es sicher zu einem Schusswechsel. Unsere Bewacher schleppen nicht umsonst eine Panzerfaust und Handgranaten mit sich herum. Wie groß sind unsere Überlebenschancen, wenn wir in ein Kreuzfeuer geraten, bei dem Granaten fliegen und MG-Salven abgefeuert werden?

Und fliehen können wir auch nicht. Unsere Entführer beargwöhnen jede unserer Bewegungen, und vor allem David, der sie um einen Kopf überragt, nehmen sie permanent ins Visier.

Nach nur einer halben Stunde sind wir auf einer Ebene, auf der mehrere Steinhütten stehen. Die Eingänge sind mit dürrem Gestrüpp versperrt. Es wird Tag. Zeit sich zu verstecken. Wir werden in einen Schafstall bugsiert. Sie breiten Matten aus, auf denen wir schlafen sollen.

Als ich wieder erwache, liege ich neben einer pechschwarzen Steinwand. Sie ist ebenso von Ruß überzogen wie das Strohdach über mir. Durch ein Loch in der Mitte fällt grelles Licht. Ich setze mich auf. Mein Körper ist steif, und sofort wird mir unsere Lage wieder bewusst: Dass wir hier inmitten bewaffneter Banditen sind. Dass unser Leben wahrscheinlich vorbei ist. Einige Meter entfernt liegt Geißenpeter. Er versperrt mit seinem Körper die Türöffnung. Er liegt auf dem Rücken und schläft. Ich beuge mich über David, der ebenfalls noch schläft, dann stehe ich auf und schleiche auf den Fremden zu. Soll ich über ihn hinwegsteigen? Ich will ins Freie, denn die Luft unter der niedrigen Strohdecke ist muffig. Ich stehe gebeugt da, sehe das hellblaue Gewand, die Plastikuhr am Handgelenk des Mannes, die Kalaschnikow neben ihm. Vorsichtig tippe ich auf seine Schulter. Er öffnet seine braunen Augen und blickt mich an. Ich deute auf seine Uhr: 8.45 Uhr. Ich erkläre mit Gesten, dass ich gerne hinausgehen, die Landschaft sehen möchte. Er setzt sich auf und tritt vor die Hütte, deutet an, dass ich meine Haare verdecken soll. Ich folge ihm ins grelle Sonnenlicht. Zur Rechten stehen Hütten, zur Linken öffnet sich die unendliche Weite, flach, leicht abfallend, bis zu einem kleinen Hügel am Horizont. Es ist totenstill. Mein Bauch krampft sich zusammen, mein Herz rast, und mein Kopf scheint zu explodieren. Niemand wird uns hier jemals finden, niemand wird uns helfen können. In drei Tagen sollen wir angeblich in Peshawar sein, Inschallah. Ich drehe mich um und bedeute Geißenpeter, dass ich Durst habe. Er beugt sich in die Hütte, reicht mir eine Plastikflasche und erklärt auf Paschtu, dies sei die Tagesration für uns alle. Zu essen gebe es nichts. Aber ich habe sowieso keinen Hunger. Dann fällt mein Blick nach rechts, auf einen zweiten Stall. Darin liegt meine Tasche, der Inhalt auf dem Boden verstreut. Ein *Tages-Anzeiger*, das UNO-Kartenspiel. Erst danach bemerke ich Junkie, der zwischen den Ställen auf dem Rücken liegt, alle viere von sich gestreckt, mit Waffen überhäuft. Er schläft in seinem strahlend weißen Gewand, sein Brustkorb hebt und senkt sich. Und ich frage mich, ob ich das wirklich erlebe, ob ich nicht träume oder schon tot bin.

Als alle erwacht sind, sitzen wir mit den Entführern zusammen, die mir meine Handtasche zurückgeben. Mit einem merkwürdigen Gefühl der Dankbarkeit nehme ich sie in Empfang. Das UNO-Spiel, den Kamm, das Moskitonetz. Die Gegenstände sind mir vertraut und starren mich doch merkwürdig fremd an. Als stammten sie aus einem anderen Leben, in das ich nie wieder zurückkehren darf.

Was wir von Beruf seien, fragt uns Geißenpeter. Da er besser Englisch kann als Junkie, übersetzt er dessen Fragen. David und ich haben eine Legende abgesprochen, die wir vortragen. Wir führen gemeinsam ein Restaurant, David leitet die Küche, ich mache die Geschäftsführung.

Sie nicken. Die Antwort scheint ihnen plausibel.

»Wie viele Kinder?«

»Zwei«, behaupte ich wieder. Denn es wird ihnen schwerer fallen, Eltern kleiner Kinder umzubringen, hoffe ich. Und die Notlüge ist von der Wahrheit gar nicht so weit entfernt. Liv und Fynn, die Kinder unserer Freunde, sind für mich fast wie eigene Kinder.

Ob wir verheiratet seien.

Wir nicken, denn wir wissen, dass für Muslime eine »wilde Ehe« eine Todsünde ist.

Geißenpeter grinst und zieht Davids Polizeiausweis hervor. David und ich blicken einander verstohlen an. Also haben sie die Papiere doch zu deuten gewusst. Aber die Männer scheinen die Lüge nicht übel zu nehmen. Sie wirken jetzt ganz zugänglich. Sie sprechen Paschtu. Und für die Paschtunen ist die Gastfreundschaft das wichtigste Gebot. Selbst Feinden gegenüber. Später, gegen Abend, wird Junkie uns sogar Zahnpasta und eine Zahnbürste geben. Er hat einen Rucksack dabei, in dem alles ist, was man für die Entführung westlicher Touristen braucht: Psychopharmaka, Zahnbürsten, Körpercreme und Zahnpasta. Unsere Bewacher haben dagegen nur ein kleines Holzstück für die Mundhygiene. Was uns wie ein Symbol für Unwissenheit und Armut vorkommt, ist in Wahrheit Teil einer jahrhundertealten Tradition. »Miswak« heißt die Pflanze, deren Zweige oder Wurzelstücke zerkaut werden, um dann mit dem ausgefransten Teil als Zahnbürste, Zungenschaber und Massagestab eingesetzt zu werden. Das Holz enthält Fluoride und fungiert somit zugleich als Zahnpasta. Und tatsächlich haben unsere Entführer, obwohl sie die meiste Zeit Kautabak im Mund haben und reichlich schwarzen Tee trinken, blendend weiße Zähne.

Wir sind Gäste, und wir sind Gefangene. Während die Männer ständig ein- und ausgehen, sich unterhalten, zum Waschen an einen nahe gelegenen Bach marschieren, sich zum Beten versammeln, müssen wir den ganzen Tag in der Hütte bleiben. Wir dösen, spielen UNO, manchmal spielt sogar einer der Männer mit, obwohl den strenggläubigen Muslimen das Kartenspielen verboten ist.

Um vierzehn Uhr, die Männer haben gerade ihr Gebet verrichtet, kommen im Radio Nachrichten. Das Gerät trägt immer Rotchäppli, der die Frequenz einstellt und den Ton lauter stellt. Alle Männer sitzen bei uns im Stall, die Waffen neben sich. Wir verstehen die Meldungen nicht, bis auf die Worte »Schweizer« und »Loralai«. Nun ist es also öffentlich. Wir sind verschleppt worden. Nun wissen es auch unsere Eltern. Tränen laufen mir über die Wangen. Ich kann noch immer nicht glauben, dass die zweimonatige Reise schlagartig diese grausame Wendung genommen hat.

Wir schauen einander an, dann die Männer. Was bedeutet die Nachricht für sie? Dass sie noch vorsichtiger sein müssen? Dass nach uns gesucht wird?

Als die Dämmerung einsetzt, müssen wir uns wieder in Marsch setzen. Und dies wird nun tagelang so gehen: im Dunkeln marschieren, tagsüber in einem Versteck ausharren.

Allerdings herrscht an diesem Abend kein Wetter zum Marschieren. Es wetterleuchtet, Donnergrollen kommt näher, und dann setzt ein so heftiges Gewitter ein, als würden sich die Hitze dieses Wüstensommers und all die Feuchtigkeit, die eine unbarmherzige Sonne dem Boden entzogen hat, mit einem Mal über unseren Köpfen entladen. Das Wasser prasselt auf uns nieder, innerhalb weniger Minuten sind alle Kleiderschichten durchweicht, die Steine glitschig, der Regen sammelt sich zu Sturzbächen. Die Blitze erleuchten die Geröllhänge, die wir erklimmen, der Pfad verwandelt sich in einen Bach. Das Wasser schießt ins Tal, reißt Sand und Schutt mit sich, schlägt die Steine gegen unsere Schienbeine, holt uns von den Füßen. »Stell dir einen Bergmarathon vor!«, ruft David. Genau das hatte ich getan. Auf der Suche nach dem tranceartigen Zustand, in dem man nur noch die monotone Anstrengung der Muskeln wahrnimmt, Kontraktion und Entspannung, Kontraktion und Entspannung, dazu das Pumpen der Lungen und des Herzmuskels, das Gehirn, das in einen Zustand angenehmer Untätigkeit verfällt. Ich bin schon viele Halbmarathons gelaufen, aber dieser Marsch, in den zu weiten Sandalen, in denen ich haltlos umherrutsche, auf schmerzenden Blasen, umringt von Granaten und Gewehrläufen, ist mit keinem meiner Läufe zu vergleichen. Ich werde nicht in einer halben Stunde unter einer heißen Dusche stehen und mich abfrottieren. Eine merkwürdige Lähmung hat mich befallen, und jeder einzelne Schritt bringt mich auch an die Grenze der mentalen Erschöpfung.

Mit traumwandlerischer Sicherheit springt der Hirte über lockeres Gestein, über Gräben und Dornen.

Stunden später haben wir endlich die Hütte erreicht. Wir sitzen in dem feuchten, fensterlosen Raum, tropfnass und ausgekühlt. Die Männer breiten ihre ebenfalls durchnässten Decken und Rollkissen aus. Krustenfuß zieht aus dem Strohdach Reisig hervor und entfacht ein Feuer, Junkie und Rotchäppli sind verschwunden. Wir sitzen zu siebt um das lodernde Feuer, versuchen uns zu wärmen, die Männer ziehen ihre Sherwanis und Tücher ab und hängen sie zum Trocknen unter das Dach. David tut es ihnen nach, aber ich behalte meinen feuchten Turban auf, in der Hoffnung, dass er ein wenig Schutz gegen Läuse und Flöhe bietet. Draußen tobt das Gewitter, dicke, schwere Tropfen prasseln auf das Strohdach, während die tanzenden Flammen die Gesichter erleuchten und bizarre Schatten an die Wände werfen. Normalerweise mag ich keinen Feuerrauch, aber jetzt lasse ich mich davon einhüllen, verkrieche mich hinter Davids feuchtem Rücken, versuche, irgendeinen positiven Gedanken zu finden. Ich bitte Krustenfuß, das Feuer die Nacht über am Leben zu erhalten. Er willigt ein, und ich gleite in den Schlaf hinüber.

Mitten in der Nacht hört Krustenfuß ein Geräusch hinter uns an der Wand. Er springt auf, weckt die anderen. Nur David und der Hirte bleiben liegen, während ein Tausendfüßler durch eine Ritze in der Steinmauer krabbelt und versucht, ein Stück Plastik nach draußen zu ziehen. Die Männer sind überraschend nervös, aber keiner traut sich in die Nähe der Geräuschquelle. David verscheucht das Spinnentier, und die Männer beruhigen sich wieder.

Als wir aufwachen, duftet es nach Tee und süßem Reis. Der Hirte muss in aller Frühe Milch, Zucker und alle anderen Zutaten besorgt haben. Das Ritual sieht vor, dass man uns die erste Tasse anbietet, wir höflich ablehnen und die Tasse weiterreichen, woraufhin einer unserer Entführer ablehnt und die Tasse zurückgibt. Dann dürfen wir trinken. Der Tee schmeckt herrlich. Für einen Augenblick ist unsere aussichtslose Lage vergessen, die stinkende Feuchtigkeit, die Klamotten, die zum Trocknen über dem Feuer hängen, die bärtigen Gesichter unserer Entführer. Wir legen uns erschöpft und vor Kälte zitternd nieder und hoffen, dass es bald Abend wird, denn tagsüber dürfen wir nicht nach draußen gehen. Wir schlafen noch einmal ein. David reibt verstohlen über meine Arme.

Es tut gut, sich in Schlaf fallen zu lassen und einfach zu vergessen. Vielleicht wacht man auf, und alles ist vorbei. Den ganzen Tag hatte ich mich gefühlt wie in einem Traum. Alles war so irreal: Daniela, die Achtundzwanzigjährige, die inmitten von Mudschahedin durch die Wüste läuft, sich auf den Boden wirft, sobald sich jemand nähert, und sich benimmt, als gehöre sie zu diesem Kämpferkommando. Aber wir haben die Nachricht im Radio gehört. Es ist wahr, keine Vision.

3. BIS 6. JULI

Wir werden vier Tage in dieser Hütte verbringen. Vier Tage, in denen wir mit den Flöhen und der Langeweile kämpfen, in denen wir lernen, die linke Hand anstelle von Toilettenpapier zu benutzen und mit der rechten zu essen. Unsere Entführer achten streng darauf, die vorgeschriebenen fünf Gebete am Tag einzuhalten: beim ersten Lichtschimmer, zu Mittag, eineinhalb Stunden vor Sonnenuntergang, kurz nach Sonnenuntergang und dann noch einmal zwei Stunden später. Sie befinden sich auf feindlichem Territorium, fürchten, jeden Augenblick entdeckt oder angegriffen zu werden, aber sobald sie ihre rituelle Waschung vornehmen und ihre Tücher gen Mekka ausbreiten, scheint dies keine Rolle mehr zu spielen. Als wären sie dann allem entrückt, unverwundbar. Wir fragen uns unterdessen, wann es endlich weitergeht. In ein paar Stunden, heißt es, man warte auf ein Auto. Das Auto kommt nicht. Wir werden immer ungeduldiger. Wir wollen einfach nur weg, weiter. Wir denken, je schneller alles geht, desto schneller sind wir wieder in der Schweiz. Unsere Entführer vertrösten uns. »Bald«, heißt es, dann: »in ein paar Stunden«, »morgen«. Wir sind vollkommen ohnmächtig. Können nicht einmal gegen diese schwammigen Begriffe angehen.

Ich denke immerzu an meine Eltern. Der Gedanke ist wie eine Obsession. Ich will sie endlich anrufen, ihnen sagen, dass ich entführt, aber am Leben bin. Immer sehe ich das Gesicht meiner Mutter vor mir, ihre gütigen Augen, meinen hoch aufgeschossenen Vater mit seiner herrischen Stimme, seinen unmissverständlichen Gesten, die Anweisungen geben, Probleme lösen. Mein Vater, der ein Haus nach dem anderen hochgezogen hat, mit seinem starken Arm. Aber sein Arm reicht nicht bis hierher.

Ich weiß nicht, warum mir meine Geschwister nie in den Sinn kamen. Es ist, als hätte mein Gehirn immerfort SOS-Rufe abgegeben, aber ausschließlich in Richtung meiner Eltern. Erst viele Tage später, als unsere Situation sich stabilisiert hat, werden mich auch andere Erinnerungen und Gedanken heimsuchen. Dann erst werden meine Geschwister vor meinem inneren Auge erscheinen, obwohl ich zu ihnen ein genauso enges Verhältnis zu haben glaubte wie zu meinen Eltern. Während der Entführung werden wir immer wieder feststellen, wie selektiv unsere Psyche arbeitet. Immer nur auf ein Ziel ausgerichtet: überleben. Grundfunktionen von Körper und Geist sicherstellen, die Hoffnung aufrechterhalten, nach Auswegen oder Hilfe suchen. Instinktiv scheine ich diese Hilfe nicht mit meinen Geschwistern, sondern mit meinen Eltern zu assoziieren.

Ich weiß nicht, dass mein Vater schon auf der Bank war und dass meine Geschwister ein Dokument unterschrieben haben, mit dem sie auf ihr Erbe verzichten, damit eine möglichst hohe Summe für ein etwaiges Lösegeld zusammenkommt.

Einmal dürfen wir tagsüber kurz die enge Hütte verlassen, auf einem Stein sitzen, umringt von den bewaffneten Männern. Aber sobald eine Herde am Horizont auftaucht, müssen wir uns hinlegen und werden mit Tüchern bedeckt. Beeindruckende Bilder prägen sich uns ein: Hirten, die mit dieser unwirtlichen Landschaft in Symbiose zu leben scheinen. Reiter mit farbigen Turbanen, die langsam und majestätisch durch die endlose Weite kommen und plötzlich vor unseren Hütten stehen.

Unsere Bewacher sind nervös und ängstlich. Sie meinen, seitdem die Meldung über den Rundfunk verbreitet wurde, suche die Armee mit Bodeneinheiten und Flugzeugen nach uns.

Die Zeit in der Hütte dehnt sich unerträglich, manchmal führen wir rudimentäre Gespräche mit den Entführern. Krustenfuß verspricht uns immer wieder »Doppelbett, Internet, Telefon, Haus«. An dieser unrealistischen Hoffnung halten wir uns fest.

Wenn wir bei Einbruch der Dämmerung endlich ins Freie dürfen, setzen die Kämpfer sich in ein Geviert, in dem wir gehen und Liegestütze machen. Vom ersten Augenblick an kämpfen wir gegen Verzagtheit und Resignation. Wir machen Dehn- und Kraftübungen, und ich versuche, auf den paar Quadratmetern, die uns als Raum gelassen werden, zu traben.

Wir erfahren, dass wir in drei Wochen wieder zu Hause in der Schweiz sein werden. Wir rechnen, in drei Wochen ist der 22. Juli, es kommt uns wie eine unvorstellbar lange Zeit vor, aber das hieße auch, dass wir wenigstens am Nationalfeiertag wieder daheim sein würden. Sobald wir das Haus erreicht hätten, begönnen die Verhandlungen. Wenn das Geld da sei, dürften wir gehen. Es klingt einleuchtend und beruhigend. Wir sind Geiseln, wir sind ihr Kapital. Sie werden gut auf uns achtgeben. Solange wir nicht aufbegehren.

Wie sind wir nur in diese Situation geraten?, frage ich mich immer wieder. Trotz Polizeischutz, trotz unserer Vorsichtsmaßnahmen.

Ich denke an Mister Faruk, den Polizeicommander, bei dem wir den letzten Abend in Freiheit verbracht haben. Ein komischer Abend, der ein ungutes Gefühl bei mir hinterlassen hat. Mister Faruk war zudringlich und legte die westlichen Umgangsformen auf eine anzügliche Art aus. Nachdem er uns festlich bewirtet hatte, wollte er mit uns tanzen und sogar ein erotisches Video drehen. Stolz, unser Gastgeber zu sein, rief er seine Freunde an und gab das Handy an uns weiter, damit wir mit diesen Freunden redeten. Ich wollte nicht, sagte nur »Hallo« und gab Mister Faruk sein Handy zurück. Seine prahlerische Art, die Grobheit, mit der er seinen Diener behandelte, erfüllte das ganze Haus mit einer negativen Aura, sodass ich mich anfangs weigerte, bei Mister Faruk zu übernachten. Aber die Gastfreundschaft ist allen Pakistani heilig. Ein solcher Affront wäre kaum zu verzeihen gewesen. Und so brachte David mich zur Vernunft.

Unsere Entführer kennen Mister Faruk angeblich nicht. Sie hätten in Loralai auf ein anderes Opfer gewartet, das aber nicht gekommen sei. Da sie nicht mit leeren Händen zurückkehren wollten, hätten sie mit Entzücken die Eskorte und unseren Bus wahrgenommen. In ausladenden Gesten machen sie uns klar, was für einen exzellenten Fang wir darstellen. Ihr Entschluss, uns zu entführen, habe augenblicklich festgestanden. Eskorte hin oder her.

Wir zweifeln nicht an Junkies Worten. Acht Jahre hat er an der Front gekämpft, bei der Entführung eines britischen Ingenieurs soll er ein halbes Dutzend Polizisten eliminiert haben. Sein engster Mitstreiter, Rotchäppli, hat allein sieben Schussverletzungen.

Allerdings stößt auch Junkies Courage manchmal an ihre Grenzen, etwa wenn ihm ein Tausendfüßler begegnet. In der Nacht, in der die Hitze, die Stechmücken und die Flohbisse uns sowieso um den Schlaf bringen, springt er immer wieder auf, schlägt auf Insekten ein und dichtet Ritzen im Mauerwerk ab. Sobald er das Knistern eines Bonbonpapiers hört, ist er hellwach und fast hysterisch. Ein Kampf auf Leben und Tod beginnt, der meist damit endet, dass Junkie den Rückzug antritt und sich im Freien eine Schlafstatt baut, um die er leere Plastikflaschen aufstellt. Ein Frühwarnsystem, das ihm endlich das Gefühl einer gewissen Sicherheit vermittelt.

Für die Männer ist der Gebrauch von Waffen so selbstverständlich, dass sie diese Waffen recht nachlässig behandeln. Die Handgranaten und die Panzerfaust lassen sie oft zwischen den Steinhütten auf einem Haufen liegen. Und bis auf Junkie und Rotchäppli achtet keiner auf die Grundregeln der Handhabung. Die Waffen sind nicht gesichert, meist zeigt der Lauf

auf unser Gesicht, auch beim Marschieren liegt der Finger am Abzug. Jedes Stolpern könnte fatale Folgen haben.

David schaut mich an, sieht die Waffen an. Ich weiß, was er mir sagen will. Wir könnten uns die Waffen schnappen und uns wehren. Aber die Gewehre tragen sie meistens bei sich. Sollen wir die Handgranaten auf sie werfen? Oder heimlich fliehen? Aber wohin? So weit das Auge reicht, nur Steinwüste. Keine Straße, keine Zivilisation. Wir wissen nicht, wo wir sind.

Am Nachmittag des zweiten Tages erleben wir ein beeindruckendes Schauspiel. Die Männer haben in freudiger Erregung auf Geißenpeter gewartet, der gegen sechzehn Uhr durch die karstige Landschaft kommt. Den Grund der Vorfreude erkennen wir auch gleich: Es ist eine Ziege, die unser Entführer an ihren langen Ohren hinter sich herzieht. Ein mageres Tier mit schwarz-weiß gemustertem Fell, das vor der Hütte angebunden wird. Wir wissen, dass die Ziege nur zu einem Zweck gekauft worden sein kann, und nähern uns, um sie ein wenig zu beruhigen. Wir streicheln sie, nehmen den scharfen Geruch wahr, die Wärme und die ängstliche Zutraulichkeit.

Unterdessen kommt der Koch mit einem alten, rostigen Fleischermesser, das er an einem Stein zu schärfen versucht. Gemeinsam mit Geißenpeter zerrt er das Tier etwa dreißig Meter von der Hütte weg, wirft es zu Boden und drückt die Kehle auf einen Stein. Die Männer rufen David und fragen, ob er die Ziege töten möchte. Sie albern herum. Vielleicht wollen sie David testen, vielleicht haben sie auch einfach keine Lust, sich mit der stumpfen Klinge abzuplagen. Schließlich nimmt Geißenpeter das Messer und säbelt der Ziege den Hals auf, das Blut schießt in die Höhe, die Ziege gibt ein jämmerliches Meckern, dann ein Quieken und schließlich ein Röcheln von sich, begleitet vom Ruf der Entführer: »Allahu akbar«, »Allah ist der

Größte.« Man lässt das Tier ausbluten, dann werden die Füße abgehackt. Die Männer krempeln sich die Ärmel hoch und fahren bis zum Ellbogen mit der Hand unter das Fell. Wieder und wieder schieben sie ihre Unterarme hinein, um die Haut von den Muskeln zu lösen, bis sie aussehen, als hätten sie im Blut gebadet.

Rotchäppli zerlegt das Tier. Blase, Füße, Fell und Kopf werden liegen gelassen, ein Teil des rohen, warmen Fleisches auf einen Dornbusch gelegt. Sofort setzen sich Fliegen darauf.

Der Koch wäscht Innereien und Fleisch und kocht die Stücke stundenlang, während das Herz nur kurz über dem Feuer angebraten wird. Der Koch kommt mit dem gebratenen Ziegenherz, das auf einem verblichenen Plastikteller liegt, und überreicht es Junkie, dem Anführer. Dieser gibt es als Zeichen der Gastfreundschaft an David weiter. David teilt es, isst davon und gibt die andere Hälfte Junkie zurück. Ich bin froh, dass ich in diesem Ritual keine Rolle spiele.

Aus dem restlichen Fleisch wird ein Gulasch bereitet, das die Männer zu Fladenbrot essen. Ich habe keinen Hunger und begnüge mich mit ein wenig gesalzenem Brot.

Nach vier Tagen soll das Auto endlich da sein. Kurz zuvor haben David und ich uns zum ersten Mal gewaschen. Getrennt voneinander. Man hat uns einen Eimer Wasser und ein Stück Seife gegeben. Ich kauere mich hinter einen Felsen und gieße, während ich die Anwesenheit eines Bewachers spüre, ein Rinnsal braunes, kühles Wasser über mich.

Bei Einbruch der Dunkelheit verlassen wir die Hütte. Aber wo ist das Auto? Es seien zehn Minuten zu gehen. Wir nehmen die gewohnte Marschformation ein, nachdem wir genaue Anweisungen bekommen haben. Wir werden im Kofferraum eines Jeeps sitzen. Sollten wir an einem Checkpoint angehalten werden, müssen wir uns unter Decken verstecken. Bei einem etwaigen Schusswechsel dürfen wir uns nicht bewegen. Nur David würden sie im Notfall eine Waffe geben, damit er an ihrer Seite kämpfen kann, witzeln sie herum. »Aber sind wir dann den Kugeln nicht hoffnungslos ausgeliefert?«, frage ich David. »Der Kofferraum ist der sicherste Ort in einem Wagen. Der Schusswechsel wird sich auf den vorderen Teil der Fahrgastzelle konzentrieren.« Ich glaube ihm. Weil ich ihm glauben will.

Wir sind kaum losgelaufen, als wieder Wetterleuchten einsetzt, die ersten Tropfen fallen. Es ist wie verhext. Vier Tage lang haben wir nutzlos gewartet, bei strahlendem Sonnenschein haben wir in der stickigen Hütte ausgeharrt, endlich steht das Auto bereit, und dann kommt wieder ein Unwetter. Ein Wolkenbruch geht nieder, und wir müssen in einer anderen Hütte Unterschlupf suchen. Das Farbenspiel am Himmel ist so schillernd, dass ich es anfangs für Explosionen an der afghanischen Grenze halte. »Das ist nur Wetterleuchten«, beruhigt mich David.

Die kleine Strohhütte wirkt neu und sauber. Auf dem Dach frisches Stroh, auch der Boden ist zur Hälfte mit Stroh ausgelegt. In der Feuchtigkeit verbreitet es den vertrauten Duft nach Sommer in der Schweiz. Ich schließe die Augen und sage David, er solle es mir nachtun, es sei dann wie zu Hause.

Rotchäppli hat ein Vogeljunges gefangen. Er trägt es in der Hemdbrust, holt es manchmal hervor und streichelt es vorsichtig. Junkie bildet mit den Händen ein Sprachrohr vor dem Mund und beginnt, wie der Muezzin vom Minarett zu rufen. Es hallt durch die kleine Hütte, hinaus in den Regen. Tief hängt der graue Himmel, Nebel zieht über das Geröll. Der Hirte versucht, draußen ein Feuer zu machen, um Tee zu kochen. Der Rauch zieht mir in die Nase, dazu der Duft des Strohs, Junkies getragene Rufe, die Luft wie ein Schweizer Sommergewitter, und neben mir die Panzerfaust … Die Entführer kämpfen mit der Anspannung, plötzlich spüren wir ihre Angst.

Kaum verzieht sich das Gewitter, marschieren wir weiter, in die Dämmerung hinein. Aus den Minuten werden Stunden. Es geht über steile Gipfel, durch Moore und Wasserläufe. Bis wir das Licht einer Taschenlampe bemerken und vor uns einen reißenden, dunkelbraunen Fluss. Das Lichtsignal kommt vom anderen Ufer, wir müssen durch den Fluss waten. Junkie und David nehmen mich in die Mitte und geben mir jeweils die Hand. Sie zerren mich durch die Fluten, ich rutsche aus, halte mich an den beiden fest. Als wir das andere Ufer erreicht haben, stehen finster dreinblickende junge Männer vor uns. Sie betrachten uns abschätzend, die Ware, die sie geliefert bekommen. Mein Magen zieht sich zusammen. »Wir sterben noch diese Nacht«, sage ich zu David und beginne zu weinen. Zwei Pkw und ein großer schwarzer Jeep stehen da, die fremden Männer, es sind sieben oder acht, verhandeln mit unseren Entführern. Es ist klar, dass es um unser Schicksal, um den Preis für uns geht.

Die Männer schlagen einander auf die Schulter, fuchteln mit den Waffen herum und lachen einander ins Gesicht. Provokation oder Zeichen von Freundschaft? Wie gut laufen die Verhandlungen? Wie gut laufen sie für uns?

Schließlich hat man sich geeinigt. Wem gehören wir jetzt? »Unseren« Entführern oder den anderen? Der Konvoi macht sich bereit zum Aufbruch. Aber der große schwarze Jeep springt nicht an. Er muss angeschoben werden, die schmächtigen bärtigen Männer in ihren langen hemdartigen Umhängen stemmen sich gegen das Heck, der Jeep rollt und rutscht ein Stück, neigt sich zur Seite und hängt bedrohlich über der Böschung oberhalb des Flussbetts. Ein paar andere springen schreiend herbei, werfen die Waffen weg, lehnen sich gegen die Karosserie. Es ist wie auf der Höhenstraße im Himalaya, wo wir ein ums andere Mal aussteigen mussten, um die Räder aus dem Schlamm zu befreien, um Steine aus dem Weg zu räumen oder ein Umkippen des Fahrzeugs zu verhindern. Aber oben im Himalaya waren wir unter Abenteurern und einheimischen Händlern. Es herrschte eine fast fröhliche Solidarität, selbst in den heikelsten Situationen, wenn sich Felsblöcke auf den Serpentinen vor uns auftürmten und mit Ketten und Stangen von der Fahrbahn gehebelt werden mussten. Hier wird verbissen und hektisch gearbeitet. Die Anführer ermahnen die Männer, keinen unnötigen Lärm zu machen.

Der Hirte bindet sein Tuch an den Kühler des Jeeps und will es als Abschleppseil nutzen. Ich traue meinen Augen nicht, aber trotzdem schaffen sie es auf diese Weise, den Wagen wieder aufzurichten. Als der Motor endlich läuft, wird die Heckklappe aufgerissen, und die fremden Männer stoßen uns in den Kofferraum. Wo sind Junkie und Geißenpeter? Der Koch und die anderen?

Die Heckklappe fällt zu. Wir sitzen im Finstern, es riecht nach Ziegenmist und Urin. Und ich spüre eine Welle von Panik, die mich fortspült, die mir den Boden unter den Füßen wegreißt. Ich wünsche mir plötzlich Junkie, unseren Entführer, zurück. Was werden diese Männer, die uns gekauft haben, mit uns machen? Ich denke an die Gräueltaten, von denen aus dieser Region berichtet wird. Bilder aus den Kriegsgebieten schießen mir durch den Kopf. Von verstümmelten, gefolterten Gefangenen, von Entführungsopfern, die, den Koran in der Hand, durch Genickschuss liquidiert werden.

Doch dann steigen »unsere« fünf Männer in den Jeep, und ich bin tatsächlich ein wenig beruhigt. Man schiebt die Panzerfaust zu uns nach hinten, die Fahrt geht los.

7. JULI

Seit einer Woche träumen wir davon, endlich wieder ein festes Dach über den Kopf zu bekommen, uns zu duschen, in einem Bett zu schlafen – wenn wir schon nicht in unserem Bus schlafen dürfen – und vor allem: mit unseren Eltern zu telefonieren. Unsere ganze Hoffnung ist auf diese Vorstellung konzentriert, als wäre alles andere nebensächlich. Vielleicht auch dies ein Trick unserer Psyche, um uns den Blick auf die Ausweglosigkeit unserer Lage zu verstellen.

Immer wieder haben wir mit den Entführern geredet, immer wieder ist uns ein Haus mit allem Komfort und Internetzugang versprochen worden. Komischerweise haben wir nie darüber nachgedacht, wie unrealistisch das ist. Die Männer können uns ja unmöglich Mails schreiben oder in einer Sprache reden lassen, die sie nicht verstehen. Oder sind sie so sicher, dass wir keine Ahnung haben, wer sie sind, wo wir sind … Inzwischen hat das Auto angehalten, und Junkie sagt uns, wir sollen ein wenig schlafen, wir seien praktisch da. Warum gehen wir nicht rein, wenn wir da sind? Es ist finster, kein Laut dringt in den Wagen. Ich sitze mit David auf der Rückbank und tue, wie mir geheißen: Ich schlafe.

Als Junkie uns weckt, ist es fünf Uhr, der Morgen graut. Wir erreichen ein niedriges Gebäudeensemble an einem ausgetrockneten Flussbett und schlüpfen in einen engen Raum, nicht viel mehr als ein Verschlag. »Ein Saustall«, sagt David. Tatsächlich riecht es nach Tier und Exkrementen. Schmutziges Stroh liegt am Boden, die Wände sind verdreckt, aber Tiere gibt es keine. Nur uns beide und die Entführer. Sie bauen ein Stativ auf, montieren ein schweres Maschinengewehr darauf und nehmen die Tür ins Visier. Wer wird hereinkommen durch diese Tür aus groben Holzbohlen? Ist das hier unser neues Zuhause? Oder nur eine Kampfstellung? Eine der unzähligen Zwischenstationen auf unserer Reise ins Nirgendwo? Niemand gibt uns eine Erklärung. Die Männer kümmern sich nicht um uns, und wir wagen nicht zu fragen. Alle starren auf die Tür und lauschen nach draußen. Wenn ich meine Fantasie nicht zügle, sehe ich da draußen Jeeps und Panzerfahrzeuge auffahren, die ihre Geschützrohre auf diese Tür aus Holzbohlen richten. Eine Lenkrakete, die ihren rauchenden Schweif hinter sich herzieht und deren Sprengkopf, von einem GPS-Sender dirigiert, auf der Natursteinmauer detonieren wird.

David dagegen hat ganz andere Vorstellungen. Er zieht mich sanft in die Nähe des einzigen Fensters und überlegt, wie er unsere Entführer überwältigen könnte, falls sie von außen angegriffen werden.

Ich verkrieche mich auf eine stinkende Decke, in den Winkel, den Davids Körper abschirmt. Auf der einen Seite die schmutzstarrende Wand, auf der anderen David. Das Gefühl der Geborgenheit reicht aus, um wieder einzuschlafen. Angeblich soll in drei Stunden ein neues Auto kommen.

Als ich aufwache, herrscht hektischer Betrieb im Stall. Ein bärtiger Mann kniet sich zu uns nieder und fragt nach unseren Konfektions- und Schuhgrößen, ein anderer bringt Brot, Konfitüren, Apfelsaft, Süßigkeiten und Wasser. Auf der Mineralwasserflasche steht »Nestlé, Switzerland«. Die unschuldigen Tauben, die ihre Jungen füttern, das Firmensymbol, das uns immer so verlogen vorgekommen ist, löst jetzt in uns Wehmut aus.

Ich spüre ein dringendes Bedürfnis, und die Entführer deuten auf eine hüfthohe Holzblende, die eine Ecke des Raumes abteilt. Dort ist ein kotiges Loch im Boden. Ich schaue mich um. Sieben, acht Augenpaare sind auf mich gerichtet. Bärtige Männer, die für gewöhnlich nicht einmal das Haar oder das Gesicht einer Frau sehen dürfen. Ich weigere mich, dort auf die Toilette zu gehen. Junkie gibt uns einen Wink, stellt David und mich hintereinander und wirft eine riesige Decke über unsere Köpfe. Dann eskortieren uns die Männer hinaus, wir marschieren unter der Decke wie das Hinterteil eines Kamels, das im Kinderzirkus auftritt. Wir gehen ins Freie, passieren ein Holztor und kommen in einen Innenhof. Durch einen Spalt kann ich Kinder und Babys erkennen, die unter Moskitonetzen schlafen. Frauen und Mädchen, die ersten weiblichen Wesen, die ich seit einer Woche sehe, starren uns an, ehe wir in einen kleinen Raum gebracht werden, wo ich auf die Toilette gehen kann. Dort ist ein kleines Loch in der Wand, aber die Bewacher verbieten mir, hinauszusehen. Ich höre Kinderstimmen, erkenne Bäume in der Ferne und das ausgetrocknete Flussbett vor dem Haus. Wie viele ausgetrocknete Flussbetten haben wir in dieser Woche gesehen? Folge des Hochsommers, aber auch der Energiekrise, unter der Pakistan leidet und die wir bald noch zu spüren bekommen werden. Westliche Konzerne haben dem Land Wasserkraftwerke versprochen, haben dem Energieminister angeblich saftige Schmiergelder gezahlt, die Schmiergelder sind geflossen, die Kraftwerke stehen. In Pakistan gibt es jedoch kaum Wasser und daher selten Strom. Die meisten Häuser sind ohnehin nicht ans Elektrizitätsnetz angeschlossen.

Als David und ich zurück sind, bekommen wir süßes Brot zu essen, dazu Schweizer Apfelsaft und Mineralwasser. Nach diesen sechs Tagen bin ich so ausgehungert, dass ich einen ganzen Laib hinunterschlinge und von den staunenden Männern noch mehr bekomme.

Danach dürfen wir uns schlafen legen, aber auf meinem Bauch krabbeln die Flöhe herum. Es kribbelt und juckt – seit Tagen führe ich einen aussichtslosen Kampf gegen die Parasiten, die sich nicht fassen lassen.

Als wir gegen elf Uhr erwachen, befinden sich zwei Unbekannte im Raum. Ein bärtiger, großer Mann, der uns freundlich anblickt, daneben ein etwa zwölfjähriger Junge, sein Sohn, der sprachlos auf David und mich, vor allem meine Haare, starrt. Der Junge bewegt sich wie ein Kammerdiener, devot und unaufdringlich. Auf Anweisung seines Vaters bringt er uns Wasser und hält die Schale, während wir uns waschen. Danach trägt er Fladenbrot zum Essen auf. Aber wir haben keinen Appetit. Ich beobachte den Jungen, seine unterwürfige Art, stelle mir sein Leben in dieser Umgebung vor und spüre eine Welle von Mitleid. Vielleicht bin ich die einzige blonde Frau, deren Haare er jemals zu Gesicht bekommen wird. Vielleicht wird er nie über die Grenzen dieses Dorfes hinauskommen.

Während die Zeit sich wieder ins Unerträgliche dehnt – um sieben Uhr abends soll angeblich ein Auto eintreffen – und wir ab und zu versuchen, durch das Loch in der Mauer hinauszusehen, kommt ein Mann ins Zimmer, ein »Zivilist«, wie man sofort merkt. Er hat kurzes Haar, ein bartloses Gesicht und eine Brille. Er stellt sich, in perfektem Englisch, als Dorfschullehrer vor und dolmetscht zwischen Junkie und uns. So erfahren wir, dass die Entführer direkten Kontakt mit dem Schweizer Botschafter in Islamabad aufnehmen wollen. Sie würden Geld und vor allem die Freilassung von Gefangenen fordern.

Wieder verspricht uns Junkie, dass er uns nicht töten werde und wir in etwa drei Wochen zu Hause bei unseren Familien seien.

Der Lehrer betont, dass er Junkie und seine Männer zum ersten Mal sehe und nicht wisse, ob sie die Wahrheit sagten. Er erkundigt sich nach unserer Herkunft, unserem Beruf, ob man uns geschlagen habe.

Nein, das habe man nicht. Über die Umstände der Entführung schweigen wir, bitten den Lehrer vielmehr, Junkie in unserem Namen für die gute Behandlung zu danken. Junkie lächelt und revanchiert sich mit der Bemerkung, wir seien gute Leute.

Ich bitte, Junkie zu fragen, ob es ihm leidtue, dass er uns entführt habe, und ob er verspreche, uns wieder freizulassen. Junkie antwortet selbst: »Sorry.«

Der Lehrer ist sichtlich schockiert über unseren Anblick. Er scheint sich rechtfertigen zu wollen und erklärt, sein Land sei völlig am Ende. Er habe kürzlich Karatschi gesehen, die Trostlosigkeit habe ihm die Tränen in die Augen getrieben. Unsere Entführung sei die Konsequenz aus Orientierungs- und Hoffnungslosigkeit in Pakistan.

Dann entschuldigt er sich, der Unterricht rufe. Er verabschiedet sich höflich, geht und hinterlässt ein Gefühl der Leere in uns. Seit einer Woche der erste Mensch, der einen vernünftigen und zuverlässigen Eindruck auf uns gemacht hat. Aber auf die Idee, für unsere Befreiung zu sorgen, scheint er nicht gekommen zu sein. Oder ist er unterwegs, um Hilfe zu holen? Geht er nicht zur Schule, sondern zur Polizei? Aber gibt es hier überhaupt eine Polizeistation? Hirngespinste.

Wir betrachten die Tür aus Holzbohlen, auf die das Maschinengewehr gerichtet ist. Nichts passiert. Falls eine kleine Hoffnung gekeimt war, ist sie jetzt schon wieder zunichte. Es wird sieben Uhr, und natürlich kommt kein Auto, nur die Ankündigung, es dauere bis elf. Zeit, die wir mit UNO-Spielen und Dösen, mit der Jagd nach den Flöhen und lustlosen Gesprächen totschlagen.

Kurz nach elf trifft tatsächlich ein Wagen ein. Allerdings müssen wir in dem stickigen Raum bleiben, es werden nur unsere Sachen und die Waffen verladen. Die Fahrt gehe um drei Uhr morgens los, erfahren wir. Warum das Gepäck und die Waffen vier Stunden vorher im Wagen verstaut werden, bleibt eines der unzähligen Geheimnisse unserer Verschleppung. Vielleicht ist Aberglaube daran schuld oder ein religiöses Gebot, denn die Männer fangen nach einigen Stunden Schlaf zu beten an. Länger und inbrünstiger als gewöhnlich. Ihre Stimmen klingen düster und gepresst, jagen mir Schauer über den Rücken, und ich denke an Jesus am Ölberg, der standhaft und aus freien Stücken dem Tod entgegenging – und dennoch Blut schwitzte vor Angst.

Die Männer nehmen Tabletten, Junkie lässt sich von seinem Kampfgefährten Rotchäppli eine Spritze in den Po jagen. Geißenpeter steht daneben, sein Kinn bebt, er kämpft mit den Tränen. Zum ersten Mal scheinen sie die Nerven zu verlieren. Was erwartet uns? Wird es erst jetzt richtig gefährlich? Wir reden beschwichtigend auf unsere Entführer ein, wir, die wir weder wissen, wo wir sind, noch, wo wir hinfahren. Als wüssten wir etwas über die Gefahren, die uns und die Männer erwarten. Noch kennen wir die Erzählungen von den Haftbedingungen in pakistanischen Gefängnissen nicht, noch haben wir keinen der Kämpfer von der Front zurückkommen sehen, versehrt und halb irrsinnig.

Um drei Uhr werden wir hinaus ins Freie geschleust. Dort steht ein Toyota, ein neuer silbergrauer Geländewagen. Ein kleiner, rundlicher Mann wartet daneben, »Troll« werden wir ihn nennen. Ein weiterer Kämpfer, der uns durch die Berge eskortiert hat und den wir den »Vorbeter« nennen, weil er immer in melodiösem Ton die Suren vorträgt, ist plötzlich wieder da. Ein Rätsel, wie dieses Kommando funktioniert, wie die Entführer mit den lokalen Schleppern kommunizieren und die Etappen absprechen. Hin und wieder benutzt Junkie ein Funkgerät, aber meistens hat es keinen Empfang, ein Handynetz scheint es nirgendwo zu geben.

Und doch wirkt alles generalstabsmäßig geplant. Der Wagen ist sauber und hat kein Kennzeichen, dafür ein Blaulicht, das am Zigarettenanzünder angeschlossen ist. Der Kofferraum wird geöffnet. Eine Decke und Kissen werden ausgebreitet, die Panzerfaust und ein Behälter mit Eis und Getränken darauf gestellt. Wir krabbeln hinein.

Mein Herz beginnt zu pochen. Drei Stunden soll die Fahrt dauern, drei Stunden, die wir ohne bewaffneten Konflikt überstehen müssen. Was nicht so einfach sein wird, denn wir vermuten, dass wir im Grenzgebiet zu Afghanistan sind. Nun sind wir nicht mehr fähig, den Männern Mut zuzusprechen. Als der Kofferraum verriegelt wird, fühlen wir uns absolut hilflos. Wir können nur darauf bauen, dass unsere Entführer ihr »Handwerk« verstehen.

Ein Motorrad bildet die Vorhut, ein anderes die Nachhut, der Konvoi setzt sich in Bewegung.

Ich flüchte mich in Gedanken an zu Hause, an meine Kindheit, als mein Vater einen großen, neuen Kombi gekauft hatte und ich einmal heimlich über die Rückbank in den Kofferraum kletterte. Mein Vater fuhr in die Stadt zum Einkaufen, und ich war als blinder Passagier dabei. Ich lag im Kofferraum und fühlte mich sicher wie in einem Nest, spürte die Schlaglöcher in der Hinterachse, die Zentrifugalkraft in den Kurven. Die Angst, von meinem Vater entdeckt zu werden, löste einen Kitzel aus, der die Lust an dem Abenteuer noch steigerte.

Wir dürfen aufrecht sitzen, und obwohl die meiste Zeit ohne Licht gefahren wird, erkennen wir eine flache, sandige Landschaft. Junkie sitzt am Steuer, die Armaturen lassen seine Gesichtszüge bläulich schimmern. Neben ihm sitzt Troll, hin und wieder tauschen sie eine Bemerkung über die Route aus, ansonsten herrscht angespannte Stille.

Schon nach einer Stunde, wir haben einen Hügelkamm erreicht, sieht man im Osten den Morgen grauen. Zeit für das erste der fünf obligatorischen Gebete am Tag. Der Jeep hält, die Männer steigen aus und breiten unter einem großen Baum ihre Decken aus. Diese Beterei macht mich wahnsinnig, und ich fange an zu protestieren. David beruhigt mich. Der Vorbeter steht auf und kommt auf den Wagen zu. Ich denke, er will mich zurechtweisen, doch wortlos wirft er den Motor an, legt den Gang ein und tritt das Gaspedal durch. Ich werde panisch. Wo will er mit uns hin? Wo ist Junkie? Die anderen?

Da bremst der Mann, stellt den Wagen ab und geht zu Fuß zurück zu seinen Leuten. Offensichtlich hat ihn unsere Nähe beim Beten gestört.

Ich verliere die Kontrolle, spüre, wie sich mein Brustkorb verengt und ich zu schluchzen beginne. Wieso fahren wir nicht weiter, verdammt? Können sie ihr Gebet nicht ein einziges Mal abkürzen? Sind sie sicher, dass Allah ihnen aus der Patsche hilft, wenn jetzt eine Militärpatrouille kommt? Es wird Tag. In wenigen Minuten kann man uns kilometerweit sehen. Auf der Hügelspitze geben wir die perfekte Zielscheibe ab.

Nach einer halben Stunde erheben sie sich und kommen zurück zum Wagen. Sie fahren mit uns durch Sanddünen und Bäche. Als eines der Motorräder stecken bleibt, kümmert Junkie sich nicht darum.

Der Wagen holpert über einen Feldweg, der eine gewaltige Ebene durchschneidet. Nomaden kreuzen unseren Weg. Die Frauen tragen Wassereimer auf dem Kopf, die Männer, alle mit Bart, treiben Kamele an. Als sie in die Fahrgastzelle blicken, erwidere ich ihren Blick und überlege einen Moment lang, ob ich ihnen Zeichen geben soll. Aber was für Zeichen? Dass ich entführt wurde? Wie sollen sie mir helfen? Gegen dieses schwer bewaffnete Kommando? Und vor allem: warum sollten sie mir helfen?

Schon seit Tagesanbruch scheinen alle Menschen auf den Beinen zu sein, auf den Feldern wird gearbeitet, Kinder hüten das Vieh. Wir sehen schmutzige Zelte, traurige Mienen.

Dann wird die Landschaft noch karger, hin und wieder eine verlassene Steinhütte, keine Piste mehr. Wir durchqueren eine Schlucht, wieder eine Ebene. Belutschistan war schon extrem dünn besiedelt, aber dieser Landstrich scheint noch verlassener.

Die Vorstellung, dass gleich das uns versprochene Haus mit Doppelbett, Dusche und Internetanschluss kommen soll, ist mehr als absurd. Und so lachen wir plötzlich. Mag nun die bizarre Vorstellung schuld sein oder die Müdigkeit oder der Zucker aus dem Nestlé-Apfelsaft, wir lachen uns kaputt, und die Entführer lachen mit.

Bis sie uns sagen, dass es noch einmal drei Stunden dauern wird. »No problem, no tension« ist wie immer die einzige Erklärung. Die Verschiebung sollte an diesem Tag drei Stunden dauern, am Ende werden es siebzehn sein. Wir kommen an Lehmhäusern vorbei, die von meterhohen Mauern umschlossen sind. Manchmal sieht man Jungen, die unserem Wagen nachstarren. An einem der Häuser halten wir plötzlich. Bewaffnete Männer umringen den Wagen. »Sleep«, rufen die Entführer und breiten eine Decke über uns. Es ist soweit, denke ich. Eine Kontrolle. Noch wird gelacht. Junkie ist verschwunden, und ich fange an zu schwitzen. Meine Hände sind nass, mein Herz rast. Ich stelle mir vor, dass Junkie die Gefahr als Erster erkannt und sich in Sicherheit gebracht hat. Ich höre das metallische Geräusch, mit dem die Kugeln durch das Blech schlagen. Ich glaube zu ersticken unter der Decke und will nur noch hinaus, den Kofferraum aufreißen, an die Luft und rennen. Ich will hier nicht verrecken, neben dem Eisbehälter und dem Apfelsaft, zerrissen von einer Granate »unserer« Panzerfaust.

David drückt meine Hand und flüstert, alles wird gut.

»Sleep«, zischen die Entführer.

Eines der wenigen Wörter, die sie auf Englisch beherrschen. Da sie uns keine Begründung geben können oder wollen, liegen wir da und quälen uns mit Deutungsversuchen, während mein Ruhepuls statt der gewohnten fünfzig Schläge hundertvierzig markiert. Als würde ich rennen. Aber ich bin zusammengepresst wie ein Fötus. Aus der Minute werden fünf, dann zehn. Eines meiner schlimmsten Erlebnisse in der Kindheit waren die Raufereien, bei denen die anderen Kinder sich einfach auf mich warfen und mich mit ihrem Gewicht blockierten. Wenn ich unter ihren Körpern lag, unfähig mich zu bewegen, mich zu befreien, wenn allmählich mein Brustkorb nachgab und die Lunge zusammenquetschte, bis mir das Blut in den Kopf stieg, während in diesem Blut der Sauerstoffanteil immer geringer wurde ... So vergehen vierzig lange Minuten. David hat bereits vor zwei Stunden im Niemandsland darum gebeten, auf die Toilette gehen zu dürfen. Wir seien so gut wie da, war die Antwort. Nun scheint seine Blase platzen zu wollen.

»Sind wir in Afghanistan?«, presse ich schließlich hervor. Die Männer lachen. Und das nimmt mir die letzte Widerstandskraft. Ich fange wieder an zu weinen, und ich kann nicht mehr aufhören. Mein ganzer Körper zuckt, und ich bekomme einen Heulkrampf, der die Männer in Aufregung versetzt. Sie wissen nicht, wie sie mich beruhigen sollen, herrschen mich an. Junkie kommt zurück und beschwichtigt uns alle, er habe tanken müssen, es sei alles in Ordnung. Ach ja? Eine Dreiviertelstunde, um Benzin in den Tank einzufüllen? Eine Dreiviertelstunde, in der ich fast umkomme vor Angst und Enge? In der niemand sich die Mühe macht, ein Wort der Erklärung zu verlieren? Es ist alles in Ordnung? Ich würde sie am liebsten ohrfeigen, an ihren dämlichen Bärten reißen.

Sie fahren los und ziehen das Tuch weg. Zwei Minuten Fahrt, und dann halten wir schon wieder. »Was soll das?«, fragen wir. »Warum geht es nicht endlich weiter?«

»Wir sind da!«

Wie gesagt, die Gastfreundschaft steht an erster Stelle im Verhaltenskodex der Paschtunen. An zweiter Stelle kommt die Blutrache. Ein Verrat, ein Verbrechen oder auch nur ein Affront werden immer gesühnt. Und wenn der Beleidigte nicht selbst in der Lage ist, für Vergeltung zu sorgen, dann springen Brüder, Verwandte oder andere Mitglieder der Sippe ein. Fehden werden über Generationen weitergetragen, quer durch Stämme und Stammesgebiete. Dies ist einer der Gründe, warum jedes Paschtunenhaus wie ein kleines Fort wirkt. Nach außen sieht man nur eine meterhohe Mauer. So auch hier. Der Jeep rollt neben das große Haupttor, der Kofferraum wird geöffnet, wir müssen schnell durch das Tor huschen, kommen in einen Innenhof und stehen vor einem imposanten Wohngebäude. Krustenfuß sagt, es gehöre seinem Bruder. Er lügt, wir spüren es. Das Haus wirkt freundlich. Ist es das Paradies, das man uns versprochen hat? Mit Dusche, WC und Internetanschluss? Stattliche Bäume, Grün, wir werden in einen großen, hellen Raum geführt, dessen Boden mit Decken und Kissen ausgelegt ist. Plötzlich reißt jemand die Tür auf: eine alte Frau, sie hat eine tiefe Stimme, lacht, ihr rotes Kleid leuchtet, sie wirkt wie ein Kobold. Vielleicht liegt es an dieser unerwartet heiteren Umgebung, an diesem kleinen Idyll mitten in der Ödnis, dass ich mich gar nicht mehr beruhigen kann. Ich weine wieder, schluchze, die ganze Anspannung scheint sich zu entladen.

Die Frau kommt mit einer elegant geschwungenen Kanne zurück und serviert uns Chai, der hier übliche Gewürztee.

Wer wir seien?, will sie wissen. Freunde aus der Türkei, lügt Junkie.

Die Frau mustert mich, und ich erkenne an ihrem Blick, dass sie sich nicht hinters Licht führen lässt. Troll sagt David, dass wir im Haus von Aafia Siddiqui seien. Ein anderer Bewacher macht ihm Zeichen, das dürften wir nicht wissen.

Dann merken wir, dass auch dieses Haus nicht unser Ziel ist. Die Männer wollen nur rasten, zwei Stunden lang. Als wir das hören, fangen wir zu protestieren an. Wir wollen weiter. Und tatsächlich brechen wir nach einigen Diskussionen auf.

Wir sind so verblüfft über unseren Erfolg, dass wir uns fragen, wieso die Entführer jetzt plötzlich auf unsere Wünsche eingehen. Haben sie keine klare Strategie mehr? Oder brauchen sie keine Strategie mehr, weil sie nicht mehr in feindlichem Gebiet sind? Aber wo genau sind wir?

David hat in seiner Ausbildung gelernt, sich anhand von Sternbildern und der Sonne zu orientieren. Während der langen Fußmärsche in den ersten Nächten war ihm das unmöglich, wir brauchten alle Energie, um zu funktionieren, nicht über unsere Füße zu fallen, nicht einzubrechen. Aber jetzt, zurück im Auto, können wir erste Beobachtungen anstellen. Wir sind wohl vor allem in nördlicher Richtung unterwegs, das heißt, im Grenzgebiet zwischen Afghanistan und den Nordwestprovinzen Pakistans. Zum ersten Mal vermuten wir, dass unsere Entführer doch zu den Taliban gehören.

Während aus der Klimaanlage kühle Luft und aus dem CD-Spieler Männergesang kommt, verändert sich die Landschaft. Wir überwinden bewaldete Hügel, Pick-ups kreuzen unseren Weg, auf den Ladeflächen sitzen vermummte bärtige Männer mit Kalaschnikows.

Die Menschen leben in Zelten, dazwischen stehen große, qualmende Lehmöfen, zu denen die Frauen Holz schleppen, um zu köhlern. Nichts erinnert an die uns vertraute Zivilisation. Es gibt keine Schulen, öffentliche Gebäude, befestigte Straßen oder farbenfrohe Schilder. Die Menschen leben in einem apokalyptischen Szenario, mit rußigen Gesichtern wie Minenarbeiter, mit leerem Blick wie hoffnungslose Sklaven.

Um fünfzehn Uhr halten wir erneut, damit die Männer ihr Gebet verrichten können. Wir befinden uns jetzt in einem fruchtbaren Hochtal, in dem Mais, Reis und Gemüse angebaut werden. Weiße Toyota Kombis ohne Kennzeichen fahren umher, die Männer tragen allesamt Bart und Waffe. Unsere Entführer sind entspannt. »Waziristan«, sagen sie lachend, ihre Heimat. Man fordert mich auf, den Turban abzunehmen und auszusteigen, sie wollen mich den Leuten vorführen. Da ich mich weigere, starren die herbeiströmenden Männer durch die Autoscheiben herein und beglückwünschen unsere Entführer zu ihrem Fang.

Sind wir doch in Afghanistan? Weitab von unserer Reiseroute, in einem Land, in dem Warlords und Taliban herrschen? Ein Lkw kommt vorbei, mit pakistanischem Kennzeichen, und wir sind ein wenig beruhigt.

Die Fahrt geht weiter, der Jeep rollt in einen breiten Fluss mit niedrigem Wasserstand, den man als Straße nutzt. Gemächlich schieben sich die Autos durch das schlammige Wasser, respektieren, wie auf jeder Asphaltstraße in Pakistan, den Linksverkehr. Doch es ist eben keine gewöhnliche Teerstraße. Der Jeep holpert über eine Untiefe, sackt ab und steckt plötzlich fest. Die Männer steigen aus, versuchen den Wagen aus dem Loch zu schieben, doch nichts bewegt sich. Die Räder drehen durch, lassen Wasserfontänen aufspritzen.

Am Flussrand stehen Männer und betrachten unser Treiben, Kinder zeigen mit den Fingern auf uns. Es gebe hier weder Polizei noch Armee, erfahren wir, hier herrschten die Taliban.

Tatsächlich sind unsere Bewacher zwar verärgert über den Zwischenfall, doch besorgt wirken sie jetzt nicht mehr. Ein nacktes, verdrecktes Kleinkind, das gerade das Gehen lernt, schwankt zu seinen Spielgefährten, lässt sich auf den Hintern plumpsen und fängt an, eine Kalaschnikow, die an einem Felsbrocken lehnt, abzulecken.

Man unterlegt die Räder mit Hölzern und Steinen, Junkie gibt Gas, dann stemmen sich die Männer gegen die Karosserie. »Sie schieben zu spät«, raunt David mir zu, während der Jeep sich immer tiefer eingräbt. David versucht zu erklären, dass man anschieben muss, wenn der Motor das maximale Drehmoment entwickelt. Junkie versteht ihn nicht. Er wolle aussteigen und mithelfen, meint David. Junkie lehnt ab. Wir wissen nicht, ob aus Stolz oder aus Höflichkeit. Als David schließlich doch anpacken darf, bis zu den Knien im schlammigen Wasser steht, mit einem Ruck den Jeep befreit und die Fontänen der durchdrehenden Reifen ins Gesicht bekommt, sieht er aus wie ein Schlammcatcher.

Inzwischen ist es fünf Uhr nachmittags. Wir kommen durch eine freundliche Landschaft, mit Wiesen und Wäldern. Viele der Männer am Wegrand scheint Junkie zu kennen, immer wieder tauscht er Grüße aus. Schließlich bremst er an einem Zelt des Internationalen Flüchtlingshilfswerks. Alle steigen aus, wir auch. Wir sind umgeben von Männern in langen Gewändern und mit hennaroten Bärten. Rotes Haar gilt in dieser Region als Zeichen göttlicher Auserwähltheit. Die wenigsten haben von Natur aus rotes Haar, und so hilft man mit Henna nach. Die Männer tragen kreisrunde Hüte wie im Robin-Hood-Film und haben schwarz geschminkte Augen. Sie strecken uns ihre Hände entgegen und starren uns genauso ungläubig an wie wir sie.

Junkie kauft einem Jungen zwei dünne, schmutzige Hühner ab und wirft sie in den Fußraum. Die Fahrt geht weiter, führt über einen Hügel. Dann halten wir vor zwei Männern mit einer kleinen Ziegenherde. Junkie steckt ihnen fünftausend Rupien zu, vermutlich die Hälfte des von uns erbeuteten Geldes, der Koch steigt aus, übernimmt die Ziege und zerrt sie an den Ohren hinter sich her. Wir fahren mit dem Jeep weiter, Koch und Ziege gehen zu Fuß. Vor uns im Tal liegen zwei Hütten. Offensichtlich sind wir fast am Ziel.

Plötzlich hören wir Schüsse in unmittelbarer Nähe. Eine Maschinengewehrsalve. Wir ducken uns. Junkie fährt einfach weiter, scheint kein bisschen erschrocken oder auch nur erstaunt zu sein. Er lächelt, lässt eine Hand locker auf dem Lenkrad liegen, mit der anderen greift er nach seinem M16, schiebt den Lauf durch das offene Autodach und beginnt, das Feuer zu erwidern. Die heißen Patronenhülsen zischen durch die Fahrgastkabine, der Pulverdampf steigt mir in die Nase, und in meinen Ohren klingelt es. Ich verliere die Kontrolle, reiße die Arme in die Höhe und fange zu schreien an. Ich habe Gewalt nie ertragen können, und ich habe auch Waffen immer abgelehnt, auch die Dienstpistole, die ich als Polizistin mitführen musste.

David, der wie die meisten Männer ein anderes Verhältnis zu Waffen hat, legt seinen Arm um mich. Junkie lacht, wirft uns einen Blick zu und sagt wie immer: »No problem. No tension.« Krustenfuß und Geißenpeter können nun auch nicht mehr an sich halten, sie springen aus dem Wagen und schießen ebenfalls in die Luft. Fremde Männer kommen neugierig angetrabt und umringen das Auto.

»Aussteigen«, sagt Junkie, nicht unfreundlich. Aber ich kann nicht aussteigen, solange um das Auto Projektile pfeifen.

»Das ist ihre Art, ihren Triumph auszukosten«, sagt David, »sie liefern die Ware und sind stolz. Wenigstens sind wir am Ziel.«

Ich weine, bin wie katatonisch. Wie können sie vor unseren Augen feiern, dass sie uns die Freiheit, vielleicht das Leben genommen haben?, denke ich. Da hat Junkie ein Einsehen und gibt Anweisung, das Schießen einzustellen. Zitternd steige ich aus dem Wagen.

Wir sind umringt von fünfzehn fremden Gesichtern, allesamt bärtig, die uns angrinsen. Schadenfroh kommt es mir vor, aber heute denke ich, es war der naive, etwas fantasielose Ausdruck der Freude von Menschen, die zu Empathie kaum fähig sind, denen die orthodoxe Auslegung der Scharia fast jede Form von Ausgelassenheit untersagt. Nur ihren Überfluss an Waffen und Munition können sie ausleben.

Wir haben über eine Woche Angst hinter uns, aber wir sind am Leben, das allein zählt, denke ich. Auch wenn ich diese sinnlose Demütigung durch die Schießerei nicht vergessen werde. Sie hat mich fast noch tiefer erschüttert als die körperliche Gewalt in Loralai, wo sie David ins Gesicht schlugen, mich aus dem Bus zerrten und von hinten würgten.

Wir sehen uns um. Wir stehen in einer steinigen Landschaft, betupft von Grasbüscheln. Vor uns liegt ein steiler Anstieg, der zu den beiden Hütten führt. Dreißig Meter entfernt stehen sie, steinerne Grundmauern, darüber eine Holzkonstruktion. Eine schmächtige, zitternde Alte kommt auf mich zu. Ihre langen Haare sind zu zwei zerzausten Zöpfen geflochten, der Haaransatz ist grau, der Rest hennafarben. Ihre runzelige Wange strafft sich über einer großen Beule: Kautabak, den man hier »Kep« nennt. Sie fasst nach meinen Händen, starrt mich mit großen Augen an und will mich umarmen. Ich bin verwirrt und unsicher, noch immer hallen die Schüsse in meinem Kopf. Die Alte bewegt sich ungezwungen, fast herrisch zwischen den schwer bewaffneten Kämpfern, die für unsere Begriffe zwar nicht besonders groß, aber dennoch einen Kopf größer sind als sie. Sie zerrt an Junkies Arm, der ein wenig verlegen erklärt, dies sei seine Mutter.

Hier also ist Junkie zu Hause. Ein Zuhause. Ich bin immer noch zu verstört, um die Atmosphäre richtig wahrzunehmen. Ist die Verschleppung überstanden? Werden wir hier auf den Ausgang der Verhandlungen warten? Ist dies unser neues »Heim«, unser Gefängnis?

Auf Junkies Geheiß folgen wir zwei bewaffneten Männern, die wir noch nie gesehen haben. Sie tragen Sherwanis und die typische kreisrunde Mütze, die Kalaschnikow mit den handbestickten, fast grotesk farbenfrohen Riemen auf den Rücken geschnallt. Sie reden nicht mit uns, aber strahlen eine gewisse professionelle Ruhe aus. Auch Junkies Mutter, die uns begleitet, gibt uns das Gefühl von Sicherheit. Wir passieren einen zerfallenen Holzzaun und haben plötzlich eine satte Blumenwiese vor uns. Ein kleiner grüner, mit Blüten gesprenkelter Fleck, der sich vor einem der Gebäude ausbreitet.

Das Wohnhaus ist von einer hohen gelben Mauer umgeben, die auch dieses Ensemble wie eine Trutzburg wirken lässt. Die Männer deuten auf ein Tor in der Mauer, bleiben aber zurück. Wir sollen alleine da durchgehen? Was ist dahinter? Ich spüre eine instinktive Scheu, drehe mich nach David um, der mir zuflüstert: »Es ist alles in Ordnung.« Aber woher weiß er das? Wie kann er nur immer so gelassen bleiben? Spielt er mir etwas vor?

Wir schlüpfen durch das Tor und stehen in einem etwa zwanzig Quadratmeter großen Innenhof, der durch eine Wand geteilt ist. Vor uns stehen drei in bunte Tücher gehüllte junge Frauen. Eine hält ein Baby auf dem Arm, Kinder stehen zwischen ihnen, die Frauen lächeln uns freundlich an.

Junkies Mutter führt uns in ein kleines Haus, das aus einem einzigen Raum besteht. Sechs Betten stehen darin, die typischen mit Schnüren überspannten Holzgestelle. Wir setzen uns auf den Boden und bekommen Teller mit Ananasscheiben aus der Dose und Chai. Die beiden Wachen haben sich zu uns gesetzt und stellen Fragen. Allerdings auf Paschtu. Wir verstehen nichts.

Junkies Mutter läuft aufgeregt hin und her, redet auf die Männer und ihren Sohn ein, der hereinkommt und mit Gestensprache fragt, ob wir duschen wollen. Das letzte Mal haben wir vor der Entführung geduscht, am 30. Juni. Natürlich nehmen wir das Angebot an.

Doch da zieht Junkies Mutter mich am Arm, wir gehen durch den Innenhof und kommen in den Frauenbereich. Es tut gut, nach acht Tagen in Kontakt zu weiblichen Wesen zu treten. Die Frauen lachen, begrüßen mich herzlich und erklären mir ihr Bedauern darüber, dass sie kein Englisch verstehen. Sie führen mich in ihren Wohnbereich, ein großer Raum, in dessen Mitte ein Feuer brennt. Ein Topf hängt darüber. Im Zwielicht sehe ich ein paar Betten an den Wänden stehen, in einer Ecke liegt ein kleines Bündel in einer Hängematte. Junkies drei Wochen alte Tochter, wie ich erfahre.

Junkies Frau ist sehr aufmerksam, bringt mir Kleider aus bunten Stoffen und gibt mir zu verstehen, dass dies Geschenke für mich seien. Aber mir sind diese arabischen Frauenkleider unheimlich. Ich mag mich nicht verhüllen, will lieber weiterhin so aussehen wie meine Bewacher und David. Die Frauen können nicht verstehen, warum ich Hose, knielanges Hemd und Turban tragen will.

Dann kommt das, was Junkie uns als Dusche angekündigt hat. In einem kleinen fensterlosen Raum ist eine Sickergrube, aus deren Öffnung es stinkt. Es gibt kein fließendes Wasser, aber einen großen Eimer mit warmem Wasser. Junkies Mutter bringt mir außerdem frische Männerkleider, eine lange Unterhose und ein Stück Seife, das nach Sandelholz duftet. Ich trete hinter einen Plastikvorhang, tauche die Hand in das angenehm laue Wasser.

Wo ist David? Seine Stimme ist nicht zu hören. »David«, rufe ich. »David!«

Ich sehne mich danach, endlich all den Dreck, die Parasiten, den Schweiß, die Verkrustungen dieser acht Tage abzuspülen. Aber mir ist nicht wohl bei dem Gedanken, mich hier auszuziehen, während das aufgeregte Gewisper und Getuschel der Frauen hereindringt.

Es dauert einen Moment, ehe Davids Antwort ertönt.

»Kannst du hierbleiben?«, frage ich.

»Sicher.« Er stellt sich vor den Plastikvorhang, während ich endlich aus den verdreckten, von Flöhen bevölkerten Kleidern steige und meine von roten Bissspuren übersäten Arme, meinen Kopf und meine Beine in das Wasser tauche, mich einseife und langsam meinen ganzen Körper wieder spüre. Die Schultern, den Nacken, die Achselhöhlen. Zweihundert Flohbisse zähle ich an mir.

Aber plötzlich geht es mir gut. Die Sonne ist untergegangen, kühle Abendluft zieht herein, die frischen trockenen Kleider hüllen mich wohlig ein. Vielleicht bin ich jetzt sogar die Flöhe los. Ich schließe einen Moment die Augen und denke an zu Hause, glaube die trockenen Holzbalken an den Fingerspitzen zu spüren, die unsere Dachwohnung überspannen und mir ein Gefühl von Geborgenheit vermitteln, mein großes, stabiles Zwei-Mann-Zelt, über dem sich der Himmel spannt, denke ich immer.

Ich warte, während auch David sich wäscht und in Kleider von Junkie schlüpft, die ihm ein wenig zu knapp sind. Junkie gibt uns Anweisung, unsere Sachen den Frauen zu übergeben, diese würden alles für uns waschen. Auch das Moskitonetz und mein Kissen. Wir lassen meine Tasche und Davids Klangschale zurück. Ich bekomme ein großes graues Tuch, das ich über Kopf und Schultern schlagen soll.

Die Klangschale, die David in Indien gekauft und der er stundenlang tiefe, singende Töne entlockt hat, werden wir für lange Zeit das letzte Mal gesehen haben. Man behandelt uns in dieser schwierigen Situation und in dieser ärmlichen Umgebung mit äußerster Zuvorkommenheit. Auch hier herrscht das eherne paschtunische Gesetz der Gastfreundschaft. Es scheint, als wollten Junkie und seine Männer uns vergessen lassen, dass sie uns entführt haben.

Wir werden zurückgeleitet, durch das Männerschlafzimmer, über die Wiese, durch den Holzzaun. Nun stehen wir wieder vor den beiden Hütten mit den steinernen Grundmauern. Junkie führt uns hinein. Der Boden ist ausgelegt mit Tüchern, Teppichen und Kissen. Ansonsten macht der Raum einen düsteren, verwahrlosten Eindruck. Durch zwei Löcher fällt spärliches Licht herein. An die Wände gelehnt sitzen ungefähr dreißig bärtige Männer, darunter unsere Entführer, die uns herzlich begrüßen und sich gleichzeitig vor dem zahlreichen Publikum mit ihrem Fang brüsten. Sie erzählen, dass ich viel laufe und dass David Karate betreibt (während es in Wahrheit Krav Maga, eine israelische Kampftechnik, ist). Sie geben ihm Kep, und als er es zwischen die Zähne steckt, erntet er viel Applaus. Junkie erzählt, wie David das Ziegenherz gegessen hat, immer wieder fällt ihre Zauberformel »No problem, no tension«, und dann wird auf eine Art gelacht, die so etwas wie Vertrautheit und Komplizenschaft zwischen uns demonstrieren soll, unsere Entführer wollen sich als unsere Kumpel darstellen. Die uns fremden Gesichter starren uns wie Tiere im Zoo an. Diese schizophrene Situation, die Ausgelassenheit und kameradschaftliche Ungezwungenheit unserer Entführer mitzuspielen, gleichzeitig aber immer an die Todesgefahr zu denken, erreicht in diesem Männergemeinschaftsraum ihren vorläufigen Höhepunkt. Wir sind eine Ware, gleichzeitig sollen wir aber Freunde sein. Immer wieder werden unsere Entführer sich bei uns anbiedern, sie suchen nach Anerkennung und erhoffen sich diese ausgerechnet von ihren Opfern.

Dann beginnen die Männer, sich auf das Abendgebet vorzubereiten. Junkie sagt, ein Englisch sprechender Herr werde gleich zu uns stoßen und dolmetschen. Dieser Herr, den wir den »Doktor« nennen werden, wird uns vor Augen führen, was eine Entführung aus einem Menschen machen kann. Er ist Hilfe und Mahnung zugleich für uns.

KAPITEL II

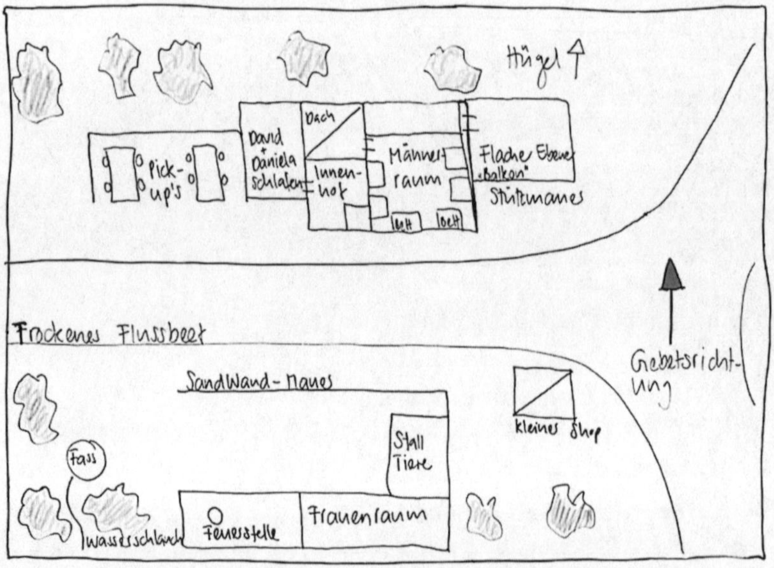

ZEICHNUNG AUS DEM TAGEBUCH: UNSER GEFÄNGNIS BIS ZUM 14. JULI

DAS VERSTECK IN DEN BERGEN
9. JULI BIS 14. JULI

Die Ortschaft, in der wir festgehalten werden, liegt in einer grünen Berglandschaft, die entfernt an das Tessin erinnert. Allerdings kein Hochgebirge, wir schätzen, dass wir uns auf etwa achthundert Metern befinden. Die Julihitze ist hier erträglich, die Gegend fruchtbar, wenn auch furchtbar arm. Man sieht keine landwirtschaftlichen Maschinen, gekrümmte Gestalten hacken die Schollen, kümmerliche Hühner laufen umher, hin und wieder begegnet man einer Ziegenherde. Unser Ort besteht nur aus drei, vier behelfsmäßigen Hütten, zu denen sich ein paar große, relativ neue Zelte des UN-Flüchtlingshilfswerks gesellen. Dazu kommen die beiden geräumigen Hütten, die als Gemeinschaftsraum, Moschee und »Freizeitzentrum« für die Männer des Dorfes dienen.

Vor etwa einem Jahr hat die pakistanische Armee in Süd-Waziristan die jüngste Großoffensive gegen die Taliban gestartet. Viele Einwohner sind in den Norden geflohen und wohnen hier nun in den »Shawals«, wie unsere Entführer diese Bergregion nennen, in provisorischen Unterkünften.

Unsere Verschleppung von Belutschistan in die FATA (»Federally Administered Tribal Areas«) war wohl auch deshalb so kompliziert und langwierig, weil das von der Armee kontrollierte Süd-Waziristan umgangen werden musste. Vermutlich sind wir auf dem Weg Richtung Norden auch über Afghanistan geschleust worden.

Unsere erste Begegnung mit dem Doktor findet in dem Gemeinschaftshaus statt, das aus einem Vorraum besteht, wo alle ihre Schuhe abstreifen, und dem eigentlichen Saal, der als Moschee dient. Wie gesagt, ein muffiger, düsterer Raum, der mit Teppichen und Matten ausgelegt ist, in dem sich die Männer zum Beten und Palavern treffen.

Als die Männer sich gerade zum Beten fertig machen, erscheint ein schmächtiger bärtiger Greis in einem weißen Gewand, der eine Gebetskette wie einen Schwanz hinter sich herschleift. Sein weißes Haar ist verstrubbelt, seine Fuß- und Fingernägel sind lang, er wirkt gebrechlich und fast ein wenig vergeistigt, so wie ich mir den Starez aus Dostojewskis *Brüder Karamasow* vorstelle. Junkie springt auf und umarmt den Alten, auch von allen anderen Männern wird er respektvoll und freundlich begrüßt. Dies also ist der Doktor, der uns angekündigt worden war.

An uns wendet sich dieser mit einem Gruß in fließendem Englisch und dem Hinweis, er müsse nun vorbeten. Er geht nach vorne, kniet sich auf den Boden und beginnt, in einem getragenen Singsang arabische Formeln vorzutragen, die von den Männern beantwortet werden. Immer wieder verbeugen sie sich, werfen ihren Oberkörper auf den Boden, eine feierliche Atmosphäre erfüllt den Raum, bis der Doktor nach etwa einer Viertelstunde mit einer Schlussformel das Ritual beendet.

David und ich haben still abgewartet und sehen den Mann nun wieder auf uns zukommen. Man nenne ihn den Doktor, weil er Arzt sei, hören wir. Als er erfährt, dass wir aus der Schweiz sind, beginnt er im Konversationston und in gewähltem Englisch zu erzählen, er kenne die Schweiz ebenso wie Paris, einen Großteil seines Lebens habe er allerdings in London verbracht, wo er studiert und eine eigene Praxis geführt habe.

Wir sind im ersten Moment erleichtert, mit jemandem, der unsere Welt kennt, ein richtiges Gespräch führen zu können, welche Rolle auch immer dieser Doktor ausfüllen mag, Vorbeter, Dorfältester, geistiger oder geistlicher Führer. Er wirkt wie achtzig, auch wenn er behauptet, erst fünfundsechzig Jahre alt zu sein.

Nachdem wir eine Weile in normaler Stimmlage geredet haben und die allgemeine Aufmerksamkeit für unser Gespräch nachlässt – unsere Entführer behaupten zwar, Englisch zu verstehen, doch den Beweis sind sie bisher schuldig geblieben –, raunt er uns plötzlich zu: »Ich bin ebenfalls entführt.«

Wir glauben, nicht richtig verstanden zu haben. Der Mann spricht Paschtu, scheint mit allen hier befreundet zu sein, doch er wiederholt: »Actually, I'm their hostage, too. They kidnapped me one year ago.«

Vor einem Jahr? Wo ist er entführt worden? Von wem?

Von Junkie. Seit Jahren gehe er auf Beutezüge und habe sich damit einen gewissen Wohlstand erarbeitet, sogar ein Haus mit Betonfundament. Wir denken an das Gebäude, in dem wir Junkies Mutter getroffen haben. Der Arzt erzählt weiter, von dieser riskanten Arbeit rühre wohl auch Junkies Tablettensucht her.

Das Gemurmel in der Moschee verstummt, die anderen Männer sind misstrauisch, als sie uns flüstern hören, sie schauen herüber, und sofort versucht der Doktor, die Situation zu überspielen, indem er in ungezwungenem Ton weiterredet.

David und ich blicken einander an. Ist der Alte verrückt? Oder ist er ein Spion, der uns aushorchen will? Doch was könnten wir ihm schon verraten?

Der Arzt erzählt von seiner Familie, von den dreiunddreißig Jahren, die er in London verbracht hat, von einem Krankenhaus, das er im Norden Pakistans aufbauen wollte, gegen den Willen der Taliban, und dazwischen stößt er immer wieder abfällige Bemerkungen hervor: »These are all assholes«, »stupid people«.

Wir sind am folgenden Tag fast ständig mit dem Arzt zusammen und bekommen wichtige Informationen von ihm. Nach und nach legen wir unser Misstrauen ab. Wir merken, dass der Greis zwar von den anderen Männern ob seines Alters geachtet wird, sich aber vor Repressalien hüten muss. Er habe die letzten vier Monate in einem Kellerloch verbracht, ohne Tageslicht, ein Bewacher, ein zum Sadismus neigender sechzehnjähriger Bursche, habe ihm einmal täglich widerlichen Fraß durch eine Art Oberlicht geschoben und sich einen Spaß daraus gemacht, ihn einzuschüchtern. »Keiner will für dich zahlen, morgen bringen wir dich um«, habe er ein ums andere Mal gehöhnt. Die englischen und die pakistanischen Behörden hätten nämlich die Verhandlungen mit den Taliban ergebnislos abgebrochen, und somit habe der Doktor plötzlich seinen »Marktwert« verloren. Nun war er nur noch ein Klotz am Bein, den man durchfüttern musste. Die letzte Hoffnung war die Familie des Doktors, von der man lausige 70 000 Dollar zu erpressen suchte.

David und ich haben Mühe, den Mann ernst zu nehmen. Aber sein körperlicher Zustand passt zu den bizarren Erzählungen. Auch kennt er die topografische Lage des Dorfes genau. Es liege etwa hundertzwanzig Kilometer westlich von Peshawar, Islamabad sei dreihundert Kilometer entfernt.

Als wir ihm sagen, dass Junkie uns ein Doppelzimmer mit Telefon und Internetanschluss versprochen habe, erwidert er, das seien alles Lügen. Dann stellen wir die Frage, die sich unablässig in unserem Kopf dreht. Wir stellen sie, obwohl wir Angst vor der Antwort haben. »Wie lange wird es dauern, bis man uns freilässt?«

Der Doktor senkt den Blick und sagt mit resignierter, aber fast zärtlicher Stimme: »It takes time, Dany.« Ich spüre einen Stich, schaue David an, der mich wie immer mit einem Lächeln aufmuntern will.

Wir seien in einer viel besseren Situation als der Arzt, meint David später, unser Land werde uns nicht im Stich lassen, es werde die Verhandlungen zu einem guten Ende bringen. Im Übrigen seien wir als Schweizer nicht in einen Krieg gegen die Taliban involviert, im Gegensatz zu England und Pakistan.

Als einer der halbwüchsigen Burschen Essen aufträgt, greift David wie gewohnt zu. Er versucht bewusst, möglichst viel Energie aufzunehmen, egal ob es sich um Innereien oder Kohlenhydrate handelt. Ich dagegen muss mich überwinden, einen Happen zu nehmen. Da sagt der Doktor: »Ihr müsst euch ausreichend ernähren. Esst.«

Wir schauen ihn fragend an.

»Eine weite Reise steht euch bevor.«

Wieder glauben wir, nicht richtig verstanden zu haben.

»Das kann nicht sein«, antworte ich, »wir haben die Reise schon hinter uns. Wir wurden aus Loralai verschleppt. Jetzt sollen wir hier warten, bis das Lösegeld eintrifft.«

Der Doktor schüttelt den Kopf. »Ihr werdet gleich weggebracht.«

Ich spüre wieder dieses ungute Flirren im Magen. Eine lange Reise ... Wo soll die hinführen? In ein anderes Stammesgebiet? Nach Afghanistan? Wo können die Taliban uns am besten überwachen, mit dem geringsten Risiko und dem größten zu erwartenden Profit? Oder geht es ihnen nur darum, leichter mit der Schweiz in Kontakt treten zu können? Die Übergabe einfacher zu gestalten?

Junkie ist unser Gespräch offensichtlich suspekt. Er kommt und spannt den Doktor wieder als Dolmetscher ein, stellt Fragen über unsere Familien, unsere Kinder und unser Berufsleben. Eine merkwürdige Anspannung erfüllt den Raum. Die Mischung aus Angst, Ohnmachtsgefühl und Hoffnungslosigkeit, die seit dem 1. Juli in meinem Magen liegt, wird noch schwerer. Am liebsten würde ich schreien, losrennen, den Kopf gegen die schmutzige Wand schlagen.

Während zum Abschluss des Mahles Tee aufgetragen wird, nehmen die Männer ihre Waffen und ihr Gepäck. Tatsächlich brechen wir auf. Junkie erklärt uns, wir müssten nochmals das Haus wechseln, es seien nur drei Stunden Fahrt, der Doktor würde uns begleiten.

Also hatte der Doktor wieder die Wahrheit gesprochen. Wir sind außer uns und versuchen, uns zu wehren. Wir wollen nicht schon wieder in einen Geländewagen gesperrt und durch feindliches Terrain gekarrt werden, in der Angst, im Kugelhagel zu sterben. Wir wollen nicht schon wieder in der Finsternis ein unbekanntes Gefängnis betreten. Aber Junkie gibt nichts auf unseren Protest. Es sei hier zu gefährlich, die Armee sei in der Nähe.

Geißenpeter holt unsere Sachen, dann werden wir ins Auto bugsiert. Wir sitzen, gemeinsam mit dem Doktor, auf der Rückbank und sind deprimiert.

»Es dauert nur eine halbe Stunde«, lässt Junkie uns über den Arzt erklären. Vor den anderen Leuten habe er nicht die Wahrheit verraten wollen. Wir müssten das Versteck wechseln, weil man vielleicht durch die Schüsse auf uns aufmerksam geworden sei.

»Durch das Geballer in die Luft? Diese Idioten«, denke ich.

Nach genau dreißig Minuten im Schritttempo – durch tiefe Schluchten und über karstige Bergkämme – hält Junkie in einem ausgetrockneten Bachbett an. Die Sterne leuchten, im hellen

Mondlicht erkennen wir bewaldete Hänge und zur Rechten einen Unterstand, in dem zwei farbige Pick-ups und ein weißer Toyota parken. Daran schließt sich ein gemauertes Gebäudeensemble mit einem Holztor an. Etwa zehn bärtige Männer, vermutlich über Funk verständigt, kommen durch das Tor. Sie tragen die für die Gegend typischen Rundhüte, Waffen sowie den schwarzen Lidstrich, der ihre Augen wild und groß wirken lässt. Sie starren uns neugierig, aber nicht unfreundlich an.

Wir sollen aussteigen, gibt uns Junkie zu verstehen. Wieder stellt er uns vor, indem er von unseren sportlichen Aktivitäten berichtet, wir hätten zwei Kinder usw. Er übergibt uns einem großen, Furcht einflößenden Mann mit zerfurchtem Gesicht, anscheinend der Chef hier. Junkie lässt uns durch den Doktor sagen, dass wir ab morgen ein Doppelzimmer hätten, welches diese Nacht allerdings noch belegt sei. Er setzt sich mit seinen Mitstreitern in den Jeep und fährt davon, während wir drei zurückbleiben, in einer fremden Umgebung, inmitten unbekannter, bewaffneter Menschen. Das bisschen Sicherheit, das Junkie uns gegeben hat, ist nun weggebrochen.

Wir folgen den Männern durch das Holztor in einen engen, mit Abfall übersäten Innenhof, der durch einen Schrank und ein paar Klappstühle noch beengter wirkt. Noch wissen wir es nicht, aber dies werden für lange Zeit die einzigen Stühle sein, die wir zu sehen bekommen.

Man führt uns nach links in einen Raum, aus dem uns feuchte, abgestandene Luft entgegenschlägt. Auf dem Erdboden stehen fünf Holzbetten im Kreis, dahinter ramponierte Eisengestelle, auf denen schmutzige Decken liegen. Eine Lampe mit schummrigem Licht hängt von der Decke. Alles macht einen so verwahrlosten, klaustrophobischen Eindruck, dass mir der Atem stockt. Ein Gefühl von Beklemmung, von haltloser Verzweiflung befällt mich in diesem Raum. Er ist das Gegenteil von der unendlichen Leere der Steinwüste, die mir so zugesetzt hatte, aber der Effekt ist derselbe. Unsere Bewacher scheinen es zu spüren und führen uns durch den etwa zwanzig Quadratmeter kleinen Innenhof in einen anderen Raum. Wohl eine Art Schmuckkästchen, denn an der Wand klebt eine Fototapete, in der Mitte liegt ein türkischer Teppich. Doch der Rest der Ausstattung ähnelt dem engen Zimmer: Um den Teppich herum stehen zahlreiche Betten. Die vier kleinen Fenster sind verhängt, von der Decke baumelt auch hier eine trübe Funzel. Ich fühle mich wie in eine Saftpresse eingeklemmt.

»Wir haben keine Wahl, wir müssen hier bleiben«, sagt der Doktor. »Du bist ein starkes Mädchen, Daniela.«

»Morgen können wir in das schöne Doppelzimmer umziehen«, sage ich zu David, »das hat Junkie versprochen.«

David reagiert nicht. Er steuert zielsicher eines der Eisengestelle an und legt sich hin, ich verkrieche mich hinter seinem Rücken, während zehn Augenpaare uns teilnahmslos betrachten. David hat das Bett an der Wand gewählt, von dem aus man beide Eingänge im Auge behalten kann. Der Doktor legt sich in das Bett neben uns.

»Junkie will morgen um neun mit einem Telefon zurückkommen. Dann können wir in der Heimat anrufen, und die Verhandlungen beginnen«, flüstere ich David zu, der einen deprimierten Eindruck macht.

Der Doktor raunt uns zu, wir sollten uns vor Junkie hüten. Er sei tablettensüchtig und nicht zurechnungsfähig. Wieder wollen wir dem Arzt keinen Glauben schenken. Junkie hat in dieser Woche ausgesprochen zielstrebig und »professionell« gewirkt. Er konnte besser mit Autos, Waffen und Gefahren umgehen als all die anderen Schlepper. Seine Männer gehorchen ihm, er hat alle wesentlichen Zusagen eingehalten. Nur sein Zeitbegriff ist schwammig.

Ich schlafe ein, während David über die neue Lage nachgrübelt. Wir sind im Nirgendwo, umgeben von bewaffneten Unbekannten. Männer, denen ich noch nicht zum x-ten Mal die Frage gestellt habe, ob sie uns am Leben lassen werden. David versucht, sich jeden Einzelnen einzuprägen, die Rolle des Dorfchefs zu verstehen. Ist er unser neuer Amir? Die sechs Männer fangen zu beten an, sind so nahe, dass David sie berühren könnte in dem niedrigen Verschlag. Er hofft, dass nicht alle bei uns im Zimmer übernachten werden. Nach dem Gebet palavern sie in uns unverständlichem Paschtu, starren uns an, spucken in ihre Näpfe. Worüber reden sie? Über unseren Marktwert? David ist froh, dass ich hinter seinem Rücken versteckt liege, dicht an der Wand, an der die stockfleckige Fototapete, eine Abbildung eines japanischen Zen-Gartens, klebt. Das Bett ist so schmal, dass wir nur auf der Seite liegen können, die Plastikriemen schneiden sich in unsere Flanken. Bei jeder Bewegung des anderen wachen wir auf, und dann sind da wieder die quälenden Gedanken.

Unser neues Zuhause ist eine Art Weiler, zwei ärmliche Behausungen aus Lehmmauern und ein kleiner Laden, die an einer ausgetrockneten Flussgabelung liegen, einer der vielen Wasserläufe, die in den trockenen Monaten als Straße benutzt werden. Ansonsten gibt es in der Gegend nur zwei, drei asphaltierte Pisten, die plötzlich im Nirgendwo enden.

Wir sind im Männerhaus untergebracht, zwei Räume um den engen Innenhof. Nach hinten hinaus liegt eine kleine Terrasse mit einer hüfthohen Umgrenzungsmauer, die einen Ausblick über das ausgetrocknete Flussbett gestattet. Auf der anderen Seite des Bachbetts liegt das Frauenhaus, nicht mehr als ein quadratischer Raum mit Feuerstelle, an den sich drei Viehställe anschließen. Es gibt kein Stromnetz, ein Solarpaneel auf unserem Dach versorgt die trüben Glühbirnen in den beiden Haupträumen und zwei offene Stromkabel, an denen die Männer und die größeren Jungs ihre Handys aufladen. Zwar haben sie keinen Empfang in dieser Gegend, aber alle brüsten sich mit ihren für unsere Begriffe veralteten Mobiltelefonen, auf denen sie sich Fotos anschauen und Klingeltöne dudeln lassen – stundenlang und in enervierender Lautstärke. Um sie nicht zu enttäuschen, spielen wir ihnen Begeisterung vor.

Wir sind in einer Talsohle, um uns erheben sich tannenbewachsene Hügel und Hänge. Rund hundert Meter flussaufwärts im Wald liegt die Freilufttoilette, die wir in Begleitung von Wachen und einem Eimer Wasser aufsuchen dürfen.

Über uns hören wir ein Surren wie von Rasenmähern. Schlanke, graue Flugzeuge drehen ihre Runden. Es sind amerikanische Drohnen. Von nun an werden sie ein fester Bestandteil unseres Lebens sein. Bei gutem Wetter kreisen diese unbemannten Flugkörper namens »Predator« (»Raubtier«), an denen Kameras, Hellfire-Raketen und 500-kg-Bomben hängen, über unseren Köpfen. Pilot und Co-Pilot sitzen in einer Basis, die Tausende von Kilometern entfernt liegt. Sie sehen auf uns herab, von einer Leitstelle in Saudi-Arabien oder in New Mexico aus, einen Becher Kaffee in der einen Hand und einen Joystick in der anderen. Der Pilot lenkt das Flugzeug, sein Co-Pilot, der neben ihm sitzt, bedient die Kameras und die Waffensysteme. Falls sie etwas Interessantes entdecken, reden sie kurz miteinander, beschließen, näher heranzugehen, den Radius der Ellipsen einzuengen, womöglich eine Rakete auszulösen …

Am Ende ihrer Schicht werden sie abgelöst, gehen nach Hause, während die Drohnen, die sechzehn Stunden am Himmel bleiben können, weiterfliegen. Die Piloten setzen sich unterdessen mit ihren Frauen und Kindern zum Abendessen nieder, dann vor den Fernseher. Ich stelle mir vor, wie sie sich auf der Couch räkeln, die Fernbedienung in der Hand, wie sie wieder auf einen Monitor starren, auf dem jetzt allerdings nicht unser Tannenwäldchen zu sehen ist, die im Unterstand versteckten Pick-ups, sondern »Tom & Jerry« oder Bruce Willis in »Stirb langsam – Jetzt erst recht«. Am nächsten Morgen werden sie sich wieder in ihre Autos setzen und zur Basis in Alamogordo oder nach Washington fahren und wieder auf die Bildschirme starren. Sie werden zu »unserem Tannenwald« zurückkehren, werden wieder unsere Weggabelung überwachen, die Männer, Frauen und Kinder, die in ihren Gummisandalen durch das Bachbett laufen, mit den Ziegen und den Kalaschnikows spielen. Sie werden auch David und mich wiedersehen, wie wir uns zwischen die Nadelbäume kauern und »auf Toilette« gehen. Ob sie sich Fragen stellen angesichts einer ungewöhnlich großen Frau und eines hellhäutigen Mannes, die offenkundig fremd sind in dieser Gegend und von bewaffneten Männern eskortiert werden?

Ich erwache am Morgen um fünf, weil in unserem Zimmer Betrieb herrscht: das erste obligatorische Gebet des Tages. Eine Viertelstunde lang psalmodieren die Stimmen der zehn Männer, rascheln die Kleider, klappern die Gebetsketten, dann ist wieder Ruhe, und ich döse noch einmal ein, flüchte mich in Träume von der Schweiz. Zwei Stunden später sind wir endgültig wach. Der Arzt sitzt auf dem Bett neben uns und lächelt uns aufmunternd an. Männer kauern auf dem Boden, in dieser Hockstellung, die uns so dämlich vorkommt, auch wenn wir nicht recht wissen, warum. Seit wir gefangen sind, verschieben sich unsere Affekte. Kleinigkeiten bringen uns aus der Fassung, Kleinigkeiten spenden uns Trost. Die Männer trinken Tee und betrachten uns ungeniert. Sie bieten uns ebenfalls zu trinken an und glotzen weiter, wie wir die Gläser in die Hand nehmen, wie wir uns durchs Haar fahren, wie wir uns aufsetzen. Nichts scheint ihnen zu entgehen, nichts banal für sie zu sein. Wenn sie nur bei wichtigen Dingen dieselbe Neugier an den Tag legen würden. Wenn sie sich nur ein bisschen in uns einfühlen könnten, denke ich.

Der Dorfchef, Sedrachman, ein Mann Mitte Vierzig, mit langem Bart und relativ frischer Kleidung, fragt, was wir essen wollen. Der Doktor fungiert wieder als Dolmetscher. Aber wir sind nicht in der Lage, eine Entscheidung zu treffen. Uns ist alles gleichgültig, wir haben nur einen Wunsch: Wir wollen in die Schweiz. Und bis dahin in das versprochene Doppelzimmer. Wir wollen raus aus diesem überfüllten Pferch.

Tatsächlich werden wir von zwei Männern abgeholt, die uns durch den Aufenthaltsraum und durch den Innenhof führen. Wir erwarten, dass man uns hinaus ins Freie bringt, in ein anderes Gebäude, irgendwohin, wo es dieses Doppelzimmer mit Dusche, Telefon und Internetanschluss gibt, von dem ich seit über einer Woche träume. Doch wir gehen nur wenige Schritte und stehen wieder in dem muffigen Loch, in dem es uns schon am Vortag den Atem verschlagen hat. Unsere Männer machen eine einladende Geste. Wir verstehen nicht recht. Dasselbe Zimmer wie am Vortag, weder geputzt noch gelüftet. Es ist genauso deprimierend, verdreckt, düster wie vorher. Ein Kerkerloch. Wir fühlen uns hintergangen, verhöhnt und möchten Junkie zur Rede stellen. Aber Junkie ist nicht da.

Der Doktor raunt mir zu, er habe uns gewarnt, man dürfe diesen Leuten nicht über den Weg trauen. Sicher spielt der Komfort einer Unterkunft eine geringe Rolle, gemessen an der Lebensgefahr, in der wir uns befinden, und niemand von den Einheimischen hat eine bessere Unterkunft als wir, aber dieses Zimmer führt uns unsere Wirklichkeit vor Augen, die wir immer wieder auszublenden trachten: Wir sind vollkommen ohnmächtig, isoliert, und unser Leben hängt von der Willkür unserer Bewacher ab. Uns bleibt nichts anderes übrig, als das Zimmer zu beziehen. Wenigstens wohnen wir mit dem Doktor zusammen. Zumindest glauben wir das. Unsere Tür besteht aus zwei niedrigen Holzbohlen, die wie eine Salontür aufschwingen, die kleinen Gucklöcher auf die Straße sind mit einer rosa Folie zugeklebt, ein munterer Junge, den wir »Monkey« taufen werden, bringt uns eine Matte, mit der wir den Erdboden zwischen den Betten belegen können. Später serviert Monkey uns auch das Essen.

Wir wollen hinaus an die frische Luft und dürfen eine Weile auf der Terrasse sitzen, wo sich David der Fußnägel des Doktors annimmt, wozu dieser selbst nicht mehr in der Lage ist. Die Nägel sind gelblich, zum Teil eingewachsen und seit Monaten nicht geschnitten worden. Anschließend versucht David mit einer Druckmassage, die Blutgefäße in den Gliedern des Doktors zu stimulieren, die durch das lange Hocken in dem Kellerloch geschwächt sind.

Immerzu werden wir dabei wie Tiere angestarrt, und wir fragen uns immer wieder, was diese Menschen mit uns tun werden. Und vor allem: wann endlich die Verhandlungen stattfinden, wann unsere Eltern verständigt werden, zumindest darüber, dass wir noch am Leben sind.

Der einzige Trost sind die angenehm warmen Sonnenstrahlen, und dieses kleine positive Gefühl reicht, um sich die Schweizer Berge vorzustellen. Wir sehen Männer vorbeigehen, hören aus der Ferne Gesang, jemand rezitiert Suren.

Doch unseren Bewachern ist nicht wohl angesichts des Publikumsverkehrs auf der Straße. Sie fordern uns auf, in den Innenhof zu gehen, wo sie uns vor Blicken verbergen können. Allerdings werden wir auch hier von Jungs und Männern angestarrt, die uns immer wieder besuchen wie Zootiere. Sie schauen uns minutenlang an, ohne jegliches Gespür für unsere Konvention, nach der man, wenn sich die Blicke von Unbekannten kreuzen, nach einigen Sekunden die Augen abwendet. Entweder sehen sie uns nicht als menschliche Wesen an, oder es herrschen in Nord-Waziristan andere Konventionen als in der restlichen Welt. Oder wir werden einfach so ausgestellt, wie man es vor zweihundert Jahren bei uns zu Hause mit aus Amerika »importierten« Indianern gemacht hat.

Der Tag neigt sich dem Ende zu, und wir müssen zum Schlafen in unser stickiges Doppelzimmer gehen. Zum Glück haben wir den Doktor bei uns. Dann erscheint auch der Dorfchef, schließt die Tür von innen ab und legt sich mit dem Schlüssel in der Brusttasche ins vierte Bett.

Als wir uns am Morgen von unserer feuchten Pritsche erheben, kommen plötzlich unsere Entführer, alle in festliches Weiß gehüllt, in unsere in den Hang hineingebaute, schmuddelige Höhle. Junkie wendet sich an den Doktor, in so lautem Ton, dass alle ihn hören können. Er scheint ihm Vorwürfe zu machen, und sein Tonfall wird immer aggressiver. Sie reden in Paschtu, und wir verstehen kaum ein Wort, merken aber, dass es um uns geht. Junkie scheint nicht zu gefallen, wie der Doktor sich in unserem Beisein verhält. Am Vortag hat der Arzt uns nicht nur vor der Hinterhältigkeit unserer Entführer gewarnt, er hat auch dem Koch widersprochen, als dieser sich damit gebrüstet hat, man werde Milliarden oder Billionen Rupien Lösegeld für uns erpressen. Und nachdem der sechzehnjährige Bursche, der ihn monatelang in seinem Verlies gequält hatte, herablassend bemerkte, wenn sie kein Geld für uns bekämen, würden sie uns umbringen, hatte er ihn als »Bungalow Sergeant« verspottet. All dies scheint Junkie zu Ohren gekommen zu sein. Der Doktor versucht es mit Beschwichtigungen und unterwürfigen Gesten, doch das scheint Junkie wenig zu beeindrucken. Er hat einen Bambusstock in der Hand, den er zunächst drohend gegen den alten Mann zucken lässt, dann beginnt er, nach dessen mageren Beinen zu schlagen, und nachdem er sich in Rage geredet hat, springt er auf und schlägt von oben auf das weißhaarige Haupt ein. Der schmächtige, gebrechliche Mann versucht, seinen Kopf und die Organe gegen die Stockhiebe zu schützen, David springt auf und ruft: »He's an old man, don't beat him, please, don't hit him.« Aber Junkie lässt sich nicht beruhigen und wirbelt weiter mit dem Stock herum. Seine Männer schreien durcheinander. Sie scheinen Junkie anzustacheln und drängen selbst auf den Doktor zu. Ich bin ebenfalls aufgesprungen, bin aber unfähig einzugreifen.

David schiebt seinen wuchtigen Körper zwischen Junkie und den Doktor, während Junkies Männer die Habseligkeiten des Arztes durchwühlen, auf den Boden werfen und darauf herumtrampeln. David fleht den Dorfchef an, er solle eingreifen, und beginnt zu weinen. So gefühllos die Taliban bisher auf uns gewirkt haben – Tränen, zumal von einem Mann, bringen sie aus der Fassung. Der Dorfchef stellt sich auf Davids Seite und redet beschwichtigend auf Junkie ein. »Nicht hier, nicht hier«, sagt er schließlich.

Daraufhin gibt Junkie seinen Männern ein paar Anweisungen, sie zerren den Doktor aus dem Zimmer und ziehen mit aufgeregtem Geschrei ab, während wir mit dem Dorfchef und den anderen in »unserem Doppelzimmer« zurückbleiben.

Wir sitzen da, starren einander schweigend an und horchen auf Geräusche. Insgeheim rechnen wir damit, dass wir aus der Ferne einen Schuss hören, oder Salven aus den Kalaschnikows. Doch nichts geschieht.

Wir werden sechs Tage in dieser Unterkunft bleiben, sechs unendlich lange Tage. Keine Nachricht kommt, weder aus der Heimat noch von unseren Entführern. Es ist kein Lebenszeichen von uns aufgezeichnet worden, keine Forderung ist unseres Wissens formuliert oder übermittelt worden. Angeblich soll ein Video gedreht werden, mit dem man Druck auf den Schweizer Staat ausüben will, aber nichts dergleichen geschieht.

Die Menschen im Weiler sind überwiegend freundlich zu uns. Wir wissen nicht, ob sie zu den Taliban gehören, ob sie Sympathisanten oder Handlanger sind. Mir wird gestattet, das Flussbett zu durchqueren und zu den Frauen und Kindern zu gehen. Ihr Wohnraum ist eng, die Wände schwarz vor Ruß, fünf Betten und eine Nähmaschine mit Handkurbel stehen um die Feuerstelle. Die Frauen tragen Kopftücher, weite Röcke und selbst gemachte Ohrringe, Nasenstecker, bunte Ketten und Haarspangen. Ihre Tracht wirkt farbenfroh und entspricht nicht dem Bild der in schwarze Burkas verhüllten Frauen islamistischer Fundamentalisten.

Als ich mit meinen wenigen Brocken Paschtu und Urdu erzähle, wie wir unter Waffengewalt entführt wurden, sind die Frauen erschüttert und versuchen mich zu trösten. Die Nähe dieser Menschen, der Kinder, die sich an meine Beine klammern, ein Mädchen mit türkisfarbenen Augen, das mich anlächelt und mich auf schmerzhafte Weise an Liv erinnert, das alles wühlt mich so auf, dass mir die Tränen über die Wangen laufen. Die Frauen beginnen ebenfalls zu weinen und halten meine Hände. Obwohl wir kaum miteinander reden können, entsteht eine so starke, fast magische Verbindung zwischen uns, dass wir nicht wieder loslassen wollen.

Nichts wünsche ich mir mehr, als weit weg zu sein, zu Hause in der Schweiz, und doch fühle ich mich verstanden und geborgen – bei den Frauen meiner Entführer!

Ein Mann, der uns besonders sympathisch ist, heißt für uns »Knorrli«, weil er dem Knorrli, dem Männchen mit der roten

Zipfelmütze aus der Suppenwerbung, ähnlich sieht. Er hat zwei Söhne, die unterschiedlicher nicht sein könnten. Sie sind acht und zehn Jahre alt, alt genug, um bereits die Erwachsenen zu bedienen. Der Kleinere hat ein heiteres Gemüt, sprüht vor Witz und Energie und scheint seine Arbeit zu genießen, weil er dadurch in unsere Nähe kommt. Es ist jener, der wie ein Äffchen auf Mauern, Fässer und Bäume klettert und den wir Monkey nennen. Sein zehnjähriger Bruder hat einen kahl geschorenen Kopf (vielleicht nach einem Lausbefall), seine Miene ist eine kalte, starre Maske. Nie hat er ein Lächeln für uns übrig oder eine Geste der Solidarität, Neugier oder sonstiger Anteilnahme. Wir erfahren, dass der Peiniger des Doktors, der »Bungalow Sergeant«, ebenfalls ein Bruder der beiden ist. Kaum zu glauben, dass Monkey und die beiden anderen im selben Umfeld aufgewachsen sind. Was hat die Brüder so unterschiedlich werden lassen? Neid? Eine Familientragödie? Sind sie womöglich keine leiblichen Brüder? Wir werden es nie erfahren.

Der Doktor ist bereits am ersten Abend wieder aufgetaucht, ohne sichtbare Verletzungen. Allerdings wagt er sich nicht mehr in unsere Nähe und spricht auch nicht mehr mit uns. In den restlichen Nächten ist der Dorfchef unser Schlafgenosse und Bewacher. Er ist ein beleibter Mann, der eine joviale, gutmütige Art zu haben scheint. Einmal, als David draußen pinkelt, beugt er sich plötzlich über mich. Ich liege starr auf meinem Bettgestell, erahne in der Finsternis den fremden, massigen Körper, spüre die Wärme, die er ausstrahlt, rieche das von den Paschtunen bevorzugte Sandelholzparfum. Der Dorfchef streckt seine Hand nach mir aus, legt sie auf meine Wange. Ich bin wie gelähmt, weiß nicht, ob ich mich schlafend stellen oder mich wehren soll. Moslems dürfen eine fremde Frau nicht ansprechen, geschweige denn berühren. Ich lausche hinaus in die Nacht. Warum kommt David nicht zurück? Die Finger des

Dorfchefs liegen auf meinem Gesicht. Er nimmt die Haut und kneift hinein, drei Mal. Ich atme noch immer nicht, warte auf seine nächste Bewegung. Was tue ich, wenn er mich betatscht? Wenn er mich mit seinem klobigen Leib unter sich begräbt? Da verschwindet der dunkle Schatten über meinem Gesicht, die Schritte entfernen sich auf dem gestampften Lehmboden, er lässt sich wieder auf sein Bett sinken. Ich liege starr und höre ihn atmen. Das Metallgestell ächzt unter seinem Gewicht. Er wälzt sich hin und her.

Als David wieder bei mir ist, bitte ich ihn flüsternd, mich nie wieder alleine zu lassen. Wenn einer von uns auf Toilette muss, gehen wir zusammen. Als ich ihm den Grund erkläre, nickt er, und ich spüre, wie es in ihm rumort. Wie weit seine Rachegedanken gehen, wird er mir erst später anvertrauen, doch ich merke, dass er von nun an den Dorfchef hasst. Ehe ich einschlafe, lege ich meine Hand unter seinen Rücken, wie ich es auch in unserem Bus immer getan habe, damit mich niemand von ihm unbemerkt wegtragen kann.

Zu unserer Routine an diesem Ort gehört, dass wir gegen Abend etwa eine Stunde laufen dürfen. Knorrli und Monkey sowie ein oder zwei bewaffnete Wächter begleiten uns, fallen aber bald zurück und gestatten uns, so schnell zu rennen, wie wir wollen, nur in Sichtweite müssen wir natürlich bleiben.

Knorrli und Monkey sprechen kein Englisch, wir verständigen uns mit Augenzwinkern, Gesten, einigen Wörtern Paschtu. Es sind nicht viele Worte nötig, unsere Situation ist so kompliziert und auch so simpel, dass man wenig dazu sagen kann.

Die letzten Sonnenstrahlen, die angenehme Wärme, die Orangetöne auf den Hügelkuppen und in den Tannenwipfeln geben uns, solange wir unsere Körper spüren, solange unsere

Muskeln und Lungen arbeiten, ein Gefühl von Wohlbefinden und positiver Energie. Zudem versuchen wir, uns zu orientieren. In welcher Höhe sind wir, wie weit von der afghanischen Grenze entfernt? Falls die Grenze hinter einem der bewaldeten Hügel liegt, muss es dort auch Militärstützpunkte geben. Die Wälder gäben eine gute Deckung für eine Flucht ab.

David denkt an die lange Antenne, mit der der Dorfchef vom Männerzimmer aus Funkverkehr hat. Würden wir die Antenne manipulieren, könnten wir vielleicht einen kleinen Vorsprung gewinnen. Aber wie sollen wir Europäer, ich noch dazu blond, durch einen von Paschtunen bewohnten Wald fliehen, ohne aufgegriffen zu werden?

Ich gehe täglich hinüber zu den Frauen. Meine anfängliche Angst, mich von David zu entfernen, verliert sich hier. Man schenkt mir eine bunte Halskette und einen Topflappen, den Asina, das Mädchen, das ich ins Herz geschlossen habe, eine halbe Stunde lang schrubbt und reinigt, ehe sie ihn mir mit einem strahlenden Lachen überreicht. Monkey bringt mir Wiesenblumen, später sogar Blumen mit Wurzeln, die ich zu einem kleinen Garten anlege.

Wir haben ausreichend sauberes Wasser zu trinken, bekommen zweimal täglich zu essen. Wenn wir nicht laufen oder im Innenhof sitzend auf Neuigkeiten warten, spielen wir UNO, oft gemeinsam mit den Kindern. Diese sind zwar verdreckt und haben eine verkrustete Rotznase, aber solange sie noch keine acht Jahre alt sind, also noch nicht ständig als Kammerdiener und Handlanger eingesetzt werden, haben sie ein unverbrauchtes Leuchten, das Feuer spontaner Lebensfreude und Neugier in ihren Augen, das mich so anrührt, während David sie oft nur als lästig empfindet.

Am 14. Juli scheint endlich Bewegung in unsere Entführung zu kommen. Immer wieder hatte man angekündigt, es würde eine Videobotschaft mit uns gedreht werden, um Druck auf die Schweiz auszuüben, und als Junkie und seine Leute uns um sechs Uhr wecken, ist es so weit. Wir sollen uns waschen und für den Dreh fertig machen, gleich komme das Aufnahmeteam. Wieder spüre ich das Ziehen im Bauch. Nach einer Weile hören wir Automotoren, Türenschlagen und Stimmen. Eine Gruppe uns fremder Kämpfer tritt durch das Hoftor, gefolgt von zwei vermummten Gestalten. Sie tragen die üblichen langen Hemden, aber ihre Köpfe und Gesichter sind wie bei Berbern in Tücher gehüllt. Einer spricht hervorragend Englisch, ein anderer Deutsch, und diese beiden geben uns klare Instruktionen: Wir sollen eine Botschaft auf Deutsch vorlesen, während die Kamera auf uns gerichtet wird. Dann wird eine zweite Fassung gedreht, in der wir die Botschaft frei vortragen. Wir werden in einen Nebenraum gebracht und von dem deutschen Taliban befragt. Er ist groß, breitschultrig, trägt einen schwarzen Overall, Sturmhaube, Sonnenbrille, Munitionsweste und Kampfstiefel. Unter seinen Ärmeln schauen blonde Härchen hervor. Wir müssen Auskunft über unseren Wohnort, unseren beruflichen Werdegang und die Vermögensverhältnisse unserer Familien geben. »Lügt mich nicht an, sonst mach ich euch fertig«, schreit der Deutsche, wenn eine Antwort ihm nicht glaubwürdig erscheint. »Ich schneide euch den Kopf ab. Und morgen seid ihr tot!« Die beiden »Filmemacher« sagen, es werde wohl zwei bis drei Monate dauern, bis alles überstanden und wir wieder zu Hause seien.

Ich frage, ob wir eine E-Mail an unsere Familien schreiben dürfen, und schlage vor, einen speziellen Account einzurichten. Dies wird uns gestattet, außerdem dürfen wir eine Videobotschaft für unsere Familien drehen. Ich kann vor Tränen kaum sprechen. Was aus diesem Film geworden ist, werden wir nie erfahren.

Der deutsche Taliban, der sich eben noch mit der Kompromisslosigkeit der Taliban gebrüstet hat, ändert plötzlich seinen Ton und fragt, welche Artikel des täglichen Bedarfs wir bräuchten. »Welches Shampoo?«, fragt er, »Head and Shoulders, Pantene Pro-V?« Er rattert eine Liste von Marken- und Artikelnamen herunter und versucht, unsere Wünsche mitzuschreiben. Aber wir sind so aufgewühlt und überfordert, dass wir nichts zu antworten wissen. Welche Shampoo-Marke? Wir denken an die Worte der beiden vermummten Gestalten: zwei bis drei Monate. Zwei bis drei Monate, viel länger, als wir uns in den schlimmsten Albträumen ausgemalt hatten. »It takes time, Dany«, hat der Doktor gesagt. Ich denke wieder an seine resignierte Stimme, an seinen ausgezehrten Körper. Ein kluger, studierter, weit gereister Mann – durch die Zeit der Gefangenschaft in ein Wrack verwandelt. Wenigstens am Nationalfeiertag wollten wir zu Hause sein. Zwei bis drei Monate, das heißt, der Sommer geht zu Ende … Mitte September, Mitte Oktober. Die Bäume vor unserer Wohnung werfen das Laub ab, die Tage werden kurz. Und um wie viele Jahre werden wir in dieser Zeit altern?

Wir sitzen in der sommerlichen Hitze und können es nicht glauben. Zwei Wochen sind vergangen seit der Entführung, und wir sind mit unseren Kräften schon fast am Ende. Wie sollen wir zwei oder drei Monate überstehen? Neunzig Mal in diesem Loch in den Schlaf finden, vierhundertfünfzig Mal das Beten der Männer ertragen, die uns um fünf aus dem unruhigen Schlaf reißen und zurückholen in die deprimierende Wirklichkeit?

Nach einem Mittagessen werden wir noch einmal zu einem Dreh gerufen. Diesmal sollen wir uns im Gemeinschaftsraum auf ein Bettgestell setzen, in unserem Rücken wird ein mit arabischen Schriftzügen bemaltes schwarzes Tuch aufgespannt, mehrere vermummte Kämpfer stellen sich mit ihren Waffen neben uns, die Videokamera wird auf uns gerichtet, und dann sollen wir die Botschaft noch ein drittes Mal vortragen. Außerdem dürfen wir uns noch mit einem persönlichen Appell an unsere Familien wenden. Ich verliere die Kontrolle, kann nicht an mich halten, die Gedanken an meine Eltern und meine Geschwister sind zu quälend, ich fange zu weinen an und betrachte mit Bewunderung David, der selbst in diesem Moment die Fassung bewahrt. »Ich bin David Och, ich bin einunddreißig Jahre alt«, sagt er. Dann den Namen seiner Mutter Ursina. Wir seien in Lebensgefahr, die Taliban würden uns erschießen, wenn ihre Forderungen, vor allem nach Freilassung von Mudschahedin und der in den USA zu sechsundachtzig Jahren Haft verurteilten Aafia Siddiqui, nicht erfüllt werden. Die Schweiz solle umgehend Kontakt zu den TTP, den Tehrik-i-Taliban Pakistan, aufnehmen. Das Video, das, wie wir hoffen, für eine baldige Freilassung sorgen wird, wird erst Monate später an die Öffentlichkeit gelangen. Die Schweizer Medien sind sich schnell einig, dass die darin enthaltene Forderung nach einem Austausch mit Gefangenen reine Propaganda sei. In Wahrheit gehe es nur um Geld.

Wir werden in den Innenhof geführt und lassen uns erschöpft auf den Boden sinken. Dann kommen die bewaffneten Männer wieder und zeigen auf David. Er solle mitkommen. Jetzt ist es so weit, denke ich. David verschwindet durch die Tür, ich werde panisch. Ich kann mich nicht dagegen wehren, kann nicht einmal aufstehen, ich sitze in der Sonne, inmitten von all dem Unrat, Mäuse schießen quiekend über den gestampften Boden, und ich stelle mir vor, wie David vor den arabischen Schriftzügen sitzt, flankiert von den beiden Taliban, und dann spielen die Bilder in meinem Kopf verrückt. Exekutionen, die ich in Dokumentarfilmen und im Internet gesehen habe. Vermummte Kämpfer, die Allahs erhabene Größe preisen, wie bei der Schlachtung der Ziege, und ihre Opfer per Kopfschuss eliminieren. Wenn sie David töten, können sie noch mehr Druck ausüben auf die Schweiz. Ich beginne zu hyperventilieren, und alles dreht sich. Sie erschießen ihn, denke ich, sie erschießen ihn jetzt. Bitte, tut es nicht, bitte nicht. Nichts ist zu hören. Keine aufgeregten Stimmen, kein Schuss.

Als David nach etwa fünfzehn Minuten mit den Männern zurückkommt, sehen wir einander in die Augen, erkennen im anderen aber nur Resignation und Verzweiflung. Unsere Bewacher geben sich plötzlich überraschend freundlich. Uns wird höflich mitgeteilt, dass wir in ein anderes Haus gebracht werden.

»Wieso?«, fragen wir. Wir wollen nicht schon wieder verlegt werden, nicht schon wieder im Kofferraum sitzen, uns an eine neue Umgebung gewöhnen. Wir haben ein gewisses Zutrauen zu den Menschen in diesem Weiler gefasst, selbst der feuchte Verschlag und das enge Bettgestell sind uns lieber als ein unbekannter Ort.

Wir hätten in dem anderen Haus bessere Kommunikationsmöglichkeiten, könnten schneller auf Verhandlungsangebote reagieren. Es gebe dort Telefon, Internet, außerdem Strom und fließendes Wasser, richtige Sanitäranlagen. Wir sind inzwischen skeptisch geworden, selbst ich. David hat, wie ich sehr viel später erfahren werde, nie wirklich an den versprochenen Komfort geglaubt.

Die Fahrt werde nur drei Stunden dauern, sagt der fremde Mann. Immer sind es drei Stunden, so wie wir auf Deutsch jemanden fragen, ob er mal ein paar Minuten Zeit hat.

Wir willigen ein. Was bleibt uns anderes übrig? Wir packen unsere Sachen zusammen, die Tränen laufen mir über das Gesicht. Wir werden zu einer Limousine an den Unterstand gebracht. Die Frauen und Kinder stehen da, Knorrli mit seinen Söhnen. David umarmt alle, und dann beginnen auch die Leute um uns herum zu weinen, selbst einige Paschtunenmänner. Es ist absurd, aber dieser Abschied fällt uns schwer. Weil wir wieder dem Ungewissen entgegenfahren? Angst haben? Oder weil wir in diesen Menschen echte Zuneigung gespürt haben? Jede Verschiebung ist eine psychische Extrembelastung, weil man erneut alle Sicherheiten verliert. Selbst eine niedrige Zimmerdecke, eine bestimmte Stellung im Liegen, gibt nach einer gewissen Zeit ein Gefühl von Vertrautheit. Nun ist wieder alles dahin, wieder müssen wir mit unseren Bewachern in einen unbekannten Raum aufbrechen, über den nur sie bestimmen können.

David werden Handschellen angelegt, der Doktor taucht wieder auf. Aber wir wagen nicht mehr, ihn anzusprechen, weil wir weder ihn noch uns gefährden wollen. Er geht um den weißen Toyota Corolla herum und sagt zu dem Fahrer, wir seien gute Leute, sie müssten uns anständig behandeln. Dann verabschiedet er sich von uns, schaut uns in die Augen. Wir haben einander ein Versprechen gegeben: Wer auch immer zuerst freikommen sollte, der wird für den anderen kämpfen.

Der Arzt sieht sich Davids Handschellen an und bittet, sie ein wenig zu lockern. Man hört auf ihn. Dann setzt der Wagen sich in Bewegung, zwei Gefangene, ein Fahrer, zwei bewaffnete Bewacher, alte Männer, die ältesten Taliban, die wir je gesehen haben und sehen werden.

KAPITEL III

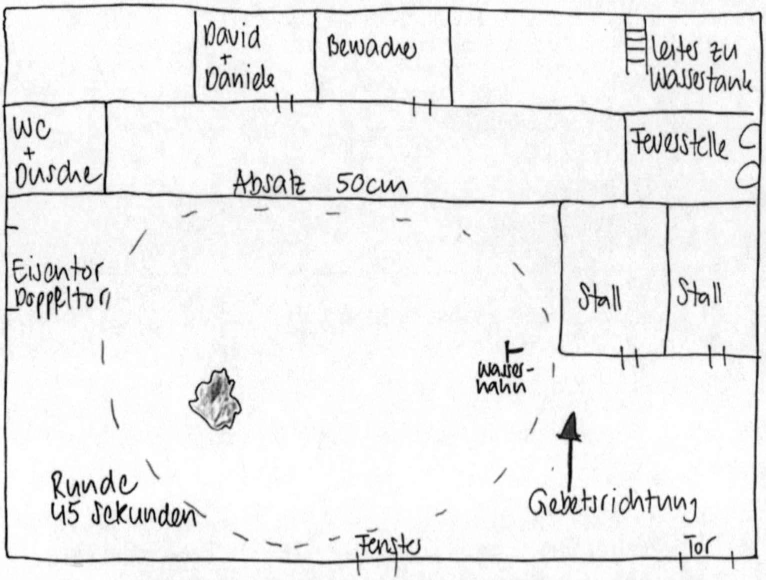

ZEICHNUNG AUS DEM TAGEBUCH: MIRANSHAH, ERSTER INNENHOF

DIE SANDBURG
14. JULI BIS 4. SEPTEMBER

Unser neues Zuhause entspricht zumindest teilweise den Versprechungen. Wir nennen es »die Sandburg«, weil es wie ein überdimensioniertes Fort aus Sand wirkt. Eine sieben bis acht Meter hohe Mauer umschließt einen rechteckigen Innenhof, an dessen Längsseite sich ein einstöckiger Bau mit mehreren Räumen befindet. In einem der mittleren Räume werden wir untergebracht, daneben unsere Bewacher. Außerdem umrahmen ein Stall für Kleinvieh und eine Feuerstelle die Freifläche, auf der ein Strauch wächst. Eine Runde im Hof dauert fünfundvierzig Sekunden.

Die Umgebung ist karg, die Sommerhitze steht flirrend über der wüstenähnlichen Landschaft.

Es gibt ab und zu Strom, fließendes Wasser, eine Dusche, eine Hocktoilette, und vor allem bekommen wir ein echtes »Doppelzimmer«. Zum ersten Mal seit vierzehn Tagen können wir uns zurückziehen und so etwas wie ein Privatleben führen.

Die Fahrt hierher ist eine Tortur. Die Handschellen sind ein altertümliches Modell, das man per Schraube verschließt. Wir werden fremden Männern übergeben, Gesichter, die uns anstarren, in deren Miene wir irgendeinen Hinweis auf das uns bevorstehende Schicksal abzulesen suchen, während die Erinnerung an das Verhör, an die Videokamera, an die Drohungen des deutschen Taliban durch unsere Köpfe geistert. Die Landschaft wird immer unwirtlicher, trockener und heißer. Die Luft mit schwülem Dunst geschwängert. Wir erfahren, dass wir mit Franzosen und Deutschen zusammengelegt werden sollen, und fragen uns, ob wir in ein Sammellager kommen, wie dort wohl die hygienischen Bedingungen, die Verpflegung, die Unterbringung, der Zustand der anderen Gefangenen sein werden.

Wir gelangen in eine Ansiedlung, in der ein wildes Treiben herrscht. Noch wissen wir nicht, um welchen Ort es sich handelt. Der Beifahrer öffnet das Seitenfenster, schiebt eine Antenne hinaus und versucht zu funken. Keine Antwort. Der Wagen hält, und wir sehen einen Basar. Marktstände, vermummte, in der Mehrzahl bewaffnete Gestalten, Händler, Esel und Kleinvieh. Einer der Bewacher steigt aus, kauft Tee für alle, gibt uns zu trinken und bringt dann die Kanne mit den Tassen wieder seelenruhig dem Straßenhändler zurück. Es scheint kein Problem zu sein, dass in dem geparkten Wagen, dessen Scheiben nicht getönt sind, europäische Geiseln sitzen.

Sabermuli, der Mann am Steuer, biegt in einen großen Innenhof, der als Remise und Werkstatt zu dienen scheint. Anstelle der Hebebühnen hat man tiefe Erdlöcher ausgehoben. Beim Wenden übersieht der Fahrer eines der Löcher, und so sackt der Wagen mit der linken Vorderfront in die Tiefe. Männer eilen herbei, mit großem Geschrei wird das Auto wieder herausgehievt. Sabermuli lacht uns ins Gesicht und sagt: »No problem, inschallah«, aber wir fragen uns, ob diese Leute in der Lage sein werden, Verhandlungen über unsere Freilassung zu führen.

Nachdem der Funkruf gefruchtet hat, kommt uns ein weißer Toyota entgegen, bei dem ebenfalls eine Antenne aus dem Seitenfenster ragt. Zwei unserer Bewacher verabschieden sich und steigen aus. Nur Sabermuli sitzt noch mit uns im Wagen, als wir weiterfahren. Wir rollen durch die Außenbezirke und kommen in offene Landschaft, gefolgt vom anderen Fahrzeug.

Neben einem trockenen Flussbett wird gehalten. Die Beifahrertür öffnet sich, und ein großer, schlanker Mann steigt ein. Er setzt sich im Schneidersitz hin und dreht sich zu uns nach hinten. Er hat schwarze Locken, einen langen Bart, eine mächtige Nase und geschminkte Augen. Außerdem trägt er eine Munitionsweste, eine silberne Pistole, und mit seiner Bemalung und den wachen Augen sieht er ebenso Furcht einflößend wie albern aus.

Wir begrüßen einander, und dann werden wir wieder umgeladen. Wieder ein Toyota Kombi. Wieder fremde Gesichter. Im Kofferraum ein mürrischer Mann mit lockigem Haar und abweisendem Blick. Wir werden ihn »Locke« nennen. Während die mächtige Nase auf den Fahrersitz steigt, grüßt neben ihm ein Taliban, den wir »Guildo Horn« taufen, weil er ebenso schütteres Haar hat wie das Original.

Die Nase, die in Wirklichkeit Nazarjan heißt, gibt uns mit Zeichensprache zu verstehen, dass wir vor Sonnenuntergang nicht in das neue Versteck gehen können. Er scheint der neue Anführer zu sein. Und bald wird er zu unserer wichtigsten Bezugsperson werden.

Mit Gesten frage ich, ob wir nicht ein wenig gehen könnten. Nase startet den Wagen, und kaum ist er vom Flussbett auf eine Schotterstraße gewechselt, gibt er Gas wie ein Besessener. Guildo Horn klammert sich am Armaturenbrett fest und wirft uns hin und wieder ein angestrengtes Lächeln zu. Nach etwa vierzig Minuten hält Nase an einem kleinen Fluss und deutet an, wir könnten aussteigen. Wir schieben die Beine hinaus, gehen durch die stickige Schwüle, spüren endlich unsere Muskeln und Glieder wieder, auch wenn die Luft kaum zu atmen ist. Das Wasser in dem Flüsschen ist handwarm, aber trotzdem hat es, als wir uns waschen, eine erfrischende Wirkung. Guildo entdeckt im seichten Wasser einen Aal, verfolgt ihn mit seiner Kalaschnikow und versucht, ihn mit dem Schaft und einem Stein zu erwischen, doch der Aal kann entkommen. Die Taliban scheinen fast alle Tiere zu fürchten oder zu hassen. Aber ihre Mordanschläge laufen zum Glück meist ins Leere.

Wir steigen wieder ein und brechen zu unserem Versteck auf. Der Autoverkehr ist kurios. Abgesehen von wenigen bunt dekorierten Lkw scheint es nur ein Kfz-Modell zu geben: Den Toyota Corolla Kombi, weiß lackiert, ohne Kennzeichen und mit dunkel getönten Scheiben. Auch die Windschutzscheibe ist, bis auf einen schmalen Sehschlitz, getönt. Wie wir später erfahren, dient dies zur Tarnung. Spionen und Drohnen fällt es so schwerer, Fahrzeuge und damit Personen, die auf der Abschussliste von CIA und ISI (»Inter-Services Intelligence«), dem pakistanischen Geheimdienst, stehen, zu identifizieren.

Wir erreichen die Sandburg kurz nach Einbruch der Dunkelheit und werden sofort mit Essen begrüßt. Wir sitzen mit dem Kommando zusammen und versuchen, uns irgendwie zu verständigen. Der Innenhof wirkt farblos, karg und trostlos. Eine am Kabel baumelnde Glühbirne erleuchtet schwach die beklemmend hohen Mauern. Zwei Ventilatoren stehen neben den Matten, auf denen wir essen werden.

Wir wollen in erster Linie wissen, wohin das Video gegangen ist, ob es bereits gesendet wurde und Wirkung gezeigt hat. Wir benutzen unsere bescheidenen Paschtukenntnisse, fertigen Zeichnungen an, aber unsere Bewacher wollen uns nicht verstehen. Ihr Anführer, Nazarjan, erhebt sich nach dem Essen, umarmt David, gibt uns zu verstehen, dass ihm unser Schicksal am Herzen liegt, und dann geht er. Ich frage ihn, wann er wiederkommt. »Sabu« bedeutet »morgen«, »belsabu« übermorgen. Nase sagt: »Bel bel belsabu.«

Und damit beginnt wieder das Warten. Gemeinsam mit unseren vier Bewachern, die recht zugänglich, in ihrer Unterwürfigkeit gegenüber religiösen und militärischen Vorschriften aber auch unheimlich sind. Dumbo ist ein fülliger Mann, der gut gelaunt ist, solange es ausreichend zu essen gibt, Guildo Horn mit seinem schütteren Haar vertreibt sich und uns manchmal die Zeit mit harmlosen Faxen, der »Priester« hat seinen Spitznamen bekommen, weil er den Koran am gründlichsten studiert hat und in getragenem Gesang rezitiert. Der vierte Mann ist Locke, der im Kofferraum des Autos saß. Er schweigt meistens, ist zurückhaltend, fast abweisend, und in seinen stillen, hintergründigen Augen scheint der Fanatismus der Fundamentalisten zu lauern. Noch wissen wir nicht, dass Locke für uns eine Schlüsselrolle spielen wird. Nach einiger Zeit wird auch noch »Depp« zu uns stoßen, der selbst von den simpelsten Aufgaben überfordert scheint.

Immerhin kann ich durchsetzen, dass wir beim Schlafen nicht eingeschlossen werden. Deshalb können wir, um der unerträglichen Hitze im Zimmer zu entgehen, das Bett nach draußen tragen. Zu unseren Privilegien in der neuen Unterkunft gehört, dass wir in unserem kleinen, spärlich eingerichteten Zimmer einen Gaskocher benutzen und uns Lebensmittel bestellen dürfen. Allerdings ist Dumbo für die Besorgungen zuständig, und wir merken bald, dass er uns belügt und tagelang absichtlich nichts mitbringt. Daher sind wir oft gezwungen, bei den Bewachern mitzuessen, was jedoch fast immer zu Magen-Darm-Infekten führt. Haben wir doch genug Lebensmittel, um ein ganzes Mahl zuzubereiten, dann kochen wir vor allem Kartoffeln und Makkaroni, aber vom ersten Tag an leiden wir unter Durchfall. Glücklicherweise gibt es zumindest eine Hocktoilette, die wir manchmal in einer Stunde drei, vier Mal aufsuchen müssen. Neben der Verdauung haben wir vor allem mit der unglaublichen Hitze und den Stechmücken zu kämpfen. Man hat uns einen Ventilator ins Zimmer gestellt, der gegen beides hilft, allerdings nur, wenn der Strom fließt. Oft ist er nur eine halbe Stunde da. Da die meisten Bewohner der Gegend am Abend einen Ventilator ans Stromnetz hängen, bricht dieses vor Überlastung schnell zusammen, und dann liegen wir stundenlang neben dem Rotor, der sich nicht rühren will, wir schwitzen, schlagen nach den Insekten und warten vergeblich auf den Schlaf. Wir flüchten ins Freie, doch dann sind die Schüsse wieder so laut, dass wir nicht einschlafen können, trotz Ohropax (ein halbes Ohropax je Ohr), und wir tragen das Bett wieder ins Zimmer. So geht es oft stundenlang hin und her, bis die Sonne wieder aufgeht und den Innenhof noch weiter aufheizt, während die Stechmücken verschwinden und dafür Fliegen kommen, die sich in Scharen auf unsere Gesichter setzen.

Die Privatsphäre, die wir auf einmal wieder genießen, führt dazu, dass wir weniger abgelenkt sind. Unsere Gedanken drehen sich im Kreis. Wie weit sind die Verhandlungen? Wann kommen wir frei? Warum bringt niemand eine Botschaft für uns?

Wir essen morgens einen Bissen, und dann beginnt der Kampf gegen die Zeit. Wir erzählen einander unsere Träume, beginnen mit unserem Sportprogramm, versuchen, einander Mut zu machen, während wir auf die hohen Sandmauern mit dem einzigen (verschlossenen) Fenster starren. Kein bisschen Grün, kein Leben, wir könnten tagelang auf dem Bettgestell liegen, schlafend oder wach, lebendig oder tot, es wäre vollkommen gleichgültig. Denn nichts geschieht, die Farben sind immer dieselben, Beige, ein wenig Braun, darüber der blaue, gewaltige Himmel. Wir werden hier vergessen, werden verrecken, denken wir, niemand wird uns finden und unsere Leichen identifizieren. Unsere Eltern werden nie erfahren, dass wir hier unsere letzten Lebenstage verbracht haben, und werden ihrerseits bis an ihr Lebensende warten und leiden. Für nichts. Wir schauen auf die Sturmgewehre unserer Bewacher, auf die schlanken Silhouetten der Drohnen, die ihre Raketen über uns spazieren tragen und auf ein Abschussopfer lauern. Wir müssen permanent den Gedanken ausblenden, dass wir von potenziellen Zielpersonen umgeben sind. Dies ist die eine tödliche Gefahrenquelle. Die andere stellen unsere Bewacher selbst dar. Immer wieder fragen wir sie, ob sie uns gewiss nicht umbringen werden. Nein, geben sie uns zur Antwort. Aber auf diese Antwort ist kein Verlass. Chorie, den wir Depp nennen, sagt mehrmals täglich »kill«, und dann sägt er mit seiner Handkante auf seinem Unterarm hin und her und zeigt auf meinen Kopf. Taliban-Kommandos haben auch wehrlose NGO-Mitarbeiter, Touristen und selbst Helfer des Roten Kreuzes, das ihnen bei Kampfhandlungen in der Gefahrenzone medizinische Hilfe zukommen ließ, erschossen. Jeden Morgen, an dem wir aufwachen, wissen wir, es könnte der letzte Tag unserer Gefangenschaft sein, aber auch der letzte unseres Lebens.

Trotzdem sind wir uns von Anfang an einig: Wir werden diese Entführung überleben. Wir werden uns nicht brechen lassen und innerlich Widerstand leisten. Durch unsere Ausbildung als Polizisten und die Lektüre verschiedener Bücher wissen wir, dass zur Aufrechterhaltung unserer Widerstandskraft eine wohldosierte Disziplin notwendig ist. Wir dürfen weder unseren Körper noch unseren Geist verkommen lassen. Das heißt, wir müssen auf Hygiene achten und auf sportliche Betätigung, die unseren Organismus stärkt und gleichzeitig ein uns vertrautes Körpergefühl erzeugt. Wir müssen trainieren, damit das Herz pumpt und wir spüren, dass es sich noch bewegt und wir uns noch bewegen können.

Wir werden auch Hirnjogging betreiben und versuchen, unsere Entführer möglichst regelmäßig in Gespräche zu verwickeln, was allerdings schwierig ist, da sie kein Englisch können und wir kein Paschtu.

Wir sind ohnehin neugierige, aufgeschlossene Menschen, aber man sollte in solchen Gewaltsituationen ganz gezielt Kommunikation betreiben, weil diese den Tätern Misshandlungen erschwert und einen aus der rein passiven Opferrolle herausholt. Durch Kommunikation gibt man sich das Gefühl, am Leben teilzunehmen, auf den Alltag Einfluss zu haben und somit ein gewisses Maß an Kontrolle zurückzugewinnen. Sollte dies alles nur eine Illusion sein, so ist es zumindest eine Illusion, die uns Kraft gibt. Und Kraft werden wir brauchen, wie viel, das können wir uns jetzt noch nicht einmal in unseren pessimistischsten Träumen ausmalen.

Am Sonntagabend, dem 17. Juli, wird uns eine Mail von Fabian überbracht. Fabian, dem Taufpaten unserer Reise, der die Sicherheits- und Verkehrslage sowie Wetteraussichten für jede bevorstehende Etappe recherchierte. Er war unsere Leitstelle, und er ist einer unserer besten Freunde, dem ich fast täglich Briefe schreibe, die wir nicht abschicken können. Fabian. Über zwei Wochen waren wir von ihm abgeschnitten, und jetzt steht der Kontakt wieder! Wir sind voller Hoffnung, auch weil in der Mail zwei Identifizierungsfragen gestellt werden: Wie heißt der Hund eines gemeinsamen Bekannten? Wie heißt Davids Patenkind (Fabians Tochter)?

Fabian ist also in den Verhandlungsprozess eingebunden. Unsere Entführer müssen den Beweis erbringen, dass wir tatsächlich bei ihnen sind. Und dass wir am Leben sind. Endlich sind die Verhandlungen in Gang gekommen! Sofort stürmen

Bilder auf mich ein. Von der Rückreise, von der Ankunft in der Schweiz, von den Freunden, unseren Eltern, die am Flughafen auf uns warten. Aber wir dämpfen unsere Hoffnung und sagen uns, dass wir Geduld haben müssen. Wir überschlagen, wie lange die einzelnen Operationen bis zur Freilassung dauern könnten. Wenn man sich schnell auf ein Lösegeld einigt, dann muss wahrscheinlich ein Bote kommen, einen Vertreter der Taliban treffen ... Drei Tage, vier?

Wir beantworten die Fragen, schreiben die Antworten auf einen Zettel, und dann warten wir wieder. Aber die Tage vergehen, ohne dass wir Nachricht von Junkie oder Nase bekommen, ohne dass auf die Mail eine Reaktion erfolgt. Wir starren stundenlang auf das große Metalltor, durch das nach Einbruch der Dunkelheit der Chef, Nase, kommen soll, der Einzige, der direkt in die Verhandlungen involviert ist. Tagelang lauschen wir auf Motorengeräusche. Durch Zeichnungen und Gesten versuchen wir, unseren Bewachern zu erklären, was wir wollen. Und wir wissen nicht, ob deren Ratlosigkeit daher rührt, dass sie uns nicht verstehen, uns nicht verstehen wollen oder dass sie genauso wenig wissen wie wir. Angeblich gibt es Probleme mit Straßensperren. Deshalb könne uns niemand aufsuchen. Die Bewacher haben keinen Kontakt nach außen. Nur Dumbo hat jeden Abend eine viertel oder halbe Stunde Funkverkehr.

Der 1. August, der Nationalfeiertag, rückt immer näher. Wir waren sicher: Spätestens dann werden wir wieder in der Schweiz sein. Am 31. Juli passiert tatsächlich etwas. Es fließt gerade Strom, der Innenhof ist von der Glühbirne schwach erleuchtet, als der weiße Toyota hereinrollt. Nazarjan steigt aus, neben ihm ein Unbekannter mit Bart. Uns wurde immer wieder ein Übersetzer angekündigt, und wir hoffen, dass er uns wichtige Neuigkeiten zu übermitteln hat. Vielleicht stehen wir vor dem entscheidenden Schritt in den Verhandlungen, und die Taliban brauchen präzise Informationen.

Die beiden beten und kommen dann auf uns zu. Wir sitzen vor unserem Zimmer neben dem Ventilator, der die heiße Luft in heißen Wind verwandelt. Nase umarmt David und nickt mir abweisend zu. Der Unbekannte stellt sich tatsächlich als der Übersetzer Ali vor und reicht David die Hand, mich ignoriert er. Er entschuldigt sich in perfektem Englisch, dass er jetzt essen gehen müsse. Er werde aber einige Tage bleiben, für uns dolmetschen und immer für uns da sein. Die erhofften Neuigkeiten hat er nicht mitgebracht.

Der 1. August kommt und geht und hinterlässt ein Gefühl von Trostlosigkeit und Verzweiflung in uns. Ich sehe vor meinem inneren Auge unsere Freunde, die in einem Café sitzen, die Konzerte besuchen, die ihre Kinder von der Schule abholen, den Rasen mähen. Ich sehe meine Mutter, die spazieren geht und mit ihrer besten Freundin in einem Gasthaus einkehrt, ich sehe die Flugzeuge, die über uns dahinziehen und frage mich: Wo werden sie landen? Wer sitzt darin? Ich male mir all diese Bilder und Fragen aus, bis David sagt, ich solle damit aufhören, es mache ihn verrückt.

Ich kann damit nicht aufhören. Aber ich behalte nun meine Gedanken für mich. Zumindest für ein paar Stunden, bis die Vorstellungen wieder so stark sind, dass ich sie einfach mitteilen muss.

Die Hitze ist eine ständige Qual. Wir benetzen unsere Kleider mit Wasser, in der Hoffnung auf Abkühlung. Durch das Schwitzen haben wir Pusteln am ganzen Körper, dazwischen Moskitostiche. Es gibt keine Stelle auf der Haut, die nicht geschwollen oder gerötet ist, die nicht juckt. Wir liegen oft stundenlang da, schlagen nach Mücken und zwingen uns, nicht zu kratzen, weil wir uns sonst die ganze Haut vom Leib ziehen würden.

Der Durchfall, den wir anfangs für eine vorübergehende Magenverstimmung hielten, ist zum Dauerzustand geworden. Wir werden immer schwächer und antriebsloser. Beim Laufen im Innenhof habe ich weiche Knie, und alle paar Runden muss ich mich hinsetzen. Manchmal liege ich auf dem Bett, unfähig, einen Finger zu rühren. Ich betrachte David, der sich von seinem Lager erhebt und die gekochten Kartoffeln abgießt, und frage mich: Wie schafft er das nur? Indem er seine ganze Willenskraft zusammennimmt, um diesen simplen Handgriff zu erledigen, wird er mir später einmal gestehen.

Der 5. August ist ein regnerischer, relativ kühler Tag. Wir haben eine unruhige Nacht hinter uns, fallen am Morgen noch einmal in Tiefschlaf, und ich erwache mit einem Gefühl von Traurigkeit und Sehnsucht. Ich denke an meine Schwestern, die an diesem 5. August nach Hawaii fliegen. Ich stehe nicht am Flughafen, um mich von ihnen zu verabschieden. Oder haben sie gar aus Sorge um uns auf die Reise verzichtet? Das würde meine Schuldgefühle meiner Familie gegenüber noch verschlimmern. Immer wieder breche ich in Tränen aus, weil das Gefühl der Ohnmacht und Isolation einfach zu schwer zu ertragen ist.

Am frühen Nachmittag – wir liegen auf den Betten und versuchen, uns in eine Siesta zu flüchten – tritt Guildo Horn ins Zimmer. Wir leiten aus seinen Paschtuworten und den Gesten ab, dass wir packen sollen. Warum? Wohin werden wir gebracht? Ist die lange Warterei, die Angst endlich überstanden? Noch ehe unsere Gedanken zu den üblichen Höhenflügen ansetzen können, zeigt Guildo auch auf unseren Gaskocher, die Lebensmittel und die Töpfe. Also steht nicht unsere

Freilassung bevor – nur ein weiterer Umzug. Wohin? Keiner kann es uns beantworten. Aber unsere Bewacher werden uns begleiten, soweit wir verstanden haben.

Wir bereiten unsere Sachen vor, ich ziehe den Sherwani an, binde mir einen Turban, und dann warten wir. Um halb neun Uhr abends öffnet sich das Tor, man gibt uns ein Zeichen, und wir klettern in den üblichen weißen Toyota. Nase sitzt am Steuer und begrüßt uns, drei Bewacher steigen ebenfalls ein. Wieder fährt Nazarjan in einem idiotischen Tempo. Sie bringen uns um, sage ich zu David. Sie erschießen uns. Ich kann nicht atmen, hechle, keuche. Ich will nicht sterben, ich will nicht erschossen werden. Nur dieser eine Gedanke hämmert in meinem Hirn. Ich suche das Auto nach Anzeichen der Exekution ab, nach besonderen Waffen, Fleischermessern, nach einer Videokamera und Dollarnoten, die zu der üblichen Inszenierung gehören. Als ich nichts entdecken kann, schöpfe ich ein bisschen Hoffnung, vielleicht erschießen sie uns heute noch nicht.

Nach einer halben Stunde hält der Wagen. Ein neues Versteck. Es ist noch deprimierender als die Sandburg. Von einem winzigen, vermüllten Innenhof gehen mehrere stickige Räume ab, in denen schmutzige Decken liegen. Wir haben ein Zimmer für uns, in dem nur ein schmales Einzelbett steht, dessen Riemen teilweise gerissen sind. David legt sich auf den Steinboden, ich versuche, auf der Schlafstatt eine Stellung zu finden, die nicht schmerzt, aber es ist unmöglich, in diesem Raum zu schlafen. Es liegen dort Peitschen herum, Blut klebt an den Wänden. Alles ist verdreckt, Ratten schießen durch die Winkel.

Wir legen uns zum Schlafen nach draußen, aber David ergeht es schlecht. Er findet nicht in den Schlaf, und als die Bewacher um fünf Uhr morgens ihr Gebet verrichten, merken sie, dass David wach liegt und trotz der Hitze zittert. Sie geben ihm mehrere Decken, aber David hat weiterhin Schüttelfrost.

Ich darf nicht darüber nachdenken, dass seine Erkrankung ernsthafter als ein Magen-Darm-Infekt oder eine Lebensmittelvergiftung sein könnte. Es gibt in Waziristan kaum medizinische Versorgung, und wie sollten die Taliban uns in ein Krankenhaus einliefern?

Der Übersetzer teilt uns mit, dass wir vermutlich bis Ende August gefangen gehalten werden. Vierundzwanzig weitere Tage also, aber wir ändern allmählich unsere Haltung. Wir versuchen, nicht mehr jeden einzelnen Tag zu zählen (auch wenn ich dies mit meinem Tagebuch tue), sondern eine positive, an Kleinigkeiten orientierte Grundhaltung zu entwickeln. Immerhin haben wir auch erfahren, dass die Taliban direkt mit der Schweizer Botschaft verhandeln. Ein enormer Vorteil, wie wir meinen, denn die Rolle der pakistanischen Behörden, zumal des Geheimdienstes ISI, ist uns ausgesprochen suspekt. Die Schweiz ist zuverlässig, effizient, schnell. Am 27. Juli haben wir außerdem im Radio vernommen, dass Wali-ur Rehman, der zweithöchste Kommandeur der pakistanischen Taliban, sich zu unserer Entführung bekannt hat, und wir malen uns aus, welchen Druck dies erzeugen wird. Außerdem glauben wir, ein Mann, der mit seinem Gesicht für die Entführung einsteht, wird uns nicht ohne Weiteres erschießen lassen.

Auch unsere Eltern in der Schweiz werten den Medienaufruf als positives Zeichen. Wie wir überhaupt später erfahren werden, dass unsere Stimmungsschwankungen häufig im Gleichklang waren.

Ich schiebe mit dem Priester den Müll zur Seite. Es steht ein großer Baum im Hof, der ein wenig Schatten spendet, es gibt eine Feuerstelle, und meine Fantasie beginnt, dieses Ambiente als Restaurant einzurichten. Ich höre die Gläser klingen, das

Klappern des Bestecks, die Gäste tafeln und lachen. Ein Jahr lang habe ich ein Speiselokal gemanagt, habe gelernt, auf den Gesichtern meiner Gäste, am Tonfall ihrer Gespräche und am Gang der Kellner den Erfolg der Küche abzulesen. Ich schließe die Augen, und dann ist diese Tonspur wieder da, mischt sich mit der warmen Luft in meiner Nase, dem Surren der Propeller, als wären es keine Drohnen, sondern Sportflugzeuge von Touristen, die das Bergpanorama von oben genießen.

Ich habe neue Energie, laufe unermüdlich Runden, vier bis sechs Stunden lang, elf Sekunden pro Runde, pro Tag etwa tausend. Ich mache Gymnastik und versuche, einen Teil meines Elans auf David zu übertragen. Seit der Entführung in Loralai, vor inzwischen fünf Wochen, war David immer der »Stärkere« gewesen, der mir Mut gemacht und einen Ausweg für jede Situation aufgezeigt hat (auch jetzt versichert er mir, unsere Familien und Freunde würden für uns kämpfen), aber nun kehren sich die Verhältnisse um. David hat immer wieder Fieberschübe, er döst vor sich hin, ist dann wieder wach und friert, hat Gliederschmerzen, fragt nach Decken und Tabletten. Seine Augen glänzen, und schließlich kann er die Tränen nicht mehr zurückhalten und schluchzt, was ich von ihm nicht kenne. Dann wieder ist er apathisch und scheint dem Koma nahe zu sein.

Am 7. August, am 38. Tag unserer Entführung, flüstert David mir zu, er spüre, dass er gleich das Bewusstsein verlieren werde, alles rücke immer weiter von ihm ab, er werde sterben. Ich laufe zitternd und weinend zu den Bewachern und sage, dass David stirbt, wenn sie nicht sofort etwas unternehmen. Abdullah, der »Priester«, unterbricht sein Gebet und verlässt den Innenhof. Nach ein paar Minuten kehrt er zurück und sticht mit einer Nadel in Davids Finger. Er lässt zwei Blutstropfen auf ein Glasplättchen fallen, presst eine zweite Scheibe darüber und geht damit aus dem Hof. Er werde das Blut analysieren lassen, gibt er zu verstehen.

Als er zurückkommt, starre ich ihn erwartungsvoll an. Er schüttelt den Kopf, verzieht das Gesicht. Was heißt das? Ich spüre, wie ich die Kontrolle verliere. Was hat er für eine Diagnose mitgebracht? Keine, glaube ich seinen Gesten zu entnehmen. Er brauche mehr Blut. Er holt eine Einwegspritze hervor, steckt eine Kanüle darauf und schiebt Davids Ärmel zurück. David hat eine fahle, schweißnasse Haut, unter der die Adern als dünnes, grünliches Geäst schimmern. Der Priester sticht in den Unterarm, verfehlt jedoch die Vene. Trotzdem spritzt das Blut. Ich wende mich ab, höre, wie die Jailer, wie die Bewacher im Taliban-Jargon heißen, verhandeln und drei, vier Mal zustechen. David wird ungehalten und will sich die Kanüle selbst setzen, aber da hat die Nadel endlich die Wand eines größeren Gefäßes durchdrungen. Der Priester zieht das Blut auf und verlässt mit der gefüllten Spritze den Hof.

Die Bewacher versuchen unterdessen, David zu trösten. Sie fächeln ihm Luft zu, alle warten. Nach etwa einer halben Stunde kommt der Priester zurück. Er hat ein Blatt Papier dabei, auf dem in fetten Lettern steht: »HAMID. Medical Laboratory & Blood Bank«. Die Adresse des Labors liegt in Miranshah, und so haben wir zum ersten Mal einen Hinweis auf unseren Aufenthaltsort. Auf dem Formular sind Zeilen für Hämatokrit, Eiweißkonzentration und andere Blutwerte. Keine ist ausgefüllt. Nur bei »Malaria Parasites« steht ein Eintrag.

Wir sind, glaube ich, positiv eingestellte Menschen. Teil unserer Grundüberzeugungen ist, dass wir, auch wenn wir keine streng konfessionelle Religiosität haben, doch an das Gute im Menschen glauben, dass wir der Meinung sind, es gebe so etwas wie eine übergeordnete Gerechtigkeit und Sinn im Dasein. So schwer dieser Sinn im Moment auch zu erkennen ist, wir nehmen an, dass diese Entführung uns zwar zeichnen, dass sie uns das Äußerste abverlangen wird, aber dass sie zu einem guten Ende kommt, sich am Ende womöglich als Erfahrung erweist, die uns wachsen lässt, uns zeigt, dass die Welt nicht nur aus Schwarz und Weiß besteht.

Wir haben in unserem Leben viel Glück gehabt, wir sind in kulturellem und materiellem Reichtum aufgewachsen, haben Freunde, Talente, die wir uns nicht erarbeitet haben, sondern die uns einfach in die Wiege gelegt worden sind. Egal, wie lange diese Entführung dauern wird, wir sind Glückspilze, das sagen wir uns immer wieder vor.

Der Priester erzählt uns, er habe in dem Labor gesagt, das Blut sei von einem Mudschahed. Das Ergebnis sei positiv. Malaria.

Ein einziger Stich von einer der Millionen Mücken, die uns seit sechs Wochen umschwirren, hat David einen Erreger injiziert, der ihn zu einem anderen Menschen macht. Für immer. David, ohnehin am Ende seiner Kräfte, hat einen Einbruch, der unsere Vorsätze über den Haufen wirft: Selbstdisziplin, positives Denken, aktive Grundhaltung. Dies alles ist eine billige Selbsttäuschung angesichts der mit Kugelschreiber gekritzelten Buchstaben auf dem grauen Papier. Die Bewacher geben uns zu verstehen, dass sie mit Malaria Erfahrung haben, und tatsächlich besorgen sie David einen Cocktail aus Medikamenten, der ihm nach zwei Tagen schon Linderung verschafft.

Zumindest für ein paar Stunden. In der Nacht hat er wieder Gliederschmerzen und Schüttelfrost. Die Bewacher lösen sich an seinem Bett ab und fächeln ihm weiter Luft zu.

Auch Davids Vater hatte sich als junger Mann Malaria eingefangen. Als Helfer eines Filmteams war er mit zwanzig Jahren nach Brasilien gereist, und bei seiner Rückkehr nach Europa trug er den Erreger in sich. Allerdings wissen wir nicht, welche Variante David sich eingefangen hat. Wir können nicht abschätzen, welche Konsequenzen ihm drohen, ob er mit Organversagen oder ähnlichen Komplikationen rechnen muss.

Ich muss etwas unternehmen. Bei dem Gedanken, dass sich die Schweizer Behörden mit Kompetenzfragen womöglich gegenseitig blockieren, während die Taliban darauf warten, dass irgendwelche Straßensperren aufgehoben werden oder irgendein Handlanger von einem Führer wieder einmal die E-Mails kontrolliert und nachsieht, ob zufällig das Lösegeld bewilligt wurde, packt mich die Wut. Wir sind seit fast sechs Wochen gefangen, nichts hat sich bewegt. David braucht medizinische Hilfe, und irgendwo in Islamabad oder Bern sitzt jemand an seinem Schreibtisch, überlegt, ob er einen Anruf tätigen soll, ob er die Erlaubnis seines Vorgesetzten einholen muss, ob es für seine Karriere förderlicher ist zu handeln oder zu warten ... Ich schreibe eine E-Mail, die der Übersetzer umgehend abschicken soll. Noch heute soll der Chef kommen und sich ein Bild von der Situation machen.

Dann bleibt mir nichts anderes übrig als zu warten. Es ist zu heiß zum Laufen, und David ist zu erschöpft, um mit mir »Ich sehe was, was du nicht siehst« oder Ähnliches zu spielen. Er will auch nicht sprechen, weder über hier noch über zu Hause.

Nach Einbruch der Dunkelheit geht tatsächlich das Hoftor einen Spalt weit auf, und Nase, der Chef, wischt herein. Er ist nervös, lauscht immer wieder in die Nacht. Er könne im Moment keine Mails weiterleiten, sagt er, aber er werde seinem Mittelsmann die Nachricht von der Erkrankung zukommen lassen, damit die Schweiz sofort ins Bild gesetzt wird.

Ich bin enttäuscht. Niemals gibt es klare Aussagen. Immer sind Mittelsmänner, Unwägbarkeiten in die Ereigniskette eingebaut. Die Zustellung einer Nachricht dauert acht Tage, dann braucht die Antwort wieder acht Tage. Macht einen halben Monat. Einen halben Monat, um eine unbedeutende Information, einen ersten formalen Schritt in einer Verhandlung zu tätigen, und meistens wird auch der nicht vollzogen.

Als Nase meine Stimmung spürt, sagt er, wir dürften am Folgetag wieder in den komfortableren Hof zurück. Er geht, und dafür kommt der Strom, zum ersten Mal seit sieben Tagen. Der Ventilator fängt zu summen an, eine kühle Brise weht durchs Zimmer, und die Jailer beginnen zu scherzen.

Nach einer relativ entspannten Nacht, in der David zum ersten Mal tief und ruhig schläft, trinken wir gemeinsam den Kaffee, den wir aus Nestlé-Pulver anrühren. Ich wasche unsere Kleider, bis auf der alten Bürste das Blut meiner Fingerkuppen klebt, und dann absolviere ich mein Trainingsprogramm im Hof. Wieder elf Sekunden pro Runde, zwei Stunden lang, macht sechshundertfünfundfünfzig.

Die optimistische Stimmung vom Morgen hält nicht lange an; als ich mein Tagebuch schreibe, kommen wieder all die Zweifel über mich. Malaria wird auch als Wechselfieber bezeichnet, weil die Fieberschübe kommen und gehen. Dass es David im Moment besser geht, ist also keine Gewähr für Besserung.

Aber wenigstens sollen wir heute noch in die Sandburg verlegt werden, wo wir ein wenig mehr Auslauf und zwei Betten haben. Außerdem sind die Schüsse und Detonationen dort nur aus der Ferne zu hören, während wir hier alle paar Minuten zusammenzucken und auch die Drohnen direkt über unseren Köpfen surren.

Wir warten bis zum Abend. Inzwischen wissen wir, dass vor der Dämmerung keine wichtigen Operationen durchgeführt werden und keine Talibanchefs zu Besuch kommen. Tatsächlich wird nach Einbruch der Dunkelheit ans Tor geklopft. Ein Bewacher fragt nach und öffnet den Einlass einen Spalt. Nase erscheint, wie immer mit seinem leicht schwebenden Gang, ganz in Weiß, mit sauberen Schuhen und einem hellbraunen Tuch vor dem Gesicht. Ihm folgt ein Fremder, dessen Anwesenheit unsere Bewacher in Aufregung versetzt. Schon Nase gegenüber sind sie nervös und unterwürfig. Aber dieser Neuankömmling erfüllt sie mit Ehrfurcht. Es ist ein fülliger Mann mit dunklem, kurzem Bart, rundem Gesicht, goldener Uhr, einer Weste, einer kurzen Kalaschnikow. Es ist Wali-ur Rehman, wie wir aus Erzählungen der Jailer erfahren haben, der zweitwichtigste Mann der Taliban-Bewegung in Pakistan. Er habe im Radio zu unserer Entführung gesprochen, werde sich aber niemals persönlich bei uns zeigen, hieß es. Nun ist er doch gekommen, kann sogar ein wenig Englisch. Wir setzen uns, gemeinsam mit David, auf die Decken neben unserem Bettgestell. Dann beginnt Wali in bedächtigen, aber bestimmten Worten zu erklären, er werde sich am nächsten Tag mit Vertretern der Schweizer Botschaft treffen, um die genauen Bedingungen für unsere Freilassung auszuhandeln. Im September seien wir wieder zu Hause. In allem, was er tut und sagt, strahlt er eine solche Autorität aus – wir sind sicher, dass er weiß, wovon er redet. Aber ich flüstere David zu, der bringt uns um, ohne mit der Wimper zu zucken. Er spricht von Arab und Crore, was wir nicht verstehen. Er wolle Aafia Siddiqui aus Guantanamo freipressen. Wir erklären, dass wir mit Amerika nichts zu schaffen hätten, dass wir aus der Schweiz seien, und zeigen ihm unsere selbst entworfene Weltkarte. Er wiederholt, die Europäische Union habe gute Verbindungen zu den USA und könne diese zur Freilassung Siddiquis bewegen. Außerdem wolle er einhundert Mudschahedin aus den pakistanischen Gefängnissen holen. Die Unterhaltung ist bizarr, manchmal lachen wir alle, David und ich haben inzwischen gelernt, die Paschtunen in ihrem merkwürdigen Humor zu unterstützen.

Wali-ur Rehman, Oberbefehlshaber in Süd-Waziristan, verabschiedet sich herzlich, sagt: »You are my guests«, umarmt David und geht. Unsere Stimmung hat sich aufgehellt. Endlich ein konkreter Hoffnungsschimmer.

Auch die Bewacher, die wir auch »Jungs« nennen, scheinen die Zeichen positiv zu deuten, denn sie sind ausgelassen und fahren wie die Verrückten, als wir im Auto sitzen. Wir kommen zurück in »unseren« Innenhof und begehen den Freudentag, indem wir einige »große« Runden laufen, fünfundvierzig Sekunden statt elf. David ist so weit wieder hergestellt, dass er mittrabt. Müde und zufrieden lege ich mich ins Bett. Der Strom ist da, der Ventilator läuft, morgen wird unsere Freilassung vereinbart. Und dann kann alles ganz schnell gehen …

Doch auf diese grandiose Aussicht folgen keine Fakten. Wieder warten wir tagelang, ohne dass etwas geschieht, ohne dass uns jemand Neuigkeiten überbringen würde. Auch unsere Bewacher sind ratlos, und jede Kleinigkeit zehrt an unseren Nerven. Immer wieder nennt Depp mich Burna, das sei der Name einer verrückten Alten aus seinem Dorf, und dann deutet er mit der Handkante das Schlachtermesser an, bis Locke ihn zurechtweist.

David hat manchmal so heftige Kopfschmerzen, dass er sich krümmt und vor Verzweiflung weint.

Der Monsun hat eingesetzt, der tägliche Regen ist unberechenbar, hat aber wenigstens für eine gewisse Abkühlung gesorgt. Ali, der Übersetzer, den wir Hans nennen, hatte uns versprochen, er werde nach sieben Tagen wiederkommen. Die sieben Tage sind um, aber Hans kommt nicht. Ich sitze mit David im Hof, starre auf das große Tor, manchmal nähert sich ein Auto – und fährt vorbei. Bei jedem Motorengeräusch steigt unsere Anspannung. Hat das Video Wirkung gezeigt? Sind die Verhandlungen, wie versprochen, zum Abschluss gekommen? Wer wird uns abholen? Ein Taliban-Kämpfer, ein Mittelsmann, gar ein neutraler Botschaftsmitarbeiter? Die immer gleichen Gedanken zermürben uns, aber zu anderen Gedanken sind wir nicht fähig. Wenn das Laufen mich in einen Zustand von Selbstvergessenheit versetzt, fällt manchmal die Last von mir ab. Der Nebel in meinem Kopf löst sich auf, der Druck auf meine Brust lässt nach, und ich fange an zu summen, dann zu singen, wie in einem dunklen Keller, in dem man sich an die eigene Stimme klammert. Melodien fallen mir ein, Textzeilen. Aber wenn ich im Zimmer sitze und an zu Hause denke, werde ich panisch. Ich bin schon nicht mehr sicher, wie die Stimme meiner Mutter klingt, wo die Suppenteller in der Küche meiner Eltern stehen. Jeder kleine Verlust schmerzt, setzt Ängste frei, die wir mit aller Macht klein halten müssen, um nicht aufzugeben. Ich wiederhole die Telefonnummern, zeichne eine Tastatur in mein Tagebuch und tippe wieder und wieder die Anschlüsse meiner Eltern und Freunde ein. Dann imitiere ich den Summton im Hörer, die Stimme meiner Mutter, ich spreche mit ihr, bis ich in Tränen ausbreche und merke, wie armselig mein Selbstbetrug ist. David kommt ein Experiment zur Verhaltensforschung in den Sinn: Man nahm zehn Laborratten und teilte sie in zwei Fünfergruppen. Die eine Gruppe warf man in einen mit Wasser gefüllten Plastikzuber, der so glatte Wände hatte, dass die Ratten nicht hinausklettern konnten. Sie schwammen und kämpften um ihr Leben, bis sie schließlich ertranken. Diesen Todeskampf zeichnete man auf. Dann nahm man die andere Gruppe, warf sie ebenfalls in den Wasserbottich, ließ sie schwimmen, kämpfen, und als sie dem Ertrinken nahe waren, legte man ihnen im letzten Moment einen Holzsteg ins Wasser, über den sie sich retten konnten. Am nächsten Tag wiederholte man das Experiment mit den Ratten, die überlebt hatten, diesmal ohne den Holzsteg. Sie ertranken natürlich. Bei der Auswertung der Videoaufzeichnungen stellte man jedoch fest, dass sie viel länger um ihr Leben geschwommen waren als die fünf Ratten aus dem ersten Versuch, die sich nicht an der Hoffnung festgeklammert hatten, irgendwann könnte, wie durch ein Wunder, ein rettender Steg auftauchen.

Es ist einundzwanzig Uhr. Wenn Besuch für uns kommt, dann kommt er jetzt. Stattdessen erscheint Dumbo, dieses übergewichtige, leicht beschränkte Wesen, das im Nachbarhaus wohnt, für Versorgungsaufträge zuständig ist und sich gerne staatsmännisch gibt. Er spricht kein Englisch, macht uns aber mit Händen und Füßen klar, er habe mit dem Amir gesprochen, und dieser Amir habe ihm zugesichert, wir dürften bald nach Hause. Dumbo reißt seine Schweinsäugelchen auf, fuchtelt theatralisch, grinst und versucht, sich bei uns einzuschmeicheln. Er ist nur ein armer Tropf, aber er geht uns trotzdem auf die Nerven.

Plötzlich kracht es draußen im Hof, doch es ist keine Granate, die detoniert, nur ein Donnerschlag. Statt des sanften Monsunregens setzt ein Gewitter ein. Es blitzt und donnert, und dann geht das Hoftor auf. Ein Wagen rollt herein. Darin sitzt nicht Hans, der Übersetzer, sondern Nazarjan, wieder in Begleitung von Wali-ur Rehman. Unsere Bewacher haben uns immer wieder gesagt, wir würden ihn nie wiedersehen, es sei schon ein Wunder gewesen, dass er sich überhaupt bei uns gezeigt habe. Nun ist dieses Wunder also zum zweiten Mal wahr geworden. Sogar ohne Leibgarde. Es muss etwas Entscheidendes vorgefallen sein. Holt er uns ab? Wir haben es immer gewusst, die Schweiz lässt uns nicht im Stich. Wir sind uns immer sicher gewesen, Wali wird sich nicht nehmen lassen, diese Nachricht persönlich zu überbringen. »Er hat alle Fristen eingehalten«, sage ich zu David. Wir schauen einander an und sind uns einig: Alles passt. Es ist der 13. August, fünf Tage hat er gebraucht, um Alles zu klären. Die Drohnen surren, wir hoffen nur, dass Wali nicht mit einem Sender markiert ist, nicht ausgerechnet heute ...

Wali, der alle Wortlücken in seinem gebrochenen Englisch mit »any, any« füllt, redet von einem Video und dreht mit der Hand neben seiner Schläfe an einer imaginären Kurbel. Er deutet auf uns, zeigt uns eine englische Zeitung mit Datum, die wir offensichtlich vor unsere Brust halten sollen. Wir leiten daraus ab, dass ein neues Video gedreht werden soll, mit dem neuerlichen Beweis, dass wir am Leben sind.

Wir werden in einen Raum geführt, die Kamera auf einer Obstkiste platziert. David setzt sich auf den Boden, die Zeitung vor seinem Oberkörper, und ruft, Walis Instruktionen folgend, die Schweizer, die amerikanische und die pakistanische Regierung an. Sie sollen im Tausch mit uns einen Arzt freilassen, dessen Name ebenfalls diktiert wurde. Doch weder Wali noch Nase können die Kamera bedienen. Das Licht ist ungenügend, die Obstkiste zu niedrig, der Bildausschnitt zu groß. Wir helfen, mit weiteren Kisten ein provisorisches Stativ zu errichten und den Zoom richtig einzustellen. Während Nase und Wali wieder hinter die Kamera treten, sagen wir den Text auf. Gleichzeitig fällt unser Blick durch die offene Tür in den Hof. Man hat die Jungs hinausgeschickt, sie sind aber angesichts des hohen Besuches so aufgekratzt, dass sie immer wieder hinter dem Auto hervorlugen und Faxen machen, bis ich grinsen muss. Dieses Lächeln ist auf dem Schwarz-Weiß-Video zu sehen, das noch heute im Internet kursiert.

Während unserer Gefangenschaft dagegen gab es unseren

Angehörigen Hoffnung, manche schauten es sich wieder und wieder an, wenn sie endgültig den Mut zu verlieren meinten.

Wali ist mit dem Ergebnis zufrieden, packt die Kamera ein und sagt, das Video gehe noch am nächsten Tag an die Schweizer Botschaft, in einer Woche könnten wir nach Hause. Er verabschiedet sich mit der gewohnten Herzlichkeit, und wir bleiben mit unseren Gedanken und Zweifeln zurück. Wieder wälzen wir in Gedanken jeden Aspekt und versuchen, zu einer jeweils positiven Interpretation zu gelangen. Ein aktueller Lebensbeweis macht durchaus Sinn. Sicher wird die Schweiz kein Geld für tote Geiseln zahlen. Aber wer ist dieser Arzt? Wieso ist er für die Taliban so wichtig? Und wo sitzt er in Haft? Später verstehen wir, dass der Arzt, den sie freipressen wollen, kein Mann, sondern Aafia Siddiqui ist. Sie gilt als Top-Terroristin von Al-Qaida und hat nach ihrer Festnahme durch ein Sonderkommando angeblich versucht, einem der Soldaten eine Waffe zu entreißen und ihn zu erschießen. Für diesen angeblichen Mordversuch wurde sie zu sechsundachtzig Jahren verurteilt, die sie in Guantanamo absitzt.

Wir tragen uns die ganze Nacht und den nächsten Morgen mit Spekulationen. Kurz nach sechs am nächsten Morgen weckt David mich. Er kann nicht mehr schlafen, weil ihm zu vieles ungereimt vorkommt. Er glaubt nicht an eine zügige Lösung. Wieder analysieren wir jeden Aspekt, versuchen Hirngespinste von sicheren Fakten zu scheiden, verlieren uns in Spekulationen, bis wir zu der für uns erfreulichen Perspektive kommen, dass die Freilassung wohl unmittelbar bevorsteht. David, dessen Einschätzung oft viel realistischer ist als meine, behält seine Zweifel für sich.

Wieder vergehen die Tage, ohne dass es sichtbare Fortschritte gibt. Der Priester hat sich inzwischen von uns verabschiedet. Er kämpft vermutlich jetzt in Afghanistan an der Front. Dafür kommt eines Tages Babila, den wir »Pumba« nennen werden, in den Hof spaziert, eine Pistole um den Zeigefinger kreisen lassend. Er bildet nun mit Locke, Guildo und Depp das neue Bewacherteam. Abends schaut der feiste Dumbo für eine knappe Stunde im Hof vorbei. Wir gewöhnen uns allmählich an die Schüsse und Explosionen, die man mal näher, mal ferner hört. Auch an die große Spinne und den Gecko, die mir in der Dusche Gesellschaft leisten. Nur die Drohnen verlieren ihre bedrohliche Macht nicht.

Es vergeht noch eine Woche. Wieder hat eine Ankündigung keine Entsprechung in der Realität gefunden. Die Westler haben die Uhren, wir haben die Zeit, lautet ein einheimisches Sprichwort, das ein Taliban-Kommandeur angesichts einer feindlichen Invasion geprägt hat.

Am Sonntag errichtet das Militär meist Straßensperren: Wir hassen den Sonntag mehr als alle anderen Tage, weil dann eine deprimierende Stille herrscht und weil niemand zu uns kommen wird. Außerdem ist der Kontrast zu den Sonntagen in der Schweiz so groß, zu meinem Lieblingstag, den ich schon als Kind mit langen Spaziergängen mit meinen Eltern, später mit »Tatort«, Philip Maloney auf DRS 3, einem großen Stück Butterzopf und der Sonntagszeitung zelebriert habe.

David geht es wieder so gut, dass er das gesamte Sportprogramm mit mir absolviert. Wir gehen und traben täglich anderthalb bis zwei Stunden im Kreis, drei Tage lang machen wir außerdem Kraftgymnastik: fünfunddreißig Liegestütze, sechzig Bauch-, dreißig Arm- und dreißig Unterbauchübungen à drei Wiederholungen. Jeden vierten Tag ruhen wir uns aus.

Der 21. August ist wieder ein Sonntag. Es gibt am Morgen eine heftige Detonation, unsere Jailer erzählen, mehrere Soldaten seien ums Leben gekommen. Hubschrauber fliegen über unsere Köpfe dahin, transportieren wohl die Leichen ab.

Die Hitze wird wieder unerträglich. Wir schwitzen immerzu, duschen bis zu vier Mal am Tag, aber kaum lässt die erfrischende Wirkung des Wassers nach, läuft der Schweiß wieder den Rücken hinunter, tropft in die Augen, reizt unsere von Insektenstichen geschwollene Haut.

Nachts liegen wir neben dem Standventilator, den wir auf die höchste Stufe stellen. Er produziert einen solchen Luftzug, dass man sich fühlt wie in einem Sportflugzeug, das mit offener Kabine durch die Tropen rauscht. Die Tücher, mit denen wir unseren Kopf gegen die Insekten schützen, müssen unter dem Körper eingeklemmt werden, damit sie nicht davonfliegen. Die Plastikriemen schneiden in den Rücken, unsere Muskeln sind verspannt. Da ich Angst habe, mir durch einen Moskitostich ebenfalls Malaria einzufangen, versuche ich immer mit langen Ärmeln und Socken zu schlafen. Irgendwann wachen wir auf, weil alles wehtut, die Stechmücken um unsere Köpfe schwirren und wir vor Hitze zu ersticken meinen. Das bedeutet, der Strom ist wieder ausgefallen, der Rotor stehen geblieben. Die pakistanische Regierung hat schon vor Jahren versprochen, das Stromnetz in den FATA auszubauen, doch es ist bei Versprechungen geblieben. Die Bevölkerung ist so erbost, dass sie absurderweise Sabotageakte auf Strommasten verübt und, wenn doch einmal Arbeiter des Elektrizitätswerks auftauchen, diese auch noch beschießt. Zum Sonderstatus der FATA gehört, dass sie kostenlos Strom beziehen dürfen. Der Strom ist gratis, aber er kommt nicht.

Wir liegen unterdessen da, greifen nach dem Fächer, wedeln uns Luft zu, tauschen Verwünschungen aus. All diese Unwägbarkeiten sind ein Symbol unserer hilflosen Situation. Sollen wir das Bett wieder hinaus ins Freie tragen? Lass uns noch einen Moment warten, meint David. Vorhin kam der Strom auch nach einer halben Stunde zurück. Aber nach zehn Minuten halten wir es nicht mehr aus, wir stehen auf und tragen das Bettgestell nach draußen.

Im Hof ist es fast genauso heiß, die Mauern haben die Hitze des Tages gespeichert, aber wenn man reglos auf dem Rücken verharrt, spürt man einen sanften Luftzug an Stirn und Nasenspitze, die Schweißperlen beginnen zu trocknen.

Schließlich kommt Hans uns doch besuchen. Er ist ein Mann mit imposantem Gesicht, hervorspringenden Wangenknochen und einem dichten Bart. Er ist der Einzige, der so viel Englisch beherrscht, dass man mit ihm ein normales Gespräch führen kann, und wenn er sein breites Lachen aufsetzt, kommt eine Reihe gerader weißer Zähne zum Vorschein. Als Kind hat er Europa bereist, sein Vater arbeitete bei der pakistanischen Fluglinie PIA. Er hat studiert, ist weltoffen, liest viel und schreibt Tagebuch.

Nachdem wir morgens ein Stück Fladenbrot verzehrt haben, setzen wir uns zusammen und reden über die Zustände in den FATA, über den Paschtunwali (den Ehrenkodex der Paschtunen) und die Taliban. Hans erklärt uns, dass sie einen gerechten, unabhängigen Staat errichten wollen, der auf allgemein anerkannten Prinzipien fußt. Sie wollen keine Einmischung durch den Westen, sie wollen kein korruptes Regime wie etwa das pakistanische. Für alle Bürger sollen dieselben Rechte und Pflichten, dieselben Gesetze gelten. Doch bis zur Errichtung des Talibanstaates sei es ein weiter Weg, der nur über bewaffnete Aufstände bewältigt werden könne.

Das hört sich teilweise überzeugend an, aber unsere Entführung, die bei der Finanzierung dieser Bemühungen helfen soll, trübt das Bild vom paritätisch gerechten Staat. Auf unsere ungeduldige Nachfrage erklärt Hans, es dauere drei bis vier Tage, das Video per Mail zu senden, die Geldübergabe noch einmal vier bis fünf Tage. Also sei es realistisch, dass wir Ende August in der Schweiz seien. Damit geben wir uns zufrieden, auch wenn aus dem einen Monat, den unsere Entführung dauern sollte, zwei geworden sind. Und die Zeit lässt sich auch an unseren Körpern ablesen: Allmählich verschwinden die Narben von den Flohbissen, Davids Bart wird immer länger.

Hans beanstandet, dass ich ohne Kopfbedeckungen und in T-Shirt herumlaufe. Die anderen Bewacher hatten sich nicht daran gestört. Wir einigen uns darauf, dass ich das traditionelle Langhemd überstreife, ein Kopftuch bleibt mir erspart, solange Nase nicht auftaucht.

Leider kommt Dumbo eine Schlüsselrolle für unser leibliches Wohlbefinden zu, er ist unser Mädchen für alles. Er besitzt ein Funkgerät und ein Moped, er fährt fast täglich in die Stadt auf den Basar, ist für den Lebensmittelerwerb und die Kontaktaufnahme mit Nase und Wali zuständig. Dumbo ist Teil der besonderen Kommunikationsstruktur, die die Taliban aufgebaut haben. Sie nutzen vor allem Kurzstreckenfunkgeräte, die wichtige Nachrichten immer in Etappen weiterleiten. Da anfangs nach Funksprüchen, die Commander persönlich abgeschickt hatten, oft Angriffe mit Drohnen oder Kampfjets gegen den Ausgangspunkt des Funkkontakts geflogen wurden, sind jetzt rangniedrige »Funker« mit dieser Aufgabe betraut. Dieses kleine Heer an Funkern koordiniert Operationen der Taliban, gibt aber auch Neuigkeiten durch, zum Beispiel den Einschlagpunkt einer Drohnenrakete oder den Grund für den jüngsten Stromausfall. Wenn Dumbo mit seinem knatternden Gefährt aufbricht, fährt er immer unsere Hoffnung spazieren. Dass er mit der lang ersehnten Nachricht zurückkehrt, heute Abend noch komme das Auto, das uns abholt – oder wenigstens mit frischen Tomaten.

Wir schreiben ihm detaillierte Einkaufslisten. Wali und Nase haben uns zugesichert, wir könnten bekommen, wonach uns der Sinn steht. Aber das Warenangebot auf dem Basar ist genauso beschränkt wie Dumbos Engagement. Wir bitten immer nur um das Lebensnotwendige, aber oft bekommen wir nicht einmal Kartoffeln oder Tomaten. Wenn wir fragen, was aus dem Thunfisch – ohnehin der Ausschuss des Weltmarkts, in ranzigem Öl, die Dose nur halb gefüllt – oder den Makkaroni geworden sei, wedelt er gewichtig mit den Armen und erzählt von nebulösen Problemen. Wir wissen nicht, ob er keine Lust hat, unsere Wünsche zu erfüllen (die nach seinen Maßstäben übertriebenen Luxus bedeuten), ob er Geld unterschlägt oder ob er Analphabet ist und die Liste nicht lesen kann. Man sagt zwar Analphabeten nach, dass sie ein besonders gut entwickeltes Gedächtnis hätten, aber Dumbo stützt diese These nicht.

Andererseits machen die Zustände auf dem Basar aber auch deutlich, welche Auswirkungen die Gesetze des »Weltmarktes« auf die Zivilbevölkerung der FATA haben. Der beste Thunfisch geht in die Erste Welt, der schlechteste in die ärmsten Regionen wie Waziristan, wo eine Dose immer noch so viel kostet wie ein ganzes Huhn und deshalb als besondere Delikatesse angesehen wird. Manchmal werden für eine solche Dose drei Dollar verlangt, bei einem durchschnittlichen Jahreslohn von rund zweihundertfünfzig Dollar, für die wenigen, die in den FATA Arbeit finden. Für alle anderen sind die Taliban die einzige Hoffnung auf Unterstützung.

Am 22. August fährt Dumbo mit Hans auf dem Moped davon, um Wali zu treffen und Neuigkeiten einzuholen. Am Nachmittag kommt er alleine zurück. Aber wenigstens hat er einen Brief dabei, geschrieben von Hans. Wie immer freundliche Grüße, eine höfliche Einleitung, aber weiter heißt es, es werde wohl bis Anfang September dauern. Ich schaue David an, er schaut mich an. Noch einmal zehn Tage, das halte ich nicht aus, denke ich. Auch Davids Miene zeigt Resignation. Jeder Tag kostet eine so enorme Anstrengung, die Gedanken kehren mit einer so obsessiven Macht immer wieder auf den einen schmerzhaften Wunsch zurück, nach Hause zu kommen, nicht vorher von einer Rakete oder einer Granate zerrissen oder von den Taliban ermordet zu werden, dass ich meine, verrückt zu werden. Unser gesamter Alltag scheint von Willkür geregelt zu sein. Der Strom, das Essen, die Kontakte mit Wali und Nase, auf nichts ist Verlass, und all diese Details verweisen immer wieder auf die eine quälende Unwägbarkeit: Dauer und Ausgang unserer Gefangenschaft.

Einmal sagt man uns zum Beispiel, wir müssten noch heute umziehen, zurück in den kleinen Innenhof. Wir denken mit Grausen an das schmale, defekte Einzelbett, an den Dreck, daran, dass es nicht einmal einen Ventilator gibt und man der Hitze wehrlos ausgeliefert ist. Doch wir haben keine Wahl, wir müssen unsere Sachen packen, Lebensmittel, Topf, Gaskocher, unsere zwei Blechlöffel und die zwei Plastikteller inbegriffen. Während wir unsere Vorbereitungen treffen, machen wir einander Mut. Es soll nur für vier Tage sein, außerdem liegt der andere Hof näher am Basar, wodurch wir schneller an Lebensmittel und Informationen kommen.

Wir sind gerade fertig, als Dumbo durch das Tor gewankt kommt. Er strahlt uns an und erklärt, wir könnten hierbleiben. Die alte Dorfbewohnerin, die verstorben sei und die man hier im Innenhof habe aufbahren wollen, werde woanders untergebracht.

Wir nehmen es schweigend zur Kenntnis und packen alles wieder aus.

Hans hatte uns versprochen, er werde in wenigen Tagen wiederkommen, um uns über den Stand der Verhandlungen zu informieren. Er kommt nicht. Wir starren auf das Tor, warten, fragen schließlich unsere Bewacher, obwohl wir inzwischen gemerkt haben, dass sie in der Hierarchie auf einer so niedrigen Stufe stehen, dass sie am allerwenigsten wissen. Sie meinen, Hans werde nach dem Ramadan wieder vorbeischauen. Hat er uns verschaukelt? Oder reden die Jungs einfach wieder Unsinn, weil sie nicht wissen, was sie antworten sollen auf unsere ewige Bohrerei? Oder hat Nase ihn endgültig von uns abgezogen? Aus Eifersucht? Nase scheint Hans ein wenig zu verachten, weil dieser kein echter Kämpfer, sondern nur ein Dolmetscher ist, der Propagandavideos dreht und auf dem Basar verschenkt. War es ihm ein Dorn im Auge, dass dieser Hans sich unser Vertrauen erworben hat? Dann hätten wir überhaupt niemanden mehr, mit dem wir ein Gespräch führen können.

Die Schweizer Medien berichten unterdessen, dass die Taliban in akuten Geldnöten stecken. Seit Osama Bin Laden als großzügiger Finanzier und charismatischer Geldeintreiber weggefallen ist, müssten die Taliban aus allem Kapital schlagen. Andererseits fließen durch den Opiumhandel in Afghanistan angeblich mehrere Milliarden Dollar jährlich in die Kriegskassen. Zwar müssen damit Tausende Kämpfer bezahlt werden, aber bei einem Jahresverdienst von zweihundertfünfzig Dollar in den FATA sind die Kosten für die Mudschahedin gering.

Wie auch immer, unsere Bewacher bekommen eine Art Sold, Häuser und Fahrzeuge werden unterhalten, wir verbrauchen Lebensmittel, Gas und Artikel zur Körperhygiene, die für pakistanische Verhältnisse teuer sind. So wird von den Taliban auch jedes Geiselvideo zu Geld gemacht. Sie nehmen nicht einfach Verhandlungen auf, indem sie das Video an die Schweizer Botschaft schicken, sondern verlangen schon für diesen Schritt einen hohen Preis. In unserem Fall versuchen sie es, wie wir später erfahren werden, erst einmal mit 500 000 Dollar. Deshalb ist ein Videodreh kein Befreiungsschlag, und auf einen Videodreh folgt bald der nächste.

Die Tage sind kürzer geworden, die Sonne steigt nur noch für ein paar Stunden täglich über die hohe Außenmauer, und so können wir im Schatten schon tagsüber laufen.

Dumbo fährt für ein paar Tage nicht auf den Basar, angeblich sind die Straßen gesperrt. Auf dem Basar gibt es einen toten Briefkasten, über den Dumbo unsere Korrespondenz mit Nase und Wali abwickelt. Und wenn dort schon ein Brief für uns liegt? Womöglich mit einem negativen Bescheid? Wir sitzen hier, in Erwartung des Autos, das uns nach Islamabad zur Botschaft bringt, und womöglich steht auf einem Stück Papier, das nur wenige Kilometer entfernt liegt, dass dies nicht vor dem Tag X der Fall sein wird. Und wofür steht dieses »X«? Für den 1. September, den 15.? ... Weiter mag ich nicht denken.

Zwölf Tage lang totales Schweigen, dann, nach dreihundertfünfzehn Liegestützen und fünfhundertvierzig Rumpfbeugen, kommt endlich ein Brief von Hans. Er habe Wali nicht finden können, werde uns aber Ende August aufsuchen. Nase habe erzählt, es werde nicht mehr lange dauern, die Dinge gingen rasch voran.

Es ist derselbe Grundtenor, den wir seit sieben Wochen hören, aber trotzdem setzt die Botschaft eine solche Euphorie in uns frei, dass wir uns auf dem Bett wälzen und herumalbern. David fängt vor Übermut an, Walliserdeutsch zu reden, und er klingt so merkwürdig in dieser orientalischen Sandburg, dass wir uns krümmen vor Lachen. Wir lachen und brüllen und können gar nicht mehr aufhören, bis ein Bewacher hereinkommt und um Ruhe bittet. Locke, der krank ist, könne bei dem Lärm nicht schlafen. Wir geben uns Mühe, unser Lachen zu unterdrücken, aber wir sind in diesem Zustand hysterischer Albernheit, wie er Kinder in der Schul- oder Kirchenbank regelmäßig befällt. Die Anspannung entlädt sich plötzlich an einer Nichtigkeit, und dann ist alles komisch. Der Schnurrbart des Pfarrers, der Hosenboden des Lehrers, die Brille des Banknachbarn. Es muss nur einer die Hand heben oder den Kopf drehen, und das Gelächter platzt einem erneut heraus.

Aus Angst vor Bestrafung und aus Respekt vor Locke unterdrücken wir unsere hysterische Albernheit. Nach und nach haben wir gemerkt, dass dessen Zurückhaltung kein Zeichen von Feindseligkeit ist, sondern von Sensibilität. Als Einziger scheint er so etwas wie Empathie zu empfinden und unter seinem Dasein als Taliban zu leiden. Hinter seinen Augen verbirgt sich nicht Fanatismus, sondern eine stille Melancholie.

Doch am Folgetag reist Locke ab. Er hat starkes Fieber, hat seit Tagen nichts gegessen und soll sich bei seiner Familie auskurieren. Damit bleiben uns Pumba, Depp und Guildo Horn als Bewacher. Einer begriffsstutziger als der andere. Auch wenn sie die typische Zugänglichkeit und Hilfsbereitschaft der Paschtunen an den Tag legen wollen.

Ende August zieht in der Dämmerung ein Gewitter auf. Die dunklen Wolken über der öden Landschaft türmen sich zu spektakulären Gebilden. Ein heftiger Wind jagt durch den Innenhof, in dem sich seit Wochen kein Lüftchen regte, Sand und Staub wirbeln herum, Wetterleuchten, dann das erste Donnergrollen.

Schlagartig ist es dunkel geworden, und dann setzt ein so heftiges Prasseln ein, es kracht und donnert mit einer solchen Urgewalt, dass wir spüren, wie gering wir sind, dass sich über uns Energien entladen, die mit einem Wimpernschlag alles auslöschen könnten. Auch uns, die wir uns verzweifelt an ein Leben klammern, das in diesem Spiel der Kräfte keinerlei Bedeutung hat.

Die Sturmböen haben kühle Luft gebracht, und nachdem sich der Donner gelegt und ein konstantes Prasseln eingesetzt hat, finden wir endlich in den lang ersehnten Schlaf. Doch gleich werden wir erneut geweckt, diesmal von Spritzwasser, das meinen Arm benetzt. Es tropft an so vielen Stellen durchs Dach, dass wir das Bett zig Mal verrücken, bis wir eine trockene Position gefunden haben.

Am Morgen liegt dichter Nebel über dem Hof, es riecht nach frischer Bergluft, der Sommer scheint vorbei zu sein. Wir tragen nun auch im Zimmer lange Hosen und können den Ventilator drosseln. Doch diese Erleichterung hält nicht lange vor. Wir fühlen uns vollkommen ausgelaugt und schwer, als hätten sich die Gesetze der Gravitation verändert und würden an unseren Augenlidern, unseren Gliedmaßen ziehen. Jeder Handgriff kostet unmenschliche Kraft, selbst eine flüchtige Umarmung Davids.

In den nächtlichen Träumen sehe ich meine Eltern, meine Freunde, die ihrem gewohnten Leben nachgehen, sich durch unsere Abwesenheit nicht beirren lassen. Sie genießen ihr Dasein, kämpfen nicht für uns, scheinen uns vergessen zu haben. Zwar bringt das Erwachen am Morgen einen gewissen Trost, aber der Stachel des nächtlichen Albtraums lässt sich erst durch lange Gespräche und Grübeln ziehen. Immer wieder muss David mir vorsagen, dass man uns nicht im Stich lassen wird, dass alle in unserer Heimat für unsere Freilassung kämpfen.

Nachdem wir unsere ganze Energie zusammengenommen und unsere Runden gedreht haben, diesmal auf den Blutlachen und Innereien, die von der Schlachtung eines Huhnes übrig geblieben sind, nachdem ich meinen Puls gespürt und einen Teil meiner Wut und Angst in den Boden gestampft habe, höre ich Dumbos Moped knattern. Hoffentlich hat er diesmal etwas zu essen auf dem Gepäckträger. Zwei Tage lang hat er unsere

Bestellungen vergessen, und vorhin hat er uns lachend zugesichert, er habe alles im Kopf. Aber wir kennen seinen Kopf.

Er isst und betet in der Moschee, dann endlich kommt er mit seinem schlurfenden Schritt und dem üblichen Grinsen in den Hof. Ich gehe auf ihn zu und deute mit den drei Fingern, die ich Richtung Mund schiebe, »Essen« an. Er zuckt nur mit den Schultern. Ich bin fassungslos. Wir haben noch sechs Tomaten und sechs Kartoffeln. Drei Tage lang hat er uns nichts mitgebracht, drei Tage lang hat er uns mit Ausflüchten abgespeist. Ob Nase heute kommen werde, frage ich erbost. Morgen, »inschallah«, ist seine Antwort. Wie immer.

Ich laufe zu David und erzähle ihm, dass wir auch heute Abend nur ein paar verschrumpelte Kartoffeln und Tomaten kochen können. Dass auch heute Abend Nase nicht kommen werde.

Wir tigern durch unser Zimmer, wissen nicht, wohin mit unserer Wut, und beschließen, mit unseren Bewachern zu reden. Wir müssen ihnen klarmachen, dass sie uns so nicht behandeln können. Ihr Zimmer ist gleich nebenan. Sie sitzen davor auf ihrer Gummimatte, von wo aus sie uns wie immer beobachten. Das bringt uns noch mehr gegen sie auf. Sie leben in den Tag hinein, schlafen die meiste Zeit, vielleicht weil sie jetzt im Ramadan wenig Energie haben, vielleicht weil sie einfach faul und teilnahmslos sind, wir wissen es nicht. Was wir dagegen wissen, ist, dass wir so nicht weiterleben können. Wir werden buchstäblich krank, verrückt. Wir wollen vernünftig mit ihnen reden, sie müssen doch einsehen, dass wir wenigstens eine ungefähre Vorstellung haben müssen von dem, was uns erwartet. Ob wir in einem Tag gehen dürfen, in einer Woche oder in einem Monat. Doch wir können nicht vernünftig reden, sie hocken da, verstehen uns nicht. Wir haben die wichtigsten Vokabeln auf Paschtu gelernt: Salz, Zucker, Brot, essen, trinken, warten, morgen, bald usw. Damit versuchen wir unser Problem zu erklären. Sie wirken ratlos, versuchen uns zu beschwichtigen und fangen wieder an, Ausreden zu erfinden. Irgendwer von ihren Unterhändlern sei wegen Malaria ausgefallen, es gebe im Moment zu viele Drohnen, aus der Schweiz sei seit zwei Wochen keine Rückmeldung eingegangen.

Wir haben uns zu ihnen gesetzt, aber wir können es nicht mehr hören. David springt von der Matte auf. Er hebt seine Arme auf Brusthöhe und sagt in vorwurfsvollem Ton: »So, kill us. Just kill us.« Danach dreht er sich um, zieht seine Sandalen an und geht in unser Zimmer zurück. Er hat nicht geschrien, aber seine Erregung, seine Aggressivität waren für alle deutlich zu spüren.

Der Doktor hatte uns in den Bergen gewarnt. Paschtunen geht die Gastfreundschaft über alles. Sie würden nicht einmal einen Feind schlecht behandeln, wenn er sich in ihrem Haus befindet. Aber man muss ihnen mit Respekt begegnen, darf niemals die Stimme erheben. Ich schreie mir stumm die Verzweiflung aus der Seele, aber David hat die Beherrschung verloren, hat die Regeln der Gastfreundschaft verletzt mit seiner provozierenden Bemerkung, sie sollen uns erschießen. Wir sitzen in unserem Zimmer, ich sage David, er hätte nicht davonlaufen dürfen, jetzt sei alles vorbei. Sie erschießen uns. David ist blass, aus seinen Augen ist der letzte Funke Hoffnung verschwunden.

Man ruft unsere Namen. Dumbo steht auf der Schwelle zu unserem Zimmer, Depp und Guildo Horn folgen ihm. Sie haben ihre Kalaschnikows in der Hand, und Guildo hält einen längeren Vortrag auf Paschtu. Die Botschaft, die wir uns zusammenreimen ist: Falls so etwas noch einmal passiere, würden sie tun, was sie eigentlich vorgehabt hätten und was Walis

Befehlen entspräche: uns einsperren und David in Fesseln legen. Dann wird ihr Ton versöhnlicher.

Von nun an finde ich abends nicht mehr in den Schlaf, immer warte ich darauf, dass sie ins Zimmer kommen und uns schlagen, oder dass sie David von mir wegzerren.

Der nächste Tag ist der 29. August, es ist der sechzigste Tag unserer Entführung, aber auch das Ende des Ramadan. Eine besondere Atmosphäre erfüllt den Hof, die Jungs scheinen aus der Lethargie erwacht zu sein, sitzen nicht mehr mit dem Oberkörper wippend da, und auch die Gebete fallen wieder etwas knapper aus. Jenseits der Mauern verdichten sich die Geräusche, die auf einen normalen Alltag hindeuten. Mopeds knattern, es wird gehupt, geredet. Dumbo, der unter dem Ramadan wohl ganz besonders gelitten hat, bringt eine Unmenge an Lebensmitteln vom Basar, die Bewacher sind in Feierlaune, um unseren Innenhof knallen Schüsse, Leuchtspurmunition steigt auf und schraffiert bis Mitternacht den Himmel rot und weiß.

Für uns ist das alles ein Hinweis auf die Erfüllung der jüngsten Versprechungen: Hans oder Wali werden nach Ablauf des Ramadan zurückkommen und uns die Nachricht von der Entlassung bringen. Es könnte jeden Augenblick der Fall sein. Aber wir starren vergeblich aufs Tor.

Am 31. hält kurz nach 19 Uhr ein Wagen vor der Mauer, der Motor brummt, die Vibrationen übertragen sich auf das Metall des Tores. Die Jungs sind alarmiert, nehmen ihre Waffen und laufen zur Zufahrt. Wir leben undercover in diesem Hof. Offiziell ist das Haus verlassen. Wer kann da draußen stehen? Depp blickt durch ein Guckloch an der kleinen Eisentür, die in das Tor eingelassen ist, dann gibt er Zeichen, alles sei in Ordnung. Die Bewacher öffnen die großen Flügel. Ich renne ins

Zimmer, um mir das Kopftuch umzubinden. Die Jailer haben mir gestattet, barhäuptig herumzulaufen, aber das sollen die Anführer nicht wissen. Einmal haben sie beanstandet, dass ich nur ein T-Shirt trug. Wie immer rollt ein weißer Toyota Corolla mit getönten Scheiben und ohne Nummernschild in den Hof. Also einer der ihren. Kein Militär, keine Geheimpolizei. Es ist so weit, denke ich. Die zwei Monate verzweifelten Bangens haben sich gelohnt. Die Fahrertür geht auf, aber statt Wali oder Hans steigt ein junger Mann aus dem Wagen, den wir noch nie gesehen haben. Er grüßt die Jungs und öffnet dann die Beifahrertür. Nase kommt zum Vorschein. Der junge Mann muss sein neuer Assistent sein. Wir sind enttäuscht. Nase steht in der Hierarchie unter Wali. Er ist nur dafür zuständig, den logistischen Ablauf unserer Haft zu überwachen und Informationen aus dritter oder vierter Hand zu überbringen. Informationen, die uns in der Regel eher verwirren als beruhigen, gerade weil wir mit ihnen ruhiggestellt werden sollen. Andererseits wäre er auch der richtige Mann, um unsere Freilassung abzuwickeln. Denn Wali ist zu exponiert, zu wichtig für die Organisation und zu stark gefährdet durch Drohnenbeschuss, um sich gemeinsam mit einer so wertvollen Beute wie uns außerhalb des Verstecks zu bewegen. Es passt alles zusammen. Der Ramadan ist vorbei, der zweite Monat unserer Geiselhaft läuft ab, mit dem letzten Video haben die Schweizer einen Lebensbeweis erhalten. Per Mail haben wir die Identifizierungsfragen beantwortet…

Nase geht auf David zu und umarmt ihn herzlich. Mich grüßt er mit einem Winken, das mir freundlicher als gewohnt vorkommt. Er betrachtet uns und fragt, ob wir Druck hätten, »pression«. Wir bejahen. Normalerweise erkennt man so etwas wie Mitgefühl in seinen Augen, die manchmal sogar einen wässrigen Glanz bekommen, wenn wir ihm unseren seelischen Zustand schildern. Im Gegensatz zu unseren Bewachern scheint er sich in unsere Lage versetzen zu können. Doch diesmal ist Nase nicht den Tränen nah, er lacht laut auf. Dann geht er zu den Jungs, begrüßt sie, wechselt ein paar Worte mit ihnen und verschwindet auf die Toilette.

Wir bleiben verdutzt zurück. Was ist in ihn gefahren? Die Taliban haben mehr Humor, als man erwarten mag. Sie lachen über jede Kleinigkeit, verfügen sogar über Selbstironie, selbst ihre Kinder haben schon Lachfalten, aber ihr Humor ist selten verletzend. Kann Nase jetzt über unseren inneren Druck lachen, weil alles vorbei ist? Wir gehen in unser Zimmer, setzen uns auf das Bett und warten darauf, dass er endlich zu uns kommt. Mein Herz pocht, und meine Hände zittern.

Die Pakistani, mit denen wir in den letzten zwei Monaten zu tun hatten, lassen sich auf der Toilette immer viel Zeit. Manchmal verschwinden sie für eine Viertelstunde. Uns ist nicht klar, was sie dort treiben. Denn ihre akribische Körperpflege wie Barthaare-Zupfen, Mitesser-Entfernen oder Haare-Ölen und -Strähnen betreiben sie unter offenem Himmel. Nase braucht noch länger als gewöhnlich. Wir sitzen da, durch die offene Tür fällt das abendliche Dämmerlicht herein, und als Nase schließlich aus der Toilette kommt und an unserem Zimmer vorbeigeht, folgt David ihm. Er kann ihn nicht einfach ansprechen. Vielmehr zieht er zuerst seine Schuhe aus, setzt sich neben ihn auf den Teppich, nimmt ein bisschen Kep in den Mund, und dann stellt er die übliche Frage: »Wie lange noch?«

Plötzlich weiß ich, dass unsere Hoffnungen sich zerschlagen haben. Wir bleiben hier. Die Anspannung verpufft und hinterlässt eine verzweifelte Leere. Als würde ich fallen wie ein Stein.

Nase tritt in die Tür und bittet, mit David alleine sprechen zu dürfen. Ihm ist es nicht gestattet, eine Frau direkt anzusprechen. Auch nicht im Beisein des Ehemanns. Es wäre ein Affront. Normalerweise verletzt mich diese Sitte, die mir wie eine Herabsetzung meiner Person vorkommt, doch nun ist mir auch das einerlei. Ich stehe auf, verlasse das Zimmer und fange an, Runden zu laufen. Ich weine still, die Tränen mischen sich mit dem Schweiß, die Jungs, die mir meistens zusehen, ziehen sich in ihr Zimmer zurück. Ich fange an, Selbstgespräche zu führen, dann mit meinen Eltern zu reden. Es sind die immer gleichen Bitten, Entschuldigungen, Selbstvorwürfe. Ich drehe mich im Kreis, und passend dazu leiden wir seit Wochen unter Schwindelgefühlen. Wir haben keine Orientierung mehr in Zeit und Raum, sind aus dem Leben herausgefallen.

»Daniela«, dringt Davids Stimme in mein Gehirn. Er weiß jetzt mehr als ich. Woher nehme ich meine Gewissheit, dass alle Träume zerplatzt sind? Davids Stimme hört sich neutral an, auch als er ein zweites Mal ruft. Aber als ich seine Miene sehe, ist auch dieser Hoffnungsschimmer verschwunden.

Ich wische mir mit dem Kopftuch den Schweiß vom Gesicht und gehe ins Zimmer. Nase sitzt auf unserem Bett, im Schneidersitz. David steht daneben und erklärt mir, was er erfahren hat: Die Taliban fordern einhundert gefangene Mitstreiter im Tausch mit uns, der Schweizer Botschafter verhandle mit der pakistanischen Regierung, und die Taliban warteten im Moment auf den Ausgang dieser Verhandlungen. Nach den drei Ramadan-Feiertagen solle die Antwort eintreffen.

Es ist ein Schock. Einhundert Taliban. Ich denke nicht über die Details nach, wie ein solcher Austausch vonstattengehen soll, wie die Schweiz, ein neutrales Land, Pakistan oder die USA dazu bringen soll, so viele Feinde aus den Militärgefängnissen zu entlassen, Feinde, die wieder amerikanische, afghanische und pakistanische Mitbürger umbringen werden. Plötzlich ergibt sich ein neues Bild. Schon in dem Video vom 13. August mussten wir um die Befreiung von Aafia Siddiqui bitten, sie wollen also beides: Geld und Gefangene. Deshalb ist alles so langwierig. Man hat uns hintergangen mit den beschwichtigenden Versprechungen.

Aber erstaunlicherweise folgt bei mir auf den Schock ein Gefühl der Erleichterung. Die Ungewissheit, das orientierungslose Nachdenken, Grübeln und Hoffen hat einer konkreten Vorstellung Platz gemacht. Es ist, als hätte sich aus der bedrohlichen Finsternis ein Gegner gelöst. Sichtbar, greifbar und damit angreifbar. David ist still und nachdenklich, aber auch er pflichtet mir am Ende bei, dass es besser ist, die Wahrheit zu kennen.

Nase bricht nicht sofort wieder auf, sondern setzt sich mit den Jungs und Dumbo in den Hof. Wir werden dazu gebeten, und dann beginnt ein Palaver, an dem wir uns, so gut es geht, beteiligen. Die Neuigkeiten bedeuten für alle von uns, dass wir uns auf einen längeren Zeitraum einstellen müssen. Die Jungs warten in gewisser Weise genauso wie wir, das haben sie uns auch schon mehrmals gesagt, wenn wir uns beschweren wollten.

Wir sprechen unsere Unzufriedenheit mit Dumbo an. Nase hört aufmerksam zu, obwohl wir den Eindruck haben, dass er nicht überrascht ist. Er bittet uns, eine Einkaufsliste zu schreiben, um deren Erledigung er sich persönlich kümmern wolle. Die Stimmung heitert sich nach dieser »Aussprache« auf, und auch David ist plötzlich wieder guter Dinge. Zumindest gibt er sich den Anschein. Er fängt an zu bellen und zu knurren wie ein Hund, was die Taliban urkomisch finden. Sie lachen Tränen, vor allem Pumba und Dumbo, der eben noch gescholten wurde, kugeln sich vor Lachen. Dumbo hat viele Schwächen, aber nachtragend ist er nicht.

Mit dem September setzt sich die trübe Witterung fest, und jetzt, da wir auf den Ventilator nicht mehr angewiesen sind, ist plötzlich der Strom rund um die Uhr verfügbar. Dies hat zumindest den Vorteil für uns, dass wir eine elektrische Kochplatte verwenden können. Unser Gas haben nämlich die Bewacher aufgebraucht, und auf Nachschub warten wir schon länger vergebens. Allerdings ist der Betrieb der Kochplatte ein abenteuerliches Unterfangen, denn Steckdosen gibt es in unserem Zimmer nicht. Man muss die nur teilweise isolierten Kabel an zwei Polen befestigen, die aus der Wand ragen, wobei man regelmäßig einen Stromschlag bekommt. Außerdem zischen und schmoren die Kabel immer wieder, sie schlagen Funken oder brennen durch.

Dumbo hat einen portablen DVD-Player herbeigeschafft, auf dem unsere Bewacher sich stundenlang Propagandafilme über den Krieg der Taliban ansehen. Man sieht ihre Mitstreiter mit veralteten Waffen gegen die reguläre pakistanische oder afghanische Armee oder gegen die hochgerüsteten NATO-Truppen kämpfen. Wenn sie einen Feind töten, jubeln die Jungs wie Fußballfans.

Der 2. September ist ein Freitag, ein normaler Werktag. Angeblich sollen nun die Verhandlungen zwischen Pakistan und der Schweiz abgeschlossen sein. Aber Nase kommt nicht.

Er kommt am nächsten Tag. Gute Nachrichten bringt er nicht mit, nur die Neuigkeit, dass wir bald den Innenhof verlassen müssen, weil die Besitzerfamilie zurückkommt. Sie wird den Winter hier verbringen und darf von unserer Anwesenheit nichts erfahren.

Wir sind wie immer beunruhigt, denn die Transfers sind gefährlich, David wird, wenn Nase nicht dabei ist, jedes Mal in Handschellen gelegt, und plötzlich erscheint uns unsere aktuelle Situation als ein unschätzbarer Komfort. Nase hat uns aber noch etwas mitgebracht. Ein kleines Paket, etwas größer als DIN-A5-Format. Er reicht es mir, ich schlage das Papier auseinander und sehe ein neues dickes Notizbuch vor mir, solide eingebunden in dunkles Kunstleder. Die Jungs wissen, dass ich Tagebuch schreibe, wissen sogar seit einiger Zeit, welche Spitznamen sie darin haben. »September und Oktober«, sagt Nase und lacht dabei. Mein Magen wird flau, ich reiße ungläubig die Augen auf, aber er wiederholt es vier, fünf Mal, lacht immer lauter. »Es ist ein Witz«, sagt David zu mir. »Daniela, er hat nur einen Spaß gemacht.«

Egal ob Witz oder nicht, diese zwei Monate setzen sich in meinem Kopf fest. Obwohl ich inzwischen Angst davor habe, mit Zuhause zu sprechen, frage ich Nazarjan, wann wir endlich telefonieren können. Er fragt zurück, in welcher Sprache wir sprechen möchten. Auf keinen Fall dürfte ich weinen, meint er. Wie stellt er sich das vor?

Ich fürchte mich davor, die Stimmen meiner Eltern zu hören, weil die Sehnsucht dann vermutlich unerträglich wird, weil die Distanz sich spätestens nach Unterbrechung der Verbindung wieder endgültig anfühlen wird. Aber ich darf deswegen nicht weinen?

Die Kluft zwischen uns ist plötzlich wieder unüberbrückbar, und ich komme mir vor wie in Kafkas Geschichte »Vor dem Gesetz«, in der ein Mann durch eine Tür gehen will, vor der ein Wächter steht. Dieser Wächter sagt dem Mann, er müsse warten, wie lange, das könne niemand sagen. Der Mann versucht, heimlich durch die Tür zu blicken, der Türhüter sagt, es gebe hinter dem Tor andere Säle, vor denen andere Türhüter stünden ... Er wartet Monate und Jahre, er wird alt, schwerhörig und krumm. Er wundert sich, dass niemand sonst durch diese Tür gehen wollte, vor der er so lange gewartet hat, und als er den Wächter fragt, wie das möglich sei, sagt dieser, der Eingang sei nur für ihn, den Mann, bestimmt gewesen, und jetzt, da er sterbe, werde die Tür für immer geschlossen.

Nase übernachtet zum ersten Mal bei uns in der Sandburg. Am nächsten Morgen werden wir davon geweckt, dass Mino, Dumbos fünfzehnjähriger Neffe, unter David das Bettgestell wegziehen will. Wir protestieren, verlangen eine Erklärung, reden mit den anderen und erfahren, dass man ihnen ebenfalls zwei von vier Betten weggenommen hat. Warum? Wir würden umsiedeln. Wann? Das wisse man nicht. Warum man dann schon die Betten wegschaffen müsse, noch während jemand darin schläft? Darauf gibt es keine Antwort. Wie es auf nichts hier eine Antwort gibt. Alles erscheint uns chaotisch, rätselhaft, willkürlich.

Gegen Abend erfahren wir offiziell, dass wir noch heute das Versteck wechseln müssen. Wohin, scheint niemand zu wissen. Wir packen unsere Sachen und haben noch Zeit, ein paar Runden zu laufen. Wir nehmen Abschied von dem Innenhof, in dem wir in fast zwei Monaten Trampelspuren hinterlassen haben, die breitere, tiefere Spur stammt von David, die andere von mir. Fast zwei Monate waren wir hier, seit sechsundsechzig Tagen sind wir gefangen, länger als unsere gesamte Reise davor gedauert hat. In diesen knapp zwei Monaten habe ich einmal durch ein Loch in der Außenmauer sehen dürfen, habe ein paar unbekannte Männer gesehen, einen Esel und einige Autos. Zweimal habe ich auf den Hügeln, jenseits der Mauern, Frauen in Burkas gesichtet, ansonsten habe ich weibliche Wesen nur hin und wieder irgendwo sprechen und rufen gehört.

Um halb neun trifft Nase ein. Unser Gepäck wird in das Auto verladen, und wir erfahren, dass wir fortan in die Behausung mit dem kleinen Hof wechseln sollen, in die wir schon einmal ausgewichen waren. Bei dem Gedanken an die Enge und den Dreck schnürt es uns die Kehle zu. Immerhin soll Hans dort warten, der einzige Mensch, mit dem wir uns passabel verständigen können. Das richtet mich ein wenig auf, David sagt, was er nicht mit eigenen Augen gesehen habe, glaube er nicht mehr.

KAPITEL IV

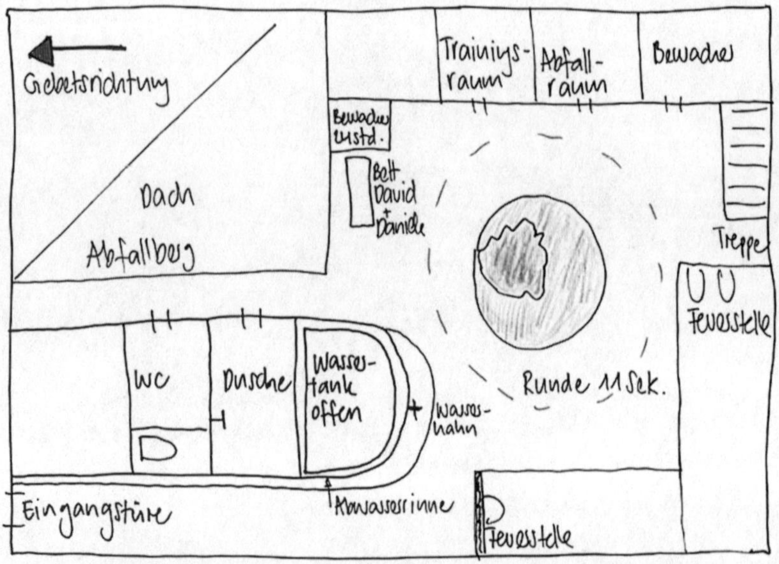

ZEICHNUNG AUS DEM TAGEBUCH: MIRANSHAH, ZWEITER INNENHOF

DIE BÄCKEREI
4. SEPTEMBER BIS 6. NOVEMBER

Der Innenhof unseres neuen Zuhauses ist so eng, dass er wie ein tiefer Schacht wirkt. Auf der einen Längsseite steht ein niedriger Bau mit drei Schlafräumen für die Bewacher, an der Stirnseite eine Toilette und ein Waschraum, flankiert von einer offenen Zisterne. Im Zentrum des Hofes wächst ein großer Laubbaum, daneben ein Guavenbaum. Vor dem Wohngebäude liegt der Gebetsteppich, daneben schließt sich eine Freifläche an, die als Müllkippe dient. Zwei lange, in L-Form angeordnete Öfen erinnern daran, dass hier einst eine Bäckerei untergebracht war.

Alles wirkt noch schmutziger und düsterer als im August. Andere Bewohner haben in der Zwischenzeit ihre Spuren hinterlassen: zusätzlichen Abfall und Knochen an den Feuerstellen. Selbst unsere Bewacher grummeln, als wir die Zimmer beziehen. Zwischen den Mauern ist es schwierig, unser Laufpensum zu absolvieren, denn eine Runde dauert nur elf Sekunden, David wird es schnell so schwindlig, dass er abbrechen muss. Dafür stocken wir unser Gymnastikprogramm auf, machen jetzt auch Handstand und lernen, auf den Händen zu laufen.

Unsere Bewacher haben uns unaufgefordert das einzige Bett überlassen und legen sich auf die verdreckten Matten. Wir sind ihnen dankbar für diese Geste, auch wenn das Gestell lädiert, verrostet und für uns beide zu schmal ist. Mit Bürste und

Seifenlauge versuchen wir, zumindest den gröbsten Schmutz zu entfernen, und tragen das Bett ins Freie, auf den schmalen Streifen zwischen Gebetsteppich und Müll. Dort haben haben wir ein altes Moskitonetz gefunden, das wir notdürftig flicken und über unsere Bettstatt schlagen.

Wieder beginnt nachts unsere Odyssee auf der Suche nach Schlaf. Im Freien ist die Temperatur erträglicher, aber dort hören wir ständig die Geräusche vom nahen Basar und von der Toilette, die Detonationen und Schüsse, die Drohnen und das Stromaggregat des Nachbarn. Wir haben ein Ohropax halbiert, legen uns auf die Seite und stecken den Ohrenstöpsel in das nach oben gewandte Ohr. Sobald sich einer von uns umdrehen will, weckt er zwangsläufig den anderen, wir drehen uns gemeinsam und wechseln jeweils das Ohropax von einem Ohr ins andere.

Sobald die Bewacher vor Sonnenaufgang zum ersten Gebet in den Hof kommen und das Spucken, Schreien und Beten beginnt, legen wir uns in unserem Zimmer einfach auf den Steinboden. Ein oder zwei Bewacher folgen uns nach dem Gebet und legen sich neben uns, um ebenfalls weiterzuschlafen.

Unsere Bewacher sind die niedersten Chargen, die man sonst nirgendwo einsetzen will. Ihre Unwissenheit und Unbeholfenheit würden uns Mitleid abverlangen, müssten wir nicht unter ihrem Unverständnis, unter ihrer Aufschneiderei und den Missgeschicken leiden, die sie permanent verursachen. So erklärt Dumbo uns mit gewichtiger Miene auf der rasanten Fahrt von einem Versteck in das andere, die Anwesenheit von Nase im Wagen sei hochriskant. Denn dieser stehe auf der Abschussliste der CIA, und früher oder später werde eine Drohne ihn finden und eine Lenkrakete auf ihn abfeuern. Wer dann bei ihm im Auto sitze … Er genießt die Wirkung seiner Worte und lacht. Wir versuchen, nichts auf sein Geschwätz zu geben, aber einfach ist es nicht. Schließlich hat er ausnahmsweise recht.

Zum Glück ist Dumbo im neuen Innenhof nicht mehr für die Lebensmittelbeschaffung verantwortlich. Er lässt sich nur von Zeit zu Zeit blicken. Als Bewacher bleiben uns Pumba, der gedrungene Vielfraß mit dem breiten Gesicht, Schilli, ein etwa zwanzigjähriger Bursche, und Depp, dessen Anwesenheit auch für die anderen Taliban ein Kreuz ist. Doch Depp ist der Neffe von Nazarjan, Blutsbande sind unter Paschtunen heilig, und deshalb muss man sich mit seiner Anwesenheit abfinden.

David hat nicht nur eine Ausbildung und Berufserfahrung als Polizist, sondern auch als Agoge (jahrelang hat er in einer Holzwerkstatt Behinderte betreut). Er mag Holz, Metall, und er mag Maschinen, Waffen, Werkzeuge. Eines Tages beobachtet er, wie Depp bei dem Versuch, seine Kalaschnikow zu reinigen, so ziemlich alles falsch macht, was man falsch machen kann. David erklärt ihm mit Gesten, dass er zwei Dinge auf keinen Fall verwenden darf: Wasser und Seife. David nimmt ihm die Waffe aus der Hand, zerlegt sie, reinigt den Lauf mit einem Baumwolltuch und Waffenöl. Er zeigt Depp jeden einzelnen Handgriff und fragt immer wieder, ob dieser begriffen habe. Depp nickt, nimmt die Waffe, wäscht sie mit Wasser und Seife und setzt sie wieder zusammen. Dabei bleibt ihm auch noch ein Teil des Putzlappens im Gasrohr stecken. Er verzweifelt, fängt zu jammern an, erklärt, sein Onkel Nase werde ausgesprochen ungehalten, wenn er die Waffe nicht mehr gebrauchen könne. Schließlich sucht David im Müll ein Stück Draht, bastelt daraus einen Haken und fischt den Lappen aus dem Rohr. Depp ist sprachlos und ringt sich am Ende gar ein »Danke« ab. »Denn sie wissen nicht, was sie tun«, sage ich zu David.

Ein andermal versuchen wir Depp von unserem Leben in der Schweiz zu erzählen, aber er schüttelt immer nur verständnislos und zweifelnd den Kopf. Nein, nein, wenn er in die Schweiz fahre, dann nur mit seiner Kalaschnikow. Er glaube nicht, dass man in unserer Heimat keine Waffe auf der Straße trage und man auch ihn daran hindern würde, das zu tun. Guildo mischt sich ein und fragt immer wieder, ob das wirklich wahr sei, ob es nicht einmal Drohnen am Himmel gebe.

Hans hatte uns versprochen, er werde uns bald aufsuchen und über das Ergebnis der Verhandlungen informieren. Er kommt nicht, obwohl er direkt neben uns auf dem Basar sein soll. Er habe Probleme mit seiner Familie, mit seinem Haus. Wir sind fassungslos. Er hat versprochen, immer für uns da zu sein. Auch wenn er keine Zeit hat, mit uns eines der langen Gespräche über den Paschtunwali, über Guerilla- und Drohnen-Krieg zu führen, so sollte er doch wenigstens einmal nach uns sehen. Wir schreiben ihm einen Brief und übergeben ihn unseren Bewachern.

Am Mittwoch, dem 7. September, bringt Depp uns eine zwei Tage alte Zeitung mit, die *Frontier Post*. Gierig lesen wir jeden noch so unbedeutenden Artikel, wir betrachten Fotos von Usain Bolt, lesen, dass Roger Federer bei den US Open im Viertelfinale steht. Wenigstens auf ihn ist Verlass. Die USA drängen die Schweizer Banken, mehr Kundendaten preiszugeben. Es gibt sie also noch, unsere westliche Welt, und sie scheint zu sein wie immer. Wir spüren gleichzeitig Trost und Wehmut. Dann stoßen wir auf einen Bericht über drei türkische Ingenieure, die nach acht Monaten Geiselhaft von den Taliban entlassen wurden, angeblich habe man vier Monate lang ergebnislos verhandelt. Acht Monate. Das hieße für uns, bis Anfang März, eine unvorstellbar lange Zeit.

Wie immer tun wir solche Analogien ab, wir sind Schweizer, wir haben eine zuverlässige, effiziente Administration, die ihre Bürger nicht im Stich lässt. Immer wieder sagen wir uns das vor.

Wir versuchen, nicht auf Hans oder Nase zu warten, laufen unsere Runden. David hat einen unerschöpflichen Fundus an Spielfilmen im Kopf, deren Handlung er mir sehr anschaulich erzählt, zum Beispiel »Lebenszeichen«. Darin spielt Russell Crowe einen auf Verhandlungen mit Geiselnehmern spezialisierten Kriegsveteranen. Er versucht, einen Ingenieur, der im südamerikanischen Urwald von Rebellen festgehalten wird, zu befreien. »Lebenszeichen« heißt der Film, weil der Ingenieur, der sich während der Verschleppung am Fuß verletzt hat, als Lebensbeweis ein Foto von sich machen muss, in der Hand eine aktuelle Tageszeitung. Als das Foto geschossen wird, schlägt ihm einer der Entführer auf die Wunde, damit die Aufnahme dramatischer wird, weil sie das Opfer mit schmerzverzerrtem Gesicht zeigt. Die Verhandlungen zwischen der englischen Regierung, der südamerikanischen Regierung und der Rebellenführung scheitern, das Leben eines Einzelnen spielt im politischen Machtkalkül keine Rolle. Daraufhin tut sich der Ingenieur mit einer anderen Geisel, einem ehemaligen Fremdenlegionär, zusammen, und sie wagen die Flucht ...

Unser Kopfkino lenkt uns manchmal von allem ab, selbst vom Krieg. Bei Explosionen zucken wir immer seltener zusammen. Werden wir härter? Stumpfen wir ab? Wir hoffen nur, dass unsere Psyche nicht nachhaltig beschädigt wird, dass wir in der Schweiz ohne Phobien oder Neurosen werden leben können. Wir wollen nur eins: zurück in unser altes Leben.

Um neun Uhr abends wird plötzlich an das Tor geklopft. Nase steht draußen, in der Hand ein Mobiltelefon. Er gibt uns ein Zeichen, wir sollen ihm folgen. Wir gehen durch den etwa fünfzehn Meter langen überdachten Schlauch, der zwischen Außenmauer und Waschräumen zum Tor führt. Der Wagen von Nazarjan steht davor. Wir müssen einen Moment warten und dann, sobald die Straße leer ist, in das Fahrzeug springen. Wie immer packt mich die Angst. Mein Herz rast. Das Telefon kann nur bedeuten, dass wir mit zu Hause reden werden. Ich hatte eine solche Sehnsucht nach den Stimmen meiner Eltern, und nun fürchte ich mich vor dem Moment, in dem ich sprechen muss.

Durch die getönten Scheiben sehen wir eine staubige Straße, die zwischen hohen Mauern hindurchführt. Männer, ausnahmslos mit Bart, gehen in langen Gewändern vorbei, auf dem Kopf den typischen runden Talibanhut. Nase sitzt am Steuer, wir auf der Rückbank. Wir wissen nicht, ob wir attackiert werden, wo wir hinfahren ... Während die Angst sich um meinen Magen krampft, rollt der Wagen durch die belebten Gassen, Männer hocken in Verschlägen und reparieren alte Radios und Werkzeuge, ein Hammer schlägt auf Metall, es stinkt nach Tierblut und Rauch. Ein paar Gassen weiter stehen zwei vermummte Gestalten. Nase hält, die Männer steigen zu. Es sind Pumba und ein Mann, den wir nicht kennen. Er ist Ende zwanzig, spindeldürr und fast zwei Meter groß. In Kleidung, Haut- und Haarfarbe unterscheidet er sich nicht von den Paschtunen, aber angeblich stammt er aus der Nähe von Köln. Nazarjan hat gesagt, er werde als Übersetzer fungieren, hat uns aber angewiesen, ihm unseren Aufenthaltsort zu verschweigen, wir sollen sagen, wir würden sieben Autostunden entfernt festgehalten. Nur David dürfe mit ihm reden, denn der Deutsche spreche nicht mit Frauen.

Pumba setzt sich mit seinem Sturmgewehr in den Kofferraum, der »Übersetzer« – er nennt sich Schmatulla – klettert auf den Beifahrersitz und begrüßt David. Mich ignoriert er. Falls er in Deutschland aufgewachsen ist, hat er sich die deutschen Gepflogenheiten abtrainiert. Nase kurvt ins freie Gelände und kontrolliert dabei den Empfang auf seinem Handy. Es dämmert, die Orientierung wird immer schwieriger, wir sind alle nervös, alle bis auf Nazarjan. Tausend Rupien, etwa zehn Schweizer Franken, hätten sie auf die Guthabenkarte geladen, sagt er. Wie viele Minuten sind das? Was soll ich zuerst sagen? Ich habe Angst, etwas Wichtiges zu vergessen. Die Furcht vor den vertrauten Stimmen aus der Heimat ist dagegen verflogen. Ich zittere, schaue immer wieder auf das Telefon. Warum gibt es hier kein Netz? Und warum fahren wir dann ausgerechnet hier herum? Seit eintausendsechshundertsechsundfünfzig Stunden warte ich auf diesen Moment, eintausendsechshundertsechsundfünfzig Stunden Warten, eintausendsechshundertsechsundfünfzig Stunden Verzweiflung, Einsamkeit, Todesangst, in denen ich die Verbindung zu meiner Mutter, meinem Vater, den Geschwistern Tanja, Seraina, Matthias immer weniger spüren konnte.

Wo ist dieses verfluchte Telefonnetz, ein kleiner elektromagnetischer Impuls, der die Verbindung wieder herstellt in das sonnige Wohnzimmer, zu dem langen Esstisch, auf dem eine Blumenvase steht, daneben das Klavier, auf dem ich als Kind gespielt habe und auf dem ich jetzt noch manchmal ein paar Takte klimpere, um die Tasten wieder zu spüren oder die Nerven meiner Mutter zu strapazieren?

Der Deutsche gibt uns großspurig Instruktionen, wie wir zu sprechen hätten und worüber, aber Nase fällt ihm ins Wort, wir dürften alles, nur keine Hinweise auf unseren Aufenthaltsort und die Identität unserer Bewacher geben. Daraufhin versucht der Deutsche, unser Vertrauen und unsere Sympathie zu gewinnen, und fängt an, uns Komplimente zu machen. Wir seien unglaublich tapfer, gut in Form und erstaunlich selbstsicher. Ich sehe die Finger von Nase auf der Tastatur, diktiere ihm die Rufnummer meiner Eltern. Wieder und wieder sage ich die

Nummer, habe Angst, die Ziffern zu verwechseln oder sie zu vergessen. Wie eine Litanei rattere ich die Zahlen herunter, während Nase hält, wieder ein paar Meter durch die Wüste fährt, wendet, einen Fluss durchquert. Alle Versuche, eine Verbindung aufzubauen, schlagen fehl.

Dann hören wir plötzlich ein deutliches »Ja« aus dem Lautsprecher, danach: »Daniela?« Die Stimme meines Vaters. Beat. Ich sehe ihn vor mir, wie er zu Hause auf dem Sofa sitzt, die schlanken Beine übereinandergeschlagen, den Hörer in der Hand. Ich rufe: »Papa!« Er beginnt zu schreien: »Daniela! Daniela! Daniela!!!« Seine Stimme bebt, er beginnt zu weinen.

Nase gibt mir das Handy. Dann ertönt die Stimme meiner Mutter, ganz dicht am Hörer. »Mausiii!«, ruft sie. Neunundsechzig Tage lang habe ich auf diesen Augenblick gewartet. Ich wusste, dass ihre Stimmen wie ein Stich in meine Brust sein würden.

»Ich liebe euch so«, sage ich, »ich liebe euch alle beide, ich liebe euch ...« Ich weine nicht. Auch meine Mutter weint nicht, nur mein Vater, er schluchzt und heult und schreit wie ein Besessener. Mein Vater, der eiserne Selfmademan, kommt mit seiner Stimme gegen die Tränen nicht an.

»Bei uns ist keine Forderung eingegangen«, sagt meine Mutter, »bei uns ist keine Forderung eingegangen.« Sie wiederholt es ein ums andere Mal.

Ich bin wie vor den Kopf geschlagen. Neunundsechzig Tage Verhandlungen, neunundsechzig Tage Todesangst – für nichts? Laut Display sind eine Minute und sechzehn Sekunden verstrichen. Nazarjan gibt mir zu verstehen, ich solle um Rückruf bitten.

»Siehst du unsere Nummer auf dem Telefon?«, frage ich meine Mutter. »Kannst du uns bitte zurückrufen?« Dann bricht die Verbindung ab.

Wir warten. Alle starren auf das Handy in Nases Hand. Nichts geschieht. Auch die vier Striche, die die Qualität des Signals anzeigen, sind verschwunden. Kein Netz. Wir versuchen noch einmal, bei meinen Eltern anzurufen, sie nehmen hektisch an und schreien: »Wir können nicht zurückrufen! Es geht nicht! Was ist bei euch los?« Ich diktiere ihnen erneut die Nummer. Wieder kein Rückruf. Nase setzt den Wagen in Bewegung, kurvt durch Straßen, über Schotterpisten, die Augen immer auf das Display des Handys gerichtet. Das Netz ist verschwunden.

Ich habe nicht mehr im Kopf, was wir eigentlich sagen sollen. Immer wieder hallt das »Mausi« meiner Mutter in meinem Schädel nach. Meine Mutter, der wichtigste Mensch in meinem Leben, das spüre ich nun ganz deutlich. Ich hatte immer auf Rettung durch meinen Vater gehofft, durch den Kraftmenschen Beat, den durchsetzungsfähigen, manchmal rücksichtslosen Macher. Aber die Liebe zu meiner Mutter ist stärker als jedes andere Gefühl.

»David«, sage ich, »kannst du ... antworten, falls sie ... noch einmal anrufen?« David nickt. Ich kann nicht verhandeln, kann nicht funktionieren.

Der Übersetzer schaltet sich wieder ein und sagt, wir müssten Schriftdeutsch sprechen, keinen Dialekt. Idiot, denke ich, bestimmte Dinge kann man nicht auf Schriftdeutsch sagen. Aber er ist nicht zum Übersetzen da, sondern zum Mithören. David tippt die Nummer meiner Eltern ein, und dann erklingt wieder die Stimme meiner Mutter in der Fahrgastzelle mit den verdunkelten Scheiben, in der die drei bärtigen Taliban-Kämpfer mit den Schnellfeuergewehren sitzen. David sagt ganz sachlich und auf Hochdeutsch: »Yvonne, hör mir zu.«

»David, David, Daviiiid.«

»Yvonne, hör mir zu.«

»David, ja, ich hör dir zu.«

»Yvonne, ich muss Schriftdeutsch sprechen. Ihr müsst mit der Regierung Kontakt aufnehmen. Es wurde bereits eine Forderung gestellt, und wenn ihr nicht in Verhandlungen tretet, werden wir sterben.«

»David, es ist keine Forderung eingegangen.«

»Es muss eine Forderung eingegangen sein. Bringt das mit unserer Regierung auf den Weg, sonst erschießen sie uns.« David gibt das Handy an mich weiter, und dann bricht es aus mir heraus: »Mama, Mama, bitte, mach dir keine Sorgen um uns! Man behandelt uns gut, Mama.«

»Hat man euch geschlagen?«

»Nein.«

»Dürft ihr in einem Bett schlafen?«

»Ja, Mama. Aber wie geht es dir?«

»Gut, nur die Augenmigräne macht mir zu schaffen.« Einen Moment stutze ich. Augenmigräne – was soll das bedeuten? Vor unserer Abreise hatte meine Mutter leichte Sehstörungen gehabt. Was ich nicht weiß, ist, dass sich seitdem die Situation dramatisch verschlimmert hat, dass Teile des Sichtfeldes ausgefallen sind, dass sie unerträgliche Schmerzen hat und die Ärzte sich keinen Rat wissen, bis man einen Tumor am Sehnerv entdecken wird.

»Und unsere Entführung – wie kommst du damit zurecht? Ist es nicht schlimm für euch?«

Ich höre sie atmen, achttausend Kilometer entfernt. »Das wünsche ich niemandem, dass er so etwas erleben muss.«

Sie wirkt trotz allem gefasst. Redet wenig. Wahrscheinlich werden sie psychologisch betreut, denke ich, vielleicht ist sogar jetzt jemand bei ihnen, hat sie genauso instruiert, wie die Taliban uns instruiert haben. Tatsächlich will Mama mich an einen Polizisten weitergeben, aber ich möchte Papa haben. »Wo seid ihr, Schatz?«, schreit er. »Wie viele Männer sind bei euch? Daniela, jetzt sprich schon, Schatz.« Er weint wieder. Aber die Fragen sind gezielt, offensichtlich vorgegeben. »Das kann ich dir nicht sagen«, antworte ich, »ich muss die Forderungen übermitteln. Einhundert Mudschahedin sollen freigelassen werden.«

»Das sind zu viele, Daniela, das bekommen sie nie!«, sagt meine Mutter in ruhigem Ton. Plötzlich ist wieder sie am Apparat.

»Mausi.«

»Mama?«

»Ja.«

»Hast du das verstanden?«, frage ich.

»Ja.«

»Mama, ich schreibe jeden Tag einen Brief an dich, schau den Mond an, sprich mit ihm.«

Das tut meine Mutter ohnehin, weil sie mich schon als kleines Mädchen dabei beobachtet hat, wie ich im Schlafanzug unter dem Dachfenster stand, den Mond betrachtete und mit ihm redete.

»Wiederholst du die Forderung bitte noch einmal? Wisst ihr, an wen ihr euch wenden sollt?«, frage ich.

Sie bringt die wenigen Dinge, die ich diktiert habe, durcheinander. Mein Vater nimmt wieder den Hörer, er ist außer sich, weil er sich von der Schweiz hintergangen fühlt. Mein Vater, der wertkonservative Bürger, der an Recht und Ordnung, an die Autorität der Staatsmacht, an »seine Schweiz« glaubt, fühlt sich verraten, ausgerechnet jetzt.

»Papa«, sage ich ganz ruhig, »jetzt hör bitte mal mir zu. Schaut euch das Video vom 13. August an, darin wird eine Forderung gestellt, die ist entscheidend.«

»Ja, mache ich«, brüllt mein Vater, »ich hab schon mit der

Bundesrätin telefoniert. Alles Nötige ist getan, hier zu Hause ist alles vorbereitet, sobald die Forderung kommt.« Wieder wechselt in seinem Geschrei wichtiger Inhalt mit Flüchen und Protesten.

Ich glaube trotzdem zu wissen, was seine Worte bedeuten, und es versetzt mir wieder einen Stich. Er hat sein Vermögen flüssiggemacht. Er gibt seine Existenz auf, im Tausch für seine Tochter. Die Taliban würden sagen: Wozu? Er hat doch noch drei andere Kinder.

»Ich wollte hinfliegen, aber die lassen mich nicht«, sagt er verzweifelt. »Wo seid ihr?« Er will nicht einsehen, dass ich das nicht verraten darf. Er hat einen Sturkopf, das wissen wir alle, aber nie konnte ich ihn besser verstehen als jetzt.

»Die Nummer ist aus Afghanistan«, schreit er. »Seid ihr in Afghanistan? Daniela, sag mir jetzt die Wahrheit. Ihr seid doch in Afghanistan!«

»Nein.«

Mein Vater scheint mich nicht gehört zu haben, weil sein Geschrei alles übertönt. »Daniela, sag mir jetzt, seid ihr in Afghanistan?«

»Papi, bitte …«

»Hallo, seid ihr jetzt in Afghanistan, was soll das, ich liebe dich, Daniela, seid ihr in Afghanistan?«

»Nein, Papi, das sind wir nicht.«

»Ja, aber warum diese Nummer, wo seid ihr denn, ach, es tut mir so leid, ich liebe dich, Daniela, ich werde alles tun, ich bin bereit, wo seid ihr denn jetzt …?«

»Papi, das kann ich dir nicht sagen …«

Er weint und stammelt: »Ich will dich endlich … in den Arm nehmen. Jede Minute, jede Sekunde denke ich an dich, Schatz. Dein Bruder ist gerade in Amerika bei Tanja und Seraina, sie alle tun nichts anderes, als auf eure Rückkehr zu warten.«

»Papa, ruft ihr bitte Ursina, Davids Mutter, an und erzählt ihr alles?«

»Sicher.«

Ein Piepsen kommt aus dem Hörer. Das Guthaben ist aufgebraucht.

»Bis bald«, sage ich, »macht euch keine Sorgen, wir werden heil zurückkommen. Ich liebe euch!«

Die Verbindung ist abgebrochen. Nase nimmt mir das Handy aus der Hand, öffnet das Akkufach, holt die SIM-Karte heraus, zerbricht sie und wirft sie aus dem Seitenfenster.

David und ich sehen einander an, mit glühenden Wangen, Tränen in den Augen. »Lass uns nachher alles besprechen«, sagt er mir auf Berndeutsch. Ich nicke.

Nase fährt zurück zur Stadt, hält kurz. Pumba schwingt sich aus dem Wagen und kommt mit einer Art Erdbeermilch und Bonbons zurück, die an alle verteilt werden. Nase setzt den Übersetzer und Pumba am Basar ab, fährt noch eine weite Runde durch Nebenstraßen und kehrt dann zu unserem Innenhof zurück. Offensichtlich will er Spuren verwischen.

Als wir wieder »zu Hause« sind, wie David unwillkürlich sagt, herrscht auch hier Festtagsstimmung. Die Jungs sind erleichtert, dass sich endlich etwas bewegt. Wir sind beseelt von einem Gefühl der Dankbarkeit, unseren Eltern gegenüber für ihre Liebe und ihre Anteilnahme, Nase gegenüber, weil er uns hat telefonieren lassen, den Drohnen gegenüber, weil sie uns einmal mehr verschont haben.

Wir laufen unsere Runden, reden, rufen uns jedes Detail in Erinnerung, denken an die vielen Dinge, die wir noch hätten fragen wollen. Wie geht es Ursina? Was ist aus unserem Bus geworden? Unserem LT 35, in dem mehrere Monate Arbeit, unser Laptop und unser Geld stecken? Was machen Fabian und die anderen Freunde? Wer hat Davids Dienst in der Bahnhofswache übernommen? Haben sie demonstriert, eine Aktion gestartet, kämpfen sie? Wir haben nur einen verschwindenden Bruchteil klären können, aber wenigstens haben wir begriffen, warum unsere Eltern die Verhandlungen nicht beschleunigen konnten. Nicht Desinteresse war schuld, sondern Hilflosigkeit, sie wussten nicht einmal, dass bereits Forderungen eingegangen waren. Warum haben die Schweizer Behörden sie nicht informiert?

Den ganzen Abend und bis tief in die Nacht liegen wir wach und analysieren alles, teilen unser Glücksgefühl und unsere Zweifel, bis ich in Davids Armen einschlafe. Nächtelang werde ich mir die Stimmen meiner Eltern zurückrufen, das ganze Gespräch wieder und wieder durchspielen. Bei diesem Ritual schlafe ich allmählich ein. Doch dann merke ich nach ein paar Tagen, dass die Stimmen blasser werden, und ich werde panisch, weil mir alles entschwindet.

Ein Tag nach dem anderen vergeht, ohne dass auf das Telefonat konkrete Fakten folgen. Unsere anfängliche Euphorie hat sich in Grübeleien aufgelöst. Zwar wissen sie zu Hause jetzt, dass schon lange eine Forderung gestellt wurde, aber warum war dies von der Regierung nicht kommuniziert worden? Oder hatte die Regierung selbst keine Forderung erhalten? Trotz der beiden Videos? Irgendetwas läuft falsch. Aber jetzt werden unsere Eltern, unsere Freunde kämpfen, so viel ist sicher. Laut Nase hatten die Schweizer die Taliban gebeten, uns nicht nach Hause telefonieren zu lassen. Wir malen uns aus, wie unsere Familien jetzt öffentlichkeitswirksame Aktionen starten, Plakate kleben, Aufrufe über die Presse verbreiten. In unserer Verzweiflung projizieren wir all unsere Wut auf die Politiker, die einem zynischen Kalkül folgen, um Geld zu sparen, ihr Prestige zu mehren und der Bevölkerung die Wahrheit vorzuenthalten.

Ich denke daran, wie verzweifelt meine Mutter geklungen hat, wie hemmungslos mein Vater geweint hat, der Mann, der Schwäche nie gezeigt hat. Ihr Leben ist zur Hölle geworden. Habe ich ihnen ausreichend klargemacht, dass ich hier gut behandelt werde? Habe ich sie überzeugen können, oder quälen sie sich mit dem Gedanken, dass ich unter Bewachung stand und die Wahrheit nicht sagen durfte?

Wir erfahren, dass Hans auf dem Basar war, nur einen Steinwurf entfernt. Warum er uns nicht besuchen komme, wie versprochen, fragen wir. Auch er denke, wir seien sieben Autostunden entfernt, ist die Antwort. Wenn er zu uns stoße, dann für zehn Tage. Was für eine Erleichterung wäre das, zehn Tage lang mit einem Menschen reden zu können, der nicht nur döst, betet und Propagandavideos auf Paschtu sieht! Aber er kommt nicht. Wir scheinen ihm egal zu sein. Jeden Morgen bitte ich unsere Bewacher, von Hans einen Brief mit Informationen zu verlangen. Nicht einmal dieser Brief kommt.

Wir fangen wieder an von zu Hause zu träumen, von Cremetorten (ich) und riesigen Steaks (David). Vor dem Telefonat hatten wir einen Zustand der Gleichgültigkeit und des Sarkasmus erreicht, in dem wir nichts mehr ernst nahmen, Zeitrechnungen abstreiften und uns in dem Gefühl der Unempfindlichkeit einrichteten. Aber das Gespräch mit unseren Eltern hat unser gesamtes Seelenleben wieder in Aufruhr versetzt, das Koordinatensystem unserer Psyche wieder aktiviert, und nun sind wir wieder wie die Amerikaner, die die Uhren haben, während die Paschtunen die Zeit haben.

Der Lärm vom Basar, die Detonationen von Granaten und Bomben, das ewige Surren der Drohnen über unseren Köpfen scheinen uns in den Wahnsinn zu treiben, und wenn wir uns dabei beobachten, wie wir angesichts eines herumliegenden Knochens oder einer Telefonnummer, die uns nicht mehr einfällt, die Fassung verlieren, fragen wir uns, ob wir nicht tatsächlich wahnsinnig werden.

Am Abend des 12. September wird wieder ans Tor geklopft. Eine dreiköpfige Gruppe aus vermummten Kämpfern tritt ein. Nase mit seinem Assistenten und die braungebrannte Locke. Die Begrüßung folgt immer demselben Zeremoniell. Zuerst kommt die muslimische Einleitungsfloskel: »As-salamu ’alaikum wa rahmatu ’llahi wa-barakatuhu« (»Der Friede sei mit dir und das Erbarmen und die Segnungen Gottes«), dann die Antwort: »Wa-’alaikum s-salam wa-rahmatu ’llahi wa-barakatuhu«. Die Männer reichen einander die rechte Hand und legen die linke aufs Herz. Sie umarmen einander, wobei Dauer und Intensität der Umarmung je nach Art der Beziehung und aktueller Gefühlslage variieren. Dann kommt noch ein Händeschütteln, mit der linken am Herzen.

Wie immer versuche ich, aus Nases Mimik und der Länge der Umarmung abzulesen, welche Nachrichten er bringt. Er geht an den Wasserschlauch, wäscht Hände, Gesicht, Hals und Füße, und dann kniet er sich nieder zum Gebet. Wir sitzen auf der Treppe und warten, ebenso wie Depp, der nicht mit Nase gemeinsam beten darf und uns wie ein geprügelter Hund anblickt. Dann erhebt sich Nazarjan, bittet uns ins Zimmer, und endlich können wir erfahren, warum er gekommen ist.

»Alle Verhandlungsschritte sind getan«, erklärt er uns. »Sobald die positive Antwort auf die Forderungen eintrifft, könnt ihr gehen.«

»Sofort?«, fragen wir erstaunt. »Also noch ehe die Forderungen erfüllt wurden? Ihr verlasst euch auf das Wort der Gegenseite?«

Das Gemisch aus Englisch und Paschtu erschwert die Verständigung, aber wir sind euphorisiert. Es ist Montag, wenn alles problemlos klappt, könnten wir schon am Samstagvormittag in Bern in der Altstadt sitzen und mit Fabian und meiner Freundin Daniela einen Kaffee trinken, rechne ich mir aus. Noch ist Spätsommer in der Schweiz. Es ist noch nicht zu spät, um in der Aare zu baden. David verspricht mir, dass er mit mir bis zum Bundeshaus schwimmen wird.

»Es wird wohl Oktober werden«, meint Nase, »alles andere ist unrealistisch.« Mir wird schwindlig, wie so oft während der Gefangenschaft. Wir wissen nicht, ob der Schlafmangel, das begrenzte Sichtfeld, die Angst oder der permanente Durchfall daran schuld sind. Sofort, in ein paar Tagen, in einem Monat, für die Taliban scheinen das Synonyme zu sein. Verstehen sie nicht, wie wir unter dieser Beliebigkeit leiden? Nicht einmal Nase, der immer Mitgefühl und ein gewisses Verständnis für unsere Mentalität gezeigt hat?

»Wollt ihr nicht einfach hierbleiben?«, fragt Nase schließlich, als er unsere Enttäuschung spürt. »Ihr könnt eure Familien nachkommen lassen. Dann leidet ihr nicht mehr unter der Sehnsucht.«

David und ich schauen einander an. Wir glauben, nicht recht gehört zu haben. Aber für Nase scheint das eine ganz naheliegende Vorstellung zu sein. Natürlich, er kennt ja unsere Welt nicht. Wie so oft sagen wir zu Nase: »Bitte, bitte, Switzerland!« Er versteht inzwischen den Sinn dieser Worte. Manchmal wiederholt er sie betroffen, manchmal macht er sich einen Scherz daraus.

Am nächsten Morgen schleichen Nase, sein Assistent, den wir Nilpe nennen, und Pumba zeitig davon. Sie sind wie immer geschminkt, frisiert, haben sich die Barthaare gezupft und sich schwer bewaffnet. Und dann beginnt wieder das Warten. Was inzwischen auch den Jailern aufs Gemüt zu schlagen scheint. Die Spannungen nehmen zu. Vor allem Depp strapaziert jedermanns Nerven. Er wird von den anderen mit Verachtung gestraft und rächt sich, indem er immerzu Lärm macht. Vielleicht sucht er nur nach Aufmerksamkeit, aber wenn er einen Hauch Mitleid bei mir erregt, dann tut er alles, um diese Gefühlsregung wieder zu stoppen. Er geht zum Beispiel, während wir schlafen, in unser Zimmer und zieht so lange, ohne jeden Grund, an unserer Wäscheleine, bis diese reißt und alle mühsam von Hand gewaschenen, feuchten Kleider auf die Erde fallen. Oder er benutzt unsere Pfanne, lässt das Essen darin anbrennen und schmeißt die verkrustete Pfanne einfach auf den Boden. Seine Mitstreiter bügeln derlei »Missgeschicke« wieder aus, weil sie uns den Respekt nicht versagen wollen, aber irgendwann wird auch ihnen der Geduldsfaden reißen.

Manchmal kommt Dumbo mit seinem Moped in den Hof getuckert, kontrolliert unsere Essensvorräte und fragt dümmlich (nachdem er uns vierundzwanzig Packungen Makkaroni gebracht hat), ob wir noch genügend Makkaroni hätten und ob wir überhaupt mit unserem Zuhause zufrieden seien.

Den Taliban sind alle Zerstreuungen wie Kartenspielen, Musik, Fernsehen und Internet verboten. Sie müssen fünf Mal am Tag beten, ansonsten haben sie nichts zu tun. Wenn ihnen das Herumsitzen unerträglich wird, reinigen sie ihre Waffen oder zupfen, einen Handspiegel vor sich haltend, stundenlang mit einer rostigen Pinzette an ihren Barthaaren. Einziger Zeitvertreib sind die von den Taliban zugelassenen Propagandavideos, die sie oft von morgens halb sieben bis Mitternacht sehen. Zu der immer gleichen leiernden Instrumentalmusik, die durch die Wände und den ganzen Innenhof dröhnt, sehen sie junge, stolze Männer, zum Teil bereits Familienväter, die in strahlend sauberer Kleidung Abschied nehmen von ihren Kindern, Eltern und Frauen. Die Mütter weinen, während die Söhne davonlaufen.

Sie werden von ihren Commandern beglückwünscht, setzen sich in einen mit Sprengstoff gefüllten Wagen, winken noch einmal in die Kamera, etwas verunsichert lächelnd, und fahren davon, meistens auf einen Armeestützpunkt zu.

Es folgt eine Explosion, Flammen und Rauchsäulen, zu denen unsere Bewacher »Maschallah, dear sindbad« rufen (»Allmächtiger Gott, wie wunderbar!«). »David, Daniela, kommt, schaut euch das an, es ist großartig. So könntet ihr etwas Gutes tun.«

Ich antworte immer, dass ich nicht sterben, sondern leben will. Dass die Taliban weniger am irdischen Dasein hängen als wir, verstehe ich mittlerweile allerdings.

Die Jungs werden immer nachlässiger mit ihren Waffen, lassen sie sogar auf unserem Bettgestell, auf dem zu einem provisorischen Kopfkissen getopften Hemd liegen, als wollten sie uns zur Rebellion animieren.

Als endlich ein Brief von Hans eintrifft, sind wir voller Hoffnung. Wir falten das Blatt auseinander, ein Zettel von einem Rezeptblock, und lesen, dass er uns bald besuchen und, wie von Nase angekündigt, zehn Tage mit uns verbringen werde. Wir wollen keine zehn Tage mehr absitzen, aber er schreibt, es werde wohl ohnehin noch einen Monat dauern. »It takes time, maybe one month«, diese Worte lese ich wieder und wieder. Ich lasse meinen Tränen freien Lauf, auch wenn mir das untersagt wurde. Es ist mir gleich.

Also hatte Nase keinen Witz gemacht, als er mir lachend das dicke Notizbuch überreichte und sagte: »September und Oktober.« Noch einen Monat in diesem Schacht? Ohne Blick auf einen Hügel, auf den Horizont, auf Sonnenauf- oder -untergang, einen Baum, einen x-beliebigen Passanten? Noch einen Monat lang rund um die Uhr mit der Angst leben, dass wir doch erschossen werden? Oder dass eine Granate oder eine

Rakete in diesem Hof einschlägt? In der Zeitung haben wir von einem Ehepaar gelesen, das in Kenia von Islamisten aus einem Hotel entführt wurde. Als der Mann sich wehren wollte, wurde er liquidiert. Was ist, wenn nur einer von uns beiden überlebt? Wenn ich hier ohne David säße? Ich muss mich zwingen, meine Gedanken auf etwas anderes zu lenken. Wir versuchen, uns wieder an dem Einzigen festzuklammern, was uns geblieben ist: unser Leben. Wir müssen diese Entführung gemeinsam überleben und alles andere vergessen. Aber wie soll das gehen? Das Denken lässt sich nicht abstellen.

Wenn ich zu weinen anfange, wird Guildo Horn giftig und droht, uns zu fesseln und in ein Zimmer zu sperren. Wir hätten keinen Grund, uns zu beklagen. Wir hätten ein Bett, ein Dach über dem Kopf, wir bekämen Zahnpasta und Thunfisch aus der Dose, überhaupt jeden Luxus, den wir uns wünschen. Manchmal fragen die Jailer uns, wie lange wir schon im Innenhof seien. Sie leben in den Tag hinein, ohne Zeitbegriff, ohne jemals auf ein Datum zu achten (das sie ohnehin nicht lesen könnten).

David ist in eine seiner Wutphasen geraten. Er leidet Hunger, sein Körper ist abgemagert, und wenn er Depp sieht, möchte er ihm am liebsten an den Kragen. Doch von seinen Mordfantasien ahne nur ich etwas. Gegenüber den Bewachern ist er stets freundlich, hat immer ein Lächeln auf dem Gesicht, seine wahren Gefühle sind tief in seinem Innern versteckt.

Am Abend des 16. September, Nase ist seit vier Tagen nicht mehr aufgetaucht, Hans seit einem Monat, wird um halb neun an das Tor geklopft. Wir trainieren gerade. Herein kommt Nase mit seinem Assistenten, lässt sich Chai servieren und erklärt uns, wir müssten zu einem Videodreh aufbrechen. Wir würden für diese Nacht in die Nähe von Dumbos Haus verlegt und am nächsten Tag zurückkehren. Ich werde nervös und frage David, ob Nazarjan uns wohl die Wahrheit erzählt. Ob wir nicht vielleicht, da die Verhandlungen gescheitert seien, hinter dem Dorf auf einem Hügel, wie es ihrem Zeremoniell entspricht, erschossen würden.

Wir packen unseren Topf, Gaskocher und Lebensmittel ein. Locke und Guildo Horn setzen sich in den Kofferraum, David und ich uns auf die Rückbank. Nase fährt wieder einmal wie entfesselt, bei jedem Schlagloch krachen die Köpfe gegen das Autodach. Zwar ist sein Fahrstil immer rasant, aber heute ist er besonders hektisch. Nach einigen Minuten steigen der deutsche Taliban und Dumbo zu. Man hat uns wieder eingeschärft, nicht zu verraten, dass wir ganz in der Nähe untergebracht sind. Nase funkt einen anderen Wagen an, der sich an unsere Fersen heftet. In einem Flussbett steigen wir in das Begleitfahrzeug um. Nase und sein Assistent verschwinden, während uns Sabermuli, ein Taliban, der uns schon einmal bei einer Verlegung gefahren hat, in Dumbos Nachbarhaus bringt. Es ist geräumig und bietet für Nord-Waziristan einigen Komfort: Dusche und WC sowie zwei Ventilatoren. Im Badezimmer gibt es einen Spiegel, der etwa 30x50 cm groß ist. Im grellen Licht sehen wir erstmals unsere Gesichter nebeneinander. Sie wirken müde. Unsere Körper sind blasser, die Muskeln abgeschmolzen, ansonsten wirkt die Hülle fast unverändert. Aber als ich zu lächeln versuche, wirkt dieses Lächeln fremd.

Im Hof ist ein Pferd an einem Pflock angebunden, vor ihm liegen frisches Gras und Maisstauden. Hier dürfen wir unsere Runden laufen, dann will man uns ins Zimmer einschließen. Aber wehrlos in einem Raum eingeschlossen zu sein, während in der Nähe MG-Salven rattern und Raketen explodieren, ist eine extreme Belastung. Wir bitten darum, dass man auf das Einschließen verzichtet.

Sabermuli, der älteste Krieger und ein untergeordneter Amir, hat es sich bereits auf einem der Bettgestelle im Innenhof bequem gemacht. Von dort aus hat er den anderen befohlen, entweder die Tür abzuschließen oder die ganze Nacht Wache zu schieben. Ich spreche mit Locke und Guildo Horn und verblüffe David wieder einmal damit, dass ich die Taliban ein wenig erweichen kann.

Locke legt die Hand aufs Herz und verspricht mir feierlich, er werde direkt vor der verschlossenen Tür schlafen, ich müsse nur einmal klopfen, dann werde er sofort aufstehen und öffnen. Wir machen einen Test. Guildo Horn steht daneben und äußert, wie immer gereizt und hysterisch, seine Bedenken.

Die beiden sind schon lange ein Team, haben fast immer gemeinsam Gefangene bewacht, oftmals in der ehemaligen Bäckerei, unserem jetzigen Versteck auf dem Basar. Während Locke jedoch stets um Verständigung bemüht ist, neigt Guildo Horn zu Überreaktion und Gewalt. Unter anderem hat er uns einen aus alten Motorradreifen gefertigten Gummiknüppel gezeigt. Damit habe er die Gefangenen bestraft, meist Taliban, die gegen Regeln verstoßen hätten. Habe jemand geraucht, frage man ihn, ob er gestehe. Falls er nicht gestehe, obwohl man Beweise für seine Schuld habe, so dürfe Guildo mit voller Wucht zuschlagen. Gestehe der Sünder dagegen und zeige Reue, so müsse Guildo einen Koran unter den Arm klemmen, der beim Schlagen nicht auf den Boden fallen dürfe.

Stolz führt Guildo Horn uns seine Technik vor, mit der er trotz Koran besonders hart schlagen kann, indem er den Knüppel aus dem Handgelenk schnalzen lässt.

Natürlich hätten sie auch schon pakistanische Soldaten als Gefangene gehabt. Diese aber hätten das Zimmer nie verlassen dürfen, außer zum Toilettengang. Dagegen hätten wir es gut. Auch im Vergleich zu ihm, der hier herumsitze und seine

Familie nicht sehen könne. Am liebsten wolle er jedoch an die Front, behauptet er zumindest und führt dabei theatralisch vor, wie er seine Feinde mit der Kalaschnikow niedermähen würde.

Den kleinen Mann vergleicht David gern mit einem mangelernährten Orang-Utan, mit seinen langen Armen, dem Sackhemd und den Plastiksandalen. Jeden Morgen bürstet und ölt er sein schütteres Haar liebevoll und ausgiebig, um schließlich die ausgefallenen Haare vor sich in einem Trauerzug aufzureihen. Wenn er sich dann mit einer schwarzen Paste auch noch einen Lidstrich zieht, sieht er aus wie ein Darsteller der chinesischen Pekingoper.

Sollte er eines Tages tatsächlich einem NATO-Soldaten mit Hightech-Ausrüstung, dunkler Oakley-Sonnenbrille und Aramidfaserhandschuhen gegenüberstehen, so werden die beiden sich wohl wie Außerirdische betrachten.

Trotzdem haben Locke und Guildo Horn nach all den Jahren (obwohl sie erst dreißig bzw. sechsundzwanzig sind) gelernt, die Eigenheiten des anderen zu akzeptieren, und meistens wird gemacht, was der besonnenere Locke sagt.

Als wir am nächsten Morgen erwachen, ist die Tür, wie versprochen, bereits geöffnet. Es ist halb zehn, der Dreh sollte vor einer halben Stunde stattfinden, aber unsere Bewacher schlafen. Alles ist totenstill, und wir sehnen uns nach dem verdreckten engen Innenhof, der wenigstens direkt neben dem Basar liegt und uns das Gefühl gibt, dicht am Geschehen zu sein, auch wenn nichts geschieht. So wie jetzt. Neun Uhr war geplant gewesen, alle liegen in ihren Betten.

Nur Dumbo und sein Neffe Mino schleichen umher, spähen über die Mauer und benehmen sich, als würden sie einen bewaffneten Angriff fürchten. Wichtigtuerei, nehmen wir an.

Wenn jeder einzelne Schritt in diesem komplizierten Prozess aus Verhandlungen, Übersetzungen, Weiterleitung von Nachrichten, Rücksprachen mit der Taliban-Spitze usw. mit einer solchen Nachlässigkeit betrieben wird, dann können wir noch Jahre hier sitzen.

Wir kochen Kaffee und essen unser fades Frühstücksbrot. Dann fangen wir an, unsere Runden zu laufen, ein Slalomparcours zwischen Pferd, Schafstall und Heuhaufen.

Schließlich taucht Locke auf und sagt, er solle David zu dem deutschen Taliban bringen. Warum nur David? Wenn David sich von mir entfernt, befällt mich Panik. Schmatulla, der deutsche Taliban, ist uns suspekt. Ein bigotter Fanatiker, der verlangt, ich müsste aus seinem Blickfeld verschwinden, ehe er den Innenhof durchquert, um auf die Toilette zu gehen. Locke führt David eine Außentreppe hoch, und sie verschwinden in einem Teil des Hauses, den ich nicht kenne. Je länger ich alleine dasitze, desto grausamer werden die Bilder, die vor meinem inneren Auge auftauchen. Ich starre auf die Wolken, suche mit dem Blick nach etwas Positivem, nach einer Schäfchenwolke oder einem Vogel, und denke doch nur an David, der irgendwo von bewaffneten Männern umringt ist. Wenn unsere Bewacher uns einschüchtern wollen, drohen sie damit, uns an Al-Qaida-Kämpfer zu übergeben. Die seien weniger zimperlich. Mir fällt wieder das Ehepaar in Kenia ein. Die Frau ist nun allein in der Gewalt der Islamisten. Sie weiß nichts von mir, aber ich fühle mich ihr ganz nah. Hätte David sich in jenem Sekundenbruchteil in Loralai nicht beherrscht, wäre ich jetzt ebenfalls allein hier.

Nach zwanzig Minuten kommt David endlich zurück und sagt, wir müssten zwei Videos in Schweizerdeutsch drehen. Das eine für die Schweizer Regierung, in dem wir Lösegeld fordern und sagen, dass wir Angst vor Erschießung hätten, falls das Geld nicht bereitgestellt werde. Eine genaue Summe nennen wir nicht, da die Bewacher zwar von 3,5 Millionen geredet, sich aber nicht wirklich haben einigen können. Das zweite sei für die pakistanische Regierung und die Schweizer Botschaft in Islamabad, ein Aufruf, dass die pakistanische Regierung mit den Taliban in Kontakt treten und die geforderten Gefangenen befreien solle. David wird an Händen und Füßen gefesselt, ich hülle meine Haare in ein großes Tuch. Hinter uns postieren sich vier vermummte Taliban und richten ihre Gewehrläufe auf unsere Rücken. Schmatulla sagt, die Schweiz habe bereits ein sehr gutes Angebot gemacht, aber mit diesem neuen Video wollten sie noch ein wenig mehr herauskitzeln. »Lass die Ketten rasseln, es soll ein dramatisches Video sein!«, sagt der Deutsche. Wir sind empört, angeekelt, resigniert. Man hat ihnen schon ein Vermögen geboten, und sie sind noch nicht zufrieden? Welchen Lohn erwarten sie für ihr Verbrechen? Die pakistanische Regierung müsse endlich mit ihren Spielchen aufhören. Sie mache immer wieder Angebote, die sie kurz darauf zurückziehe, sagt der deutsche Taliban. Er werde das Video noch schneiden und am nächsten Tag per Mail verschicken. Wenn die Regierung sehe, dass unsere Todesangst echt sei, könne alles sehr schnell vorbei sein. In zwei bis vier Wochen.

Wir denken nicht darüber nach, wie »schnell« und »vier Wochen« zusammenpassen. Wir versuchen nur zu funktionieren.

David lernt die Rede auswendig, die Jungs vermummen sich, dann werden wir über die Treppe nach oben gerufen. Wir sind auf einer Art Dachterrasse, in grellem Sonnenlicht. David setzt sich auf den sandigen Boden, ihm werden Hände und Füße in Ketten gelegt. Ich setze mich neben ihn, in mein Tuch gehüllt. Hinter uns stellen sich die vier vermummten Taliban auf, richten die Gewehrläufe auf unseren Nacken. Es sind Locke, Guildo Horn, Assistent Nilpe und Dumbo, der ungemein stolz ist, mit auf das Video zu kommen. Vorher habe ich gefragt, ob sie nicht die Munition aus den Waffen nehmen könnten, aber Locke hat mir nur die Hand gereicht und versprochen, er werde nicht schießen. Mein Herz fängt trotzdem zu rasen an. Erneut habe ich die Mündungen im Rücken, wie bei der Verschiebung, als wir im Dunkeln vor den Entführern herlaufen mussten und Angst hatten, es könnte sich ein Schuss lösen, versehentlich oder auch nicht. Die Kamera wird angestellt, Schmatulla scheint darin Routine zu haben. Wir sind in einem emotionalen Chaos, sagen uns vor, dass dies eine Inszenierung ist. Die Ketten sind anderthalb Meter lang, damit man sie auf keinen Fall übersieht, die Finger am Abzug der Waffen werden stillhalten, sagen sie, wir sollen unsere Angst nur spielen, aber sie ist nicht gespielt. Auch die Verzweiflung nicht.

In der Heimat wird man uns vorwerfen, dass wir gefleht hätten, uns »endlich« nach Hause zu holen. Was wir uns einbildeten? Was wir für einen Begriff hätten von Zeit und von den komplizierten Bemühungen der Behörden? Klar ist, kein Staat wird in seinen Verhandlungsleitsätzen möglichst schnell auf die Forderungen von Erpressern eingehen. Vielmehr gehört es zum politischen Kalkül, die Entführer hinzuhalten, herunterzuhandeln und von einer Wiederholungstat abzuhalten. Also setzt man auf eine Zermürbungstaktik, die die Geiseln gerade noch so überleben sollen. Und wenn dieses Kalkül nicht aufgeht? In jenem Augenblick hatten wir tatsächlich keinen Begriff von Staatsräson, wir hatten einen Gewehrlauf im Genick, und unser Begriff von Zeit entsprang unserem Gefühlszustand, der Folge von neunzig Tagen Geiselhaft.

Drei Mal müssen wir die beiden Varianten abdrehen, David spricht den auswendig gelernten Text, ich schließe jeweils mit: »Sie werden uns erschießen.« Ich bringe es kaum über die

Lippen, es ist, als würde diese Aussicht real werden, wenn ich sie laut ausspreche, vor all diesen Ohrenzeugen und vor der ganzen Welt, die mit diesem Video unter Druck gesetzt werden soll. Das Objektiv starrt mich an, ein kleiner silberner Ring, und ich starre in dieses schwarze Auge, das über mich zu richten scheint. Wir sollen uns anstrengen, damit unsere Angst deutlich wird, aber Anstrengung ist dazu nicht nötig. Am Ende halten wir eine zwei Tage alte Zeitung ins Bild und sagen, dass heute der 17. September ist. Ich werde nach unten geführt, und wieder bleibt David bei den Kämpfern. Später erfahre ich, dass sie noch weitere Aufnahmen gedreht haben, bei denen er von der Entführung und der Behandlung in Gefangenschaft berichtet.

Als David zurückkommt, fangen wir an, unser Mittagessen herzurichten, die letzten Kartoffeln, die uns geblieben sind. Gewöhnlich besprechen wir jedes Ereignis, versuchen Rückschlüsse auf die Restdauer unserer Haft zu ziehen. Diesmal verspürt niemand von uns das Bedürfnis zu reden. Wir kochen und lesen die Zeitung, die ich nach dem Dreh unter meinem Hemd hinausgeschmuggelt habe.

Dann setze ich mich in die Sonne und schließe die Augen. Das frische Gras riecht nach Heimat, wie das Gras, das ich am Wochenende immer beim Bauern an der Dorfstraße in die Kuhtröge schaufelte. Die Drohnen surren am Himmel wie Motorsegler, die Vögel zwitschern. Ich bin in Gedanken in der Schweiz, auf einer Wiese, im Spätsommerlicht.

Man hat uns wieder in den engen Innenhof zurückgebracht. Wir liegen auf dem Bettgestell und warten, jede Minute drücke ich auf den Knopf der Digitaluhr und betrachte die grünen Ziffern, die aufleuchten. Zwar versuchen wir, uns durch das Erfinden neuer Denkspiele und die Erweiterung unseres Sportprogramms bei Laune zu halten, doch im besten Fall ist unsere Laune sarkastisch. Falls wir jemals wieder in die Freiheit entlassen werden sollten, können wir im Zirkus auftreten, sagen wir uns. Wir laufen auf Händen, David ist inzwischen ein passabler Jongleur. Wir führen sinnlose Diskussionen mit den Bewachern, wie lang die Fingernägel einer Frau sein dürfen, ob ich mich im T-Shirt zeigen, auf welcher Treppenstufe ich sitzen darf. Ist Guildo Horn schlecht gelaunt (in den letzten Wochen fast ausschließlich), dann darf ich nur am Fuß der Treppe sitzen, von wo aus ich weder Wolken noch Vögel sehen kann. Nur die grauen Umgrenzungsmauern, an denen ich bereits jeden Riss, jede Fuge genau studiert habe.

Die Bewacher gehen uns auf die Nerven, wir ihnen, sie einander. Guildo Horn widmet seine Liebe dem einzigen Baum im Innenhof, den wir gemeinsam mit Locke von Spinnweben und Dreck befreit haben. Fünf Guaven hängen daran, eine für jeden von uns, hat uns Guildo Horn erklärt. Doch eines Tages kommt Dumbo in den Hof geknattert, spaziert unter dem Baum vorbei, hüpft wie ein grotesker Tanzbär, aber mit erstaunlicher Sprungkraft, und klaut sich eine Guave vom Ast. Schon mehrmals hat Dumbo sich mit eindeutiger Absicht den Früchten genähert, und jedes Mal hat Guildo Horn ihn mit heftigen Worten zurückgepfiffen. Das hier sei nicht sein Haus, er könne sich nicht als Herrscher aufspielen. Doch noch ehe Dumbo gelandet ist, hat er in die reife Guave gebissen und schmatzend zu kauen angefangen. So unbeholfen er bei der Lebensmittelbeschaffung für uns war, so alert ist er bei der Befriedigung seiner eigenen Fressgelüste.

Soweit wir beobachten konnten, werden Konflikte unter den Taliban gewaltfrei gelöst. Selbst lautstarke Diskussionen sind selten. Aber ich glaube, Guildo Horn hätte den fetten, dreisten Dumbo in jenem Augenblick am liebsten erschossen.

Und tatsächlich würde Dumbo seine Strafe bekommen. Wenn auch auf andere Art als gedacht.

Die Zeit vergeht wieder quälend langsam. Wenn wir wenigstens die Gewissheit hätten, dass die Zeit uns einem Ziel näher bringt! Vielleicht rückt es, ohne dass wir etwas davon erfahren, immer weiter von uns ab.

Heute, mit einem gewissen Abstand, kann ich mir vorstellen, wie kompliziert und langwierig sich die Verhandlungen im Hintergrund gestalteten. Einhundert Gefangene. X Millionen Dollar. In unserem Innenhof, angesichts unserer nahezu vollkommenen Beschäftigungslosigkeit, erschien die Langsamkeit der Prozesse unbegreiflich.

Immer vager werden die Zeitangaben unserer Bewacher, auch die von Nase, immer seltener lassen sich Nase und vor allem Hans überhaupt blicken. Wir erwarten nicht mehr jeden Tag, dass vor dem Tor ein Wagen hält, um uns abzuholen, die Begriffe, die wir hin und her wälzen, werden unbestimmter, gewaltiger, erschreckender. Vielleicht wird es noch drei Monate dauern, ein halbes Jahr, ein Jahr? David und ich wechseln immer wieder unsere Rollen. Wenn der eine droht, die Hoffnung aufzugeben und in Pessimismus zu versinken, findet der andere überzeugende Argumente, warum es nicht mehr allzu lange dauern kann. Aber insgeheim spüren wir, dass der Optimismus des anderen gespielt ist. Die Dunstglocke, die sich über meinen Kopf gebreitet hat, der Druck, der sich nur manchmal durch die körperliche Erschöpfung nach dem Laufen aufheben lässt, schiebt sich auch zwischen David und mich. Wir berühren einander, geben einander Halt, sprechen und singen miteinander, aber es ist, als wären wir uns nie ganz nah. Der Panzer, den sich jeder von uns zugelegt hat, um nicht in totaler Verzweiflung zu versinken, schiebt sich auch zwischen uns.

Die Bewacher verschwinden immer wieder einmal für ein paar Tage oder Wochen, aber wenn sie zurückkommen, zumal Guildo Horn, verfallen auch sie in Trübsinn. Manchmal liegen wir mit ihnen stundenlang auf dem Bauch und sehen zu, wie eine Ameisenkolonie eine Fliege zerlegt und in Einzelteilen abtransportiert. Manchmal gerät einer von ihnen schon nach dem Morgengebet in Aktionismus und fängt an, den Müll zu beseitigen oder ein Zimmer aufzuräumen. Aber nach einer halben Stunde liegt er dann wie erschlagen auf seinem Lager und ist nicht mehr ansprechbar.

Eines Morgens klopft es am Tor. Es ist erst acht Uhr, eine höchst ungewöhnliche Zeit für Besuch. Draußen steht Nases Assistent, der mit Depp verschwindet. Als dieser Stunden später zurückkehrt, sagt er fröhlich, er werde uns jetzt verlassen.

»Wohin?«, fragen wir auf Paschtu.

»An die Front«, ist seine Antwort, »ich werde kämpfen, vielleicht als Märtyrer sterben.«

Er umarmt David, gibt mir die Hand. Er schnallt sein Gewehr auf den Rücken, vermummt sein Gesicht und lässt noch einmal seinen Blick durch den engen Innenhof schweifen. Er hat unsere Nerven strapaziert mit seiner Ungeschicklichkeit, er hat uns provoziert mit despektierlichen Spitznamen und mit Todesdrohungen, er hat um unsere Aufmerksamkeit, ja um Anerkennung gebuhlt, wenn er, ohne ein Wort zu verstehen, in grotesker Aussprache englische Zeitungsartikel rezitiert hat. Aber er ist in den zwei Monaten zugänglicher geworden, hat sich auf seine Art sogar Mühe gegeben, die Einkäufe auf dem Basar für uns zu erledigen. Zwanzig Jahre ist er alt. Und vielleicht ist sein Leben jetzt vorbei. Welchen Sinn hatte es?

Obwohl es nicht mehr unerträglich heiß ist, schlafen wir schlecht. Die harten Riemen des Bettgestells schneiden die

Durchblutung ab, und David hat immer größere Probleme mit seinem linken Bein. Es schwillt an, die Blutgefäße schmerzen, und da er mich jedes Mal, wenn er sich im Bett drehen will, wecken muss, ahmt er die Stimme eines alten Mannes nach und jammert: »Oh, mein Thrombosenbein, es schmerzt, Daniela, ich glaube, ich verliere das Bein. Es sei denn, ich kann mich noch einmal umdrehen.« Hin und wieder nehmen wir ein Despirin (wie Aspirin in den FATA heißt) oder ein Paracetamol, und dann lüftet sich ein wenig der Schleier über unserem Bewusstsein, und die Schmerzen im Körper lassen nach.

Hinter dem kleinen Block aus Waschraum, WC und Zisterne verläuft der enge, überdachte Gang, der zum Eisentor führt und den wir »Tunnel« nennen. Durch diesen Tunnel kommt jeder Besuch, jede Neuigkeit in unseren Innenhof. So auch am Morgen des 24. September. Wir haben unser Sportprogramm bereits absolviert und geduscht, ich stehe auf dem einzigen Fleck, auf den zu dieser Jahreszeit noch die Sonne fällt, den Kopf in den Nacken gelegt. Ich stelle mir vor, auf der Terrasse meiner Eltern zu sein, den Ruf eines Bussards zu hören, als ich schnelle Schritte höre. Ich öffne die Augen einen Spalt, sehe die hohe Mauer, bin wieder angekommen in unserem Albtraum. Locke rennt mit einer Eisenstange an mir vorbei, verschwindet im Tunnel und schlägt um sich. Gegen welchen Aggressor kämpft der besonnene Locke? Aus dem Tunnel kommt ein Kätzchen in den Hof geschossen, Locke hinterher. Das Tier versteckt sich hinter einem Mauerabsatz, Locke schleicht mit seiner Eisenstange umher, und als das Kätzchen aus seinem Versteck hüpft und unter Locke vorbeiwischt, fällt dieser vor Schreck fast um.

Aus dem Tunnel kommt jedoch weiterhin Katzenjammer. Ich verhülle mein Gesicht und schaue nach. Ein mageres Junges mit von Eiter verklebten Augen sitzt am Eisentor. Da ich Lockes Angst vor Katzen teile, rufe ich David. Dieser trägt das Tier in den Waschraum, reinigt ihm die Augen und bettet es in sein T-Shirt. Dann rühren wir das Milchpulver, das manchmal in den Tee gemischt wird, an, basteln aus einer Cremetube ein Babyfläschchen und füttern das Kätzchen. Leider hat es Flöhe, und seit der Entführung habe ich panische Angst vor Läusen und Flöhen. Nach und nach werden wir die beiden Babys waschen und von Ungeziefer befreien (David wird es tun, während ich ihn mit Bewunderung beobachte). Die Mutter ist dagegen sehr scheu und wagt sich erst nach langem Zaudern in unsere Nähe. Wir haben nun drei Spielkameraden und Leidensgenossen, denn die Taliban hassen Katzen. Sie äßen alles weg und trügen Ungeziefer in den Hof, meinen sie.

Locke gibt uns schließlich offiziell die Erlaubnis, die Katzen mit in Milch eingeweichtem altem Fladenbrot zu füttern. Inzwischen sind es drei Jungtiere und die Mutter. Ich assistiere David, indem ich das Brot vorbereite, die Milch anrühre und die umfunktionierte Cremetube für die »Zwangsernährung« präpariere. Wir haben jetzt neben unserem Sportprogramm eine Aufgabe, die unserem Tag einen gewissen Rhythmus gibt.

Dazwischen verfalle ich jedoch immer wieder in einen Lähmungszustand. Oft liege ich stundenlang reglos auf dem Bett, und meine Gedanken werden immer trüber. Ich habe Angst vor Malaria, davor, dass man mir David wegnimmt. Das Thema Selbstmord schleicht sich in meine Überlegungen. Nicht dass ich Selbstmord für mich in Betracht ziehen würde, ich will leben, ich will noch einmal etwas anderes sehen als diese fünfundzwanzig Quadratmeter Innenhof mit seinen grauen Mauern, aber schon die Tatsache, dass ich an den Selbstmord anderer Menschen denke, erschreckt mich.

Nilpe, Nases Assistent, hat Depps Stelle eingenommen. Nun ist er für unsere Versorgung und die Gänge auf den Basar zuständig. Wir können inzwischen gut genug Paschtu, um zu verstehen, was er uns sagt und was er den anderen Jailern erzählt. Er ignoriert unsere Bestellungen absichtlich und behauptet dann uns gegenüber, der Laden sei schon geschlossen gewesen, die Zeitungen seien ausverkauft usw. Er ist ein eitler Geck, der sich ständig im Spiegel betrachtet, sich in jedes Gespräch einmischt. Ohne zu fragen, bedient er sich von unseren Wattestäbchen, von unserer Nivea-Creme, die einen wahren Schatz darstellt, und wenn wir schlafen wollen, sitzt er mit seinem Nokia-Handy (das keinen Empfang hat) neben uns und lässt Klingeltöne spielen, bis der Akku leer ist.

Wir wissen nicht, ob er nur unsere Aufmerksamkeit erregen oder uns bewusst malträtieren will. Aber auf den wenigen Quadratmetern, wo man jede Regung des anderen registriert, werden solche Spannungen zur Tortur.

Die Hoffnung, dass Depp bald zurückkehren könnte, rückt auch in weite Ferne. Kaum an der Front angekommen, wurde er beim Versuch, eine Landmine zu vergraben, vom pakistanischen Militär angeschossen. Nun liegt er im Krankenhaus. Nilpe erzählt dies ohne große Gefühlsregung. Die meisten Jailer haben an der Front gekämpft, sind von Projektilen oder Granatsplittern versehrt.

Diese Generation der Taliban kennt buchstäblich nichts anderes als Krieg. Der Älteste, Locke, wurde 1981 geboren, die anderen wenige Jahre später. Die meisten stammen von Flüchtlingen aus Afghanistan ab, sind in den Flüchtlingslagern auf pakistanischem Territorium aufgewachsen. Seit 1979, seit der Invasion durch die Sowjetarmee, sind afghanische Paschtunen zu Tausenden in die Grenzprovinzen nach Pakistan geflüchtet und in extremer Armut und prekären Verhältnissen aufgewachsen. Sie sind Kinder von Menschen, die alles zurückgelassen haben, was ihnen je wichtig war. Alles außer dem religiösen Glauben. Diese Generation ist in Hunger, Not, ohne Bildung, ohne Lebensperspektive, ja oft sogar ohne Frauen groß geworden, in einer reinen Männerwelt, die von einem Überfluss an Waffen und der ständigen Bedrohung durch ausländische Mächte geprägt war. Alles, was sie hatten, waren Waffen und der Koran. Daraus ist eine explosive Mischung entstanden. Manchmal, wenn wir die Kraft dazu aufbringen, verstehen wir fast, dass sie gegen die fremden Invasoren kämpfen wollen, die immer neue Marionettenregime in Afghanistan und Pakistan einsetzen und mit Waffengewalt versuchen, das Paschtunenterritorium unter Kontrolle zu bringen, wobei sie immer seltener mit Bodentruppen agieren und immer häufiger mit Bomberverbänden und Drohnen.

Diese Menschen haben nie eine Schule besucht, nicht lesen und schreiben gelernt. Die extreme Form der Scharia verbietet ihnen die Nutzung von Fernsehen und Internet. Sie wissen nichts über Geschichte oder Geografie. Ihr Wissen stammt aus den Erzählungen der Eltern und Großeltern sowie von den Mullahs. USA, Sowjetunion, Russland, das britische Empire, die NATO, das sind durchweg Synonyme für Fremdherrscher, die Krieg und Zerstörung bringen. Dass wir als Schweizer in diesen Konflikten eine neutrale Rolle spielen, können wir erst recht nicht begreiflich machen. Wir haben die Haut von Amerikanern, wir essen Würstchen und Ketchup wie die Amerikaner, und wir beherrschen die Sprache der Amerikaner.

Immer wieder hören wir, wie die von Drohnen abgeschossenen Raketen in ein Auto oder ein Haus einschlagen. Locke stellt dann den Funk an und erfährt meist recht schnell, welches Ziel getroffen wurde. Die Taliban warten einige Zeit, ehe sie an den Schauplatz fahren, denn meist schlägt nach etwa einer Viertelstunde eine zweite Rakete ein, die die Helfer töten soll. Da wir zentral untergebracht sind, detonieren die Geschosse oft in unmittelbarer Nähe. Und wir wissen, dass jeder Besuch eines ranghohen Taliban wie Nazarjan oder Wali akute Gefahr bringt.

Über bestimmte Dinge rede ich nicht mehr mit David, weil es zu zermürbend ist, aber ich merke, dass auch er immer häufiger über den Tod nachdenkt. Er hat nicht mehr die Kraft, die Wahrheit auszublenden. »Wenn sie wollen, erschießen sie uns, Daniela«, sagt er einmal. Und wenn uns unsere Bewacher nicht absichtlich erschießen, dann vielleicht versehentlich die amerikanischen Drohnen oder das pakistanische Militär. Oder wir fangen uns einen exotischen Krankheitserreger ein, gegen den unser Körper keine Abwehrkräfte hat. In der Zeitung haben wir von einem neuen Gelbfiebererreger gelesen, der sich über verschmutztes Trinkwasser ausbreitet. Die Innenwände unserer Zisterne sind mit Moos, Schmutz und toten Insekten überzogen, die oft genug aus dem Wasserhahn schießen. David schlägt vor, dass wir sie reinigen. Er hat bereits das Zimmer und den ganzen Innenhof geputzt, ich habe meine Tasche, die ich seit der Entführung nicht mehr hatte in die Hand nehmen wollen, gewaschen.

Die Katzen sind versorgt, unser Fitnessprogramm absolviert. Es gibt sonst nichts Sinnvolles zu tun. Die Zisterne ist an das Waschgebäude angemauert, etwa zwei Meter hoch und hat einen quadratischen Grundriss von 1,7 Metern Kantenlänge. David entblößt seinen Oberkörper, steigt mit mir über die Mauer, und wir lassen uns in das kühle Wasser hinab. Die Bewacher, die nicht schwimmen können, schauen sprachlos zu. Ich spüre den angenehmen Druck von den Zehenspitzen bis an die Schläfen, die Kälte treibt meinen Herzschlag an, eine unbändige Lebensfreude jagt plötzlich durch alle Fasern meines

Leibes. Wir tauchen hinab, umarmen uns und fühlen uns wie in der Aare, wenn wir uns von den großen Kieseln abstoßen und von der sanften Strömung ziehen lassen. Das kühle Süßwasser auf der nackten Haut, der algige Geruch und Davids vertrauter Körper … Es herrscht Stille, wir sind ganz für uns.

Da betritt Nase den Hof. Der »Chef«, dessen Auftritt die Jailer jedes Mal in Aufregung versetzt, kommt durch den Tunnel. Dieser führt, wie gesagt, direkt an der Zisterne vorbei, wo wir inzwischen das Wasser abgelassen haben und gerade mit Bürsten und Schiefersplittern die Innenwände abschaben. Gewöhnlich ist Nase in Schneeweiß gehüllt, heute trägt er Himmelblau, außerdem silbernen und schwarzen Lidschatten. Er ist perplex, als er Davids nackten Oberkörper aus der Zisterne ragen sieht, mich daneben. Locke bringt mir schnell das Kopftuch und das lange Hemd, das ich über das T-Shirt ziehe. Nach einem kurzen Gruß geht Nase essen und seine Siesta halten, während wir mit dem Bodensatz in der Zisterne kämpfen. Der Abfluss ist verstopft, und David versucht, den Pfropfen herauszuschlagen.

Nase scheint sich besonders fein gemacht zu haben, die Uhrzeit seines Auftritts ist ungewöhnlich. Unsere Frage ist die immer gleiche: Ist er gekommen, um uns gute Nachrichten zu bringen? Aber warum gibt er uns dann nicht wenigstens ein Zeichen? Er weiß doch, wie es in uns aussieht. Locke steigt zu David in die Zisterne, und gemeinsam versuchen sie zwei Stunden lang, den Holzpfropfen aus der Abflussröhre zu schlagen. David taucht immer wieder hinunter, durchbohrt den Pfropfen, bis auch der Boden der Zisterne abtrocknet.

Als wir Nase bei einem späteren Besuch das Zeitungsbild eines U-Boots zeigen und erklären werden, dass es tauchen und sogar Menschen transportieren könne, wird Nase David anblicken und sagen: »Das müssen alles Leute sein wie du, die sehr lange den Atem anhalten können.«

Wir steigen aus der Zisterne, aus der Aare zurück in »unseren« Innenhof. Hoch über unseren Köpfen der rechteckige Ausschnitt des Himmels, eine Drohne, dann noch eine. Vom Basar hallt eine Explosion herüber, eine einzelne MG-Salve. Wir sind wieder in unserer Wirklichkeit und blicken einander hilflos an. Wann endlich wird Nazarjan mit uns reden?

Wir wissen, wir können so nicht weitermachen. David bittet Nase um ein Gespräch unter vier Augen. Wir können die Orientierungslosigkeit nicht mehr ertragen. Lieber wollen wir hören, dass es noch einen Monat dauert, oder noch zwei, als in dieser ungestalten Masse von Zeit dahinzuvegetieren. Wir brauchen eine Perspektive, ein Ziel. Das mag für einen Orientalen bizarr sein, für uns ist es lebensnotwendig. Nase scheint den Ernst der Lage begriffen zu haben, denn er fordert David auf, mich zu holen. Wir setzen uns in den Schneidersitz, Nilpe serviert Tee und hört konzentriert zu, aber Nase schickt ihn, zu unserer Genugtuung, nach draußen. Wir gestikulieren, radebrechen Paschtu, nehmen Zeitungsbilder zu Hilfe, fertigen Zeichnungen an und machen ihm klar, dass wir am Ende sind. Er sieht selbst, dass wir die Tränen nicht zurückhalten können, und in seinen geschminkten, hellwachen Augen blitzt Mitgefühl auf. Er hält Davids Hand, berührt mich, gegen alle Konventionen des Islam, am Knie und fängt dann an, die aktuelle Situation zu erläutern. Die Schweiz habe eine fünfköpfige Verhandlungsgruppe in Islamabad gebildet, die Taliban hätten einen Mudschahed entsandt. Der Armeeoffizier, der für Pakistan die Verhandlungen führen solle, habe sein Kommen kurzfristig abgesagt, weil sich der Konflikt mit dem Haqqani-Netzwerk zugespitzt habe. Sonst hätte man am Vortag bereits eine Lösung zum Gefangenenaustausch finden können.

Jahrelang hat Pakistan das mit den Taliban und Al-Qaida kooperierende Haqqani-Netzwerk ignoriert, ja sogar heimlich unterstützt. Und nun nutzt Pakistan dieses Terror-Netzwerk als Ausrede, um wieder einmal eine Verständigung zu blockieren, denke ich. Meine ganze Wut richtet sich gegen dieses Land, das alle Seiten gegeneinander auszuspielen scheint. Man munkelt, der pakistanische Nachrichtendienst ISI lasse sich von den Amerikanern finanzieren, unterstütze aber nach wie vor die Taliban, um heimlich die Kontrolle über Afghanistan zu übernehmen. Pakistan, ein Land, das nicht einmal ein Minimum an Kontrolle über seine eigenen Territorien gewinnt, das die sieben Provinzen FATA nennt, »Federally Administered Tribal Areas«, Stammesgebiete unter Bundesverwaltung, aber in Wahrheit einen blinden Fleck auf der Landkarte geschaffen hat, ohne Infrastruktur, ohne Schulen, ohne Gesundheitsversorgung, ja sogar ohne Gerichtsbarkeit, einen blinden Fleck, auf den die Amerikaner ohne völkerrechtliche Grundlage ein Zielschießen veranstalten. Und wir sitzen mittendrin.

Es könne noch einen Monat dauern, oder auch zwei oder drei, sagt Nase. Am Anfang hieß es: drei Tage. Ich spüre, wie auch der letzte Rest an Energie aus mir entweicht. Das also ist die Wahrheit, die ich unbedingt hatte hören wollen. Das ist unsere Perspektive, auf die wir unsere Willenskraft auszurichten haben. Wie viele Male hatte ich gedacht, ich sei am Tiefpunkt? Schlimmer könne es nicht mehr kommen? Das Gefühl von Verzweiflung, Leere und Hoffnungslosigkeit könne intensiver nicht sein? Jedes Mal wurde ich eines Besseren belehrt. In drei Monaten ist der 27. Dezember, Weihnachten vorbei. Das Fest, das ich immer mit meinen Eltern gefeiert habe, immer, selbst als ich im Hotel in Zermatt arbeitete oder bei der Polizei in Bern. Ich rieche das heiße Kerzenwachs, den Duft der Tannennadeln, höre die Melodien, die mich im Innersten berühren und mir den allumfassenden Sinn wiedergeben, die Geborgenheit in der Familie, in unseren Ritualen, unserer jahrtausendelangen Tradition. Einer Tradition, von dem hier im Innenhof keiner eine Ahnung hat. Und hier in diesem Innenhof soll ich an Heiligabend sitzen, den Geschmack von Staub und Erde im Mund, hungrig, verängstigt, umgeben von drei oder vier bewaffneten Jailern, die ihren Überdruss und ihre Aggressionen nicht mehr zügeln können? Vielleicht sind wir bis dahin beide an Malaria erkrankt, womöglich ist nur noch einer von uns beiden übrig, der andere von einem Querschläger oder einer Granate getroffen ...

Die Geräusche und Bilder rücken von mir ab, ich ziehe mich in eine durchsichtige Blase zurück und kann nicht einmal mehr weinen. Da geht die Tür auf, und ich erkenne durch den Schleier, dass die Jungs auf der Schwelle stehen. Alle fünf. Sie blicken uns an, und wir erkennen, warum sie es gewagt haben, die Besprechung mit ihrem Chef zu stören. Dumbo tritt vor und überreicht David mit feierlicher Geste ein Tier, an dem eine Leine herabhängt. Ich denke im ersten Moment an eine unserer Katzen. Aber das Fell ist rot, hennafarben. »Bissu«, sagen die Bewacher, »ein Geschenk von Junkie.« »Bissu« bedeutet »Affe«, und tatsächlich schaut uns aus listigen Augen ein Äffchen an.

Wir haben Mühe, diese Menschen zu verstehen. Sie haben einen anderen Begriff von Zeit, vom Wert des menschlichen Lebens, von Bildung, Freiheit, Glück. Manchmal denken wir, sie haben diese Begriffe gar nicht. Aber sie spüren auf unterschwellige Art, in welcher Stimmung wir uns befinden. Sie scheinen keinerlei Empathie zu kennen, und dann wieder reagieren sie wie Seismografen auf unsere Einbrüche, und offensichtlich ist Junkie, dem Mann, der dafür verantwortlich ist, dass wir in Geiselhaft sitzen, der uns sein M16 an den Kopf gehalten, der uns geschlagen und gewürgt hat, zu Ohren gekommen, dass wir mit unseren Kräften am Ende sind. Hat er Mitleid, oder will er nur seine Beute nicht verlieren, will er aus Eigennutz verhindern, dass wir eingehen wie Primeln in trockener Erde? Vielleicht hat ihm jemand erzählt, dass die Katzenfamilie uns wieder Leben eingehaucht hat. Und so hat Junkie irgendwo in den Wäldern einer Affenmutter ihr Junges entrissen, hat es zur Gefangenschaft verurteilt, um andere Gefangene am Leben zu erhalten ... Wie auch immer, wir haben jetzt einen kleinen Privatzoo: vier Katzen und einen Affen.

Als der Tag sich dem Ende zuneigt, wartet selbst Nilpe noch mit einer Überraschung auf: ein Brief von Hans. Als hätten sich alle abgesprochen, um uns einen unvergesslichen Tag zu bescheren. Seit siebenunddreißig Tagen lässt Hans auf sich warten. Im Brief schreibt er, etwas Wichtiges sei passiert. Was das ist, erklärt er nicht. Er sei sehr beschäftigt, werde aber in ein paar Tagen kommen. Wir würden sicher zurück in die Schweiz gelangen und sollten unterdessen versuchen, glücklich zu sein. Also kennen sie doch dieses Wort: Glück.

Aber einen Begriff davon können sie nicht haben, jedenfalls nicht unseren.

Bissu, unser Rhesusaffe, wird zum Brennpunkt der Konflikte im Hof. David liebt und bewundert er als sein Alphamännchen, während das Verhältnis zu mir nicht frei von Spannungen ist. Nur wenn wir ihn lausen und gemeinsam am Bauch kraulen, entspannt er sich so weit, dass er regelmäßig einschläft. Sobald er wach ist, schießt er im Hof umher, seinen Äuglein scheint nichts zu entgehen, ebenso wenig wie seinen Zähnen. Wir basteln ihm eine Rassel und Spielgeräte aus leeren Plastikflaschen, aber natürlich genügt ihm das nicht als Abwechslung, er untersucht jeden Gegenstand und jedes Lebewesen, deren er im Hof habhaft werden kann. Würde er kein Halsband mit Leine tragen, wäre er wohl nur auf den Dächern und Bäumen unterwegs.

Einem ersten Mordanschlag entgeht er schon am Tag seiner Ankunft. Guildo Horn wacht nicht nur eifersüchtig über seine Guaven, er hat auch ein Mangobäumchen gesetzt und schon zu einer Höhe von dreißig Zentimetern gezogen. Bissu würdigt die Pflanze, aber auf seine Weise. Er biegt die elastischen Äste hin und her und fängt an, Blätter und Rinde abzuknabbern. Als Guildo Horn das sieht, rennt er mit einem Holzknüppel los. David muss dazwischengehen und versichern, dass er Bissu fortan von dem Setzling fernhalten wird. Doch schon ein paar Stunden später ist Bissu wieder in Lebensgefahr. Nilpe hat sich die Leine gegriffen und schwingt den Affen wie einen Hammer beim Hammerwurf herum, wodurch er Bissu die Luft abdrückt. Das ist selbst für den diplomatischen David zu viel. Ausgerechnet Nilpe, der uns seit Wochen piesackt. Der aufgeblasene Heuchler. Des Doktors Warnung, niemals gegen die Paschtunen die Stimme zu erheben, ist vergessen, David brüllt Nilpe auf Berndeutsch an, spart nicht mit Kraftausdrücken und Drohungen. Glücklicherweise versteht Nilpe kein Berndeutsch, aber er begreift die Botschaft. Die Situation ist typisch für David. In all den Monaten ist er nur drei, vier Mal aus der Haut gefahren, hat die antrainierte Selbstkontrolle aufgegeben; meistens ging es dabei nicht um ihn, sondern um jemand anderen. Um den Doktor, um das Äffchen, und einige Zeit später, viel später, als wir uns je erträumt hätten, wird es um Dumbos Frau gehen. Nilpe genießt bei seinen Kameraden kein allzu hohes Ansehen, er gilt als aufgeblasene Nervensäge, und so schlägt sich sogar Guildo Horn auf Davids Seite. Falls uns das Leben im Innenhof bisher zu eintönig war – Bissu sorgt für Abhilfe. Es gibt Gefechte und Melodramen im Stundentakt. Als ich meine Runden laufen will und dabei zwangsläufig seine Reviergrenzen verletze, springt mir das Tier an die Beine und verbeißt sich in eine Wade. Sein Maul ist nicht besonders groß, aber seine Zähne scharf und schmerzhaft. Der Innenhof ist so eng, dass ich zwangsläufig Bissus Revier durchqueren muss. David meint, ich müsste lernen, ihn abzuwehren.

Einmal werden wir mitten in der Nacht von Guildo Horn und Locke geweckt. Bissu liegt röchelnd auf dem Rücken und zuckt hilflos, mit aufgerissenen Augen. Irgendwer hat das Halsband so stramm gezogen, dass es das Tier stranguliert. Für uns kommt nur ein Täter infrage. Derselbe, der am nächsten Tag mit dem Gewehr auf den Affen anlegt und diesmal von Locke in die Schranken gewiesen wird. Locke, der stille, fast ein wenig unterkühlt wirkende Einzelgänger, brüllt mindestens drei Minuten lang auf Nilpe ein, der sich, soweit wir verstehen, damit herausreden will, es sei ein Witz gewesen.

Zwar verwandelt Bissu den Innenhof in ein Tollhaus, aber die Konflikte sorgen dafür, dass alle ihren Emotionen etwas mehr freien Lauf lassen und dass die Machtverhältnisse sich verschieben. Guildo Horn und Locke stehen auf unserer Seite, Nilpe ist isoliert, trotz seiner Versuche, sich wieder einzuschmeicheln. Am Ende wird Nilpe gar in seiner Funktion als Chefeinkäufer ab- und Locke eingesetzt. Als Nilpe das nicht hinnehmen will, kommt es zum Showdown. Guildo Horn stellt sich breitbeinig in den Hof, bläht die Brust, reckt seine einhundertsechzig Zentimeter in den Himmel und sagt dem deutlich größeren Nilpe, er sei abgesetzt. Ob er das nicht begriffen habe. Nilpe knickt ein.

Für uns ist Lockes Beförderung ein Glücksfall. Irgendwie schafft er es fast immer, die Einkaufsliste abzuarbeiten. Wenn unsere knappe Barschaft ausreicht, bestellen wir, auf heimlichen Wunsch unserer Bewacher, eine Flasche Mountain Dew, welche beim gemeinsamen Abendessen feierlich geöffnet wird. Da unsere Jailer über alle Ausgaben Buch führen und sich vor

Nase verantworten müssen, wird dieser Posten in der Abrechnung kaschiert, die aufgrund der Rechendefizite unserer Bewacher aber ohnehin nie ganz schlüssig ist. Auch um englischsprachige Zeitungen, unsere einzige Verbindung zur Außenwelt, kümmert Locke sich. Wir lesen zu unserem Erstaunen, dass Präsident Asif Ali Zardari einen internationalen Tourismustag anberaumt habe, um ausländische Reisende in alle Regionen des Landes zu locken. In einer dieser Regionen wurden wir gekidnappt, in einer anderen sitzen wir seit Monaten in Geiselhaft. Wir fragen uns, wie gut Präsident Zardari sein Land kennt.

Der Monat September endet damit, dass rote Leuchtraketen über den Basar fliegen. Locke schaltet den Funk ein und erfährt, dass man die Freilassung eines Taliban aus einem afghanischen Gefängnis feiert. Ist das womöglich der Erste der geforderten Mudschahedin? Wird endlich das letzte Kapitel dieser Geschichte geschrieben?

Es beginnt ein neuer Monat, der letzte, wie wir meinen. Doch auf die Freilassung des Taliban folgt die Nachricht, man habe einen seiner Mitstreiter in einem pakistanischen Gefängnis erschossen.

Davids Zustand verschlechtert sich plötzlich wieder dramatisch. Er bekommt Schüttelfrost, Bauchkrämpfe, Gliederschmerzen. Auch die Durchblutungsstörungen in seinem Bein, wohl durch Rücken- oder Bandscheibenprobleme ausgelöst, nehmen zu. Ich weiß nicht, ob die Fieberschübe vom soundsovielten Magen-Darm-Infekt oder von der Malaria herrühren, aber David beginnt zu delirieren. Er liege zu Hause auf dem Sofa, unter dem Daunenbett, sagt er zu mir, in der einen Hand die Fernbedienung, in der anderen eine Tasse dampfenden Tee. Im Ofen knistere das Feuer, die Kerzen erfüllten den Dachstuhl mit duftender Wärme. Wir schauen einen Film, ich schlafe ein, wie immer, während der Mond hereinscheint.

Unglaublich, wie sich die Psyche vor der grausamen Realität zu retten weiß. Aber irgendwann fährt David hoch, und das Erwachen ist umso grausamer.

Auch ich habe Durchfall, aber ich deliriere nicht. Meine Träume sind prosaischer, drehen sich meist um Schokolade und Pommes frites, einen Umluftherd und eine Waschmaschine, während durch die Wand das Palaver in einer uns unverständlichen Sprache dringt, das Spucken in die Blechnäpfe und der überlaute Ton des DVD-Players.

Als Nase uns am 10. Oktober triumphierend ein Geschenk überreicht, schwant uns nichts Gutes. Wieder ein Trostpflaster für eine schlechte Nachricht? Doch er hat keine schlechten Nachrichten mitgebracht, nur ein riesiges Fresspaket, das letztlich doch eine schlechte Nachricht impliziert: Die Vorräte dienen für einen langen Aufenthalt.

Unsere Bewacher kommen und gehen unterdessen. Ein zurückhaltender junger Bursche tritt seinen Dienst an, der von uns den Spitznamen »Stiller Hase« bekommt. Außerdem ein großer, langhaariger Mann mit schiefen Zähnen, der zu den aufdringlichen Prahlern gehört. Bei einem seiner Besuche bringt Nase auch seinen Neffen Depp zurück. Dieser schleppt sich auf Krücken durch den Hof und zeigt seine Röntgenbilder herum. Man sieht Granatsplitter im Bein sowie einen Steckschuss aus einem Maschinengewehr. Einstweilen kann er nur noch in Hürdenläuferstellung beten. Allerdings setzt er eine derart wehleidige Miene auf und verfällt in seiner Versehrten-Gebetshaltung in eine solche Theatralik, dass ich mir ein Grinsen nicht verkneifen kann.

Immer wenn uns ein Bewacher für zwei bis drei Wochen verlässt, dann sagen wir ihm innerlich auf Nimmerwiedersehen. Nicht so am 18. Oktober. Da steht Locke mit bedrückter Miene vor uns und fragt, ob es in Ordnung sei, wenn er eine Weile fortgehe. Nase habe ihm Urlaub gegeben, er wolle zu seiner Familie, für acht Tage. Er hat eine Frau und vier Kinder. Wir sind schwach und krank und haben kaum Energie, aber wir sind tief bewegt. Locke hat mit David tagelang alte Schlafsäcke zerpflückt, die Watte gewaschen und in der Sonne getrocknet, weil er seinen Kindern, die in ihrem Zelt unter dem nahenden Winter zu leiden haben, Steppdecken nähen will. Und er fragt uns, ob er zu ihnen gehen darf, macht sich Sorgen um uns? Ich weine und denke an die vielen Gefälligkeiten, mit denen er uns seine Solidarität signalisiert hat, mit den englischen Zeitungen, den Trauben, die er auf dem Markt organisiert hat, dem Zwiebel-Chili-Rührei, das er mit viel Hingabe für uns gekocht und dessen Rezeptur er David beigebracht hat.

Während einer Nachtwache hat er einmal neben uns auf der Gummimatte gelegen, flankiert von seiner Kalaschnikow, mit dem selbst bestickten bunten Gewehrriemen, der ein Markenzeichen der Taliban ist. Er hat von seinem kleinen Haus in den Bergen von Süd-Waziristan erzählt, wo er friedlich mit seiner Familie gelebt habe, nach den Regeln von Allah, dem Allmächtigen, und Mohammed, dessen Propheten. Der Krieg sei gekommen, seine Familie sei in einem der zahlreichen Flüchtlingslager interniert worden, wo es an Decken fehle. Der Winter sei kalt in den Bergen. Er liebe den Krieg nicht, und er liebe die Taliban nicht, aber die Taliban würden helfen, z. B. mit warmen Sachen und Medikamenten.

Wenn er Commander wäre, dürften wir nach Hause.

Wir verabschieden uns, tauschen einen Blick, haben Tränen in den Augen, dann legt er seine Munitionsweste an, nimmt seine Kalaschnikow, nickt und geht.

Er hinterlässt ein Gefühl der Leere in dem Innenhof sowie

zwei Geiseln, die dem Wahnsinn nahe sind, außerdem zwei Kriegsversehrte (Depp und Stiller Hase) sowie drei Kranke (Nase, Guildo Horn und Gollum). Unsere Bewacher sind so mit sich und ihren Malaisen beschäftigt, dass wir zum ersten Mal konkreter an Flucht denken.

David entgeht keine der Waffen, die unbeaufsichtigt herumliegen. Für ihn sind sie, wie ich später erfahren sollte, eine ständige Versuchung. Immer wieder spielen sich Bilder in seinem Kopf ab, wie er eine Kalaschnikow an sich reißt, durchlädt und alle Umstehenden erschießt. Dank seiner Polizeiausbildung hätte er dies ohne besondere Schwierigkeiten geschafft. Vor allem im engen Innenhof, direkt am Basar, wäre die Knallerei im allgemeinen Lärm untergegangen. Aber dann?

Hinaus ins Freie, in Tücher gehüllt? Mitten hinein ins Herz des Talibanlandes, das voller Kämpfer und Informanten ist?

Und selbst wenn wir aus Miranshah hinauskämen – wie weiter? Wir könnten uns tagsüber verstecken und nachts Richtung Südosten marschieren. Aber wie weit?

Während wir die uns verbleibende Energie auf Bissu und die Katzen konzentrieren, lenken die Bewacher sich weiter mit den immer gleichen Propagandavideos ab, in denen sich Selbstmordattentäter in die Luft sprengen oder Taliban mit stumpfen Messern die Köpfe von feindlichen Soldaten abschneiden. Die Detonationen und Schusswechsel in den Aufnahmen hallen laut durch den Innenhof und bringen uns um den Schlaf, wenn wir nicht zuvor schon von einer in der Nähe des Basars detonierten Granate oder einer MG-Salve geweckt worden sind. Der Krieg scheint immer näher zu kommen. Hillary Clinton ist in Islamabad und fordert ein härteres Vorgehen gegen Nord-Waziristan, schreibt die Zeitung.

Der Stille Hase berichtet, dass er gerade aus einem pakistanischen Gefängnis entlassen worden sei. Als er erzählt, man habe ihn bei einer Razzia in Miranshah verhaftet, stockt uns einen Moment der Atem. Also gibt es doch die Hoffnung, dass Militär oder Grenztruppen vom Frontier Corps hier eingreifen.

Sie hatten ihn acht Monate lang in einem Geheimgefängnis festgehalten, erzählt Stiller Hase weiter, in totaler Finsternis, mit auf den Rücken gefesselten Händen. Keine Verhandlung, keine Anklage, kein Kontakt zu Angehörigen. Nur regelmäßige Prügel. Kein Wunder, dass er ein merkwürdiges Sozialverhalten an den Tag legt. Fast schäme ich mich dafür, dass ich mich über unser Schicksal beklage.

Nazarjan habe ihn freigepresst, schließt er, indem er drei pakistanische Soldaten entführt habe. Als Guildo Horn anfügt, Stiller Hase habe an der Front die Feinde enthauptet, verfliegt mein Mitleid wieder.

Seitdem wir im ersten Innenhof festgesetzt wurden, schreibe ich Tagebuch. Seit Beginn des Monats trage ich in die Notizbücher auch die ersten Tage unserer Entführung nach, über die wir lange nicht sprechen wollten. Wann immer ich die Kraft finde, schreibe ich sämtliche Details auf, an die wir uns erinnern. Wir sind erstaunt, wie deutlich sich jeder Moment der Verschleppung in unser Gedächtnis eingebrannt hat. Fast täglich schreibe ich außerdem Briefe in mein Tagebuch, an meine Eltern, an meine Geschwister, an Freunde. »Meine Mama, vier Tage sind vergangen, seit ich Dich gehört habe. So oft habe ich in Gedanken mit Dir gesprochen oder bin in meiner Vorstellung mit Dir im Wald auf dem Höhenweg. Ich denke an Dich! Immer!!! Halt mich fest, sprich mit dem Mond, er ist unser gemeinsames Dach, Deine Tochter.«

Als ich eines Tages die Enge der Mauern nicht mehr ertragen kann, flehe ich Guildo Horn an, mich einmal durch die Einschusslöcher am großen Holztor schauen zu lassen. Er gestattet es, und ich gehe mit klopfendem Herzen durch den Tunnel auf das Eingangstor zu. Ich sehe eine enge Straße voller Schlaglöcher, von der eine treppenförmige Gasse abgeht. Elf Autos fahren vorbei, acht davon Toyotas. Niemand ist vermummt oder bewaffnet, aber die Menschen machen trotzdem keinen unbeschwerten Eindruck auf mich. Alles ist beige oder braun, so wie das Gewand des etwa fünfjährigen Jungen, der auf mich zurennt. Dann kommt eine Frau, unter einer Burka, sie geht direkt am Tor vorbei, ich meine, den Luftzug durch die Löcher zu spüren, ihre Schritte verhallen allmählich. Die erste Frau seit Monaten. Sie war mir so nah – und hat mich nicht wahrgenommen.

Am 24. Oktober kommt Depp vom Basar zurück und erzählt, er habe Hans gesprochen. Dieser würde sich am Abend mit uns treffen. Zwei Monate haben wir Hans nicht gesehen. Den Menschen, der unsere Sprache spricht und der uns die wichtigsten Informationen zukommen lässt. Der uns regelmäßig besuchen wollte … Wir sind skeptisch. Zu oft sind wir vertröstet worden. Um 18 Uhr klopft es am Tor. Es ist nicht Hans, sondern Nase. Er begrüßt uns, schenkt uns eine violette flauschige Steppdecke und isst zu Abend. Sein Ritual aus Speisen und Beten nimmt wie gewöhnlich über eine Stunde in Anspruch. Wir fragen uns unterdessen, welche Neuigkeiten er bringt. Die Winterdecke ist zwar hübsch, gleichzeitig aber kein gutes Omen.

Nachdem Nase sich vom Teppich erhoben hat, tritt er auf uns zu und sagt, wir würden Hans treffen. Wieder impft er uns die offizielle Version unserer Haftbedingungen ein: dass wir sieben Autostunden von Miranshah entfernt lebten, dass man unsere Jailer regelmäßig austausche usw. Warum müssen die

Taliban einander etwas vormachen? Gibt es gegenseitiges Misstrauen? Oder weil sie Befehle nur nachlässig umsetzen? Wir haben inzwischen auch den Verdacht, dass Nazarjan auf Hans eifersüchtig ist und ihn möglichst auf Abstand halten will.

Wir gehen aufs Tor zu, wie immer klopft mein Herz. Ich kann es nicht erwarten, diesen Innenhof zu verlassen, und gleichzeitig macht mir das Draußen Angst. Die fremden, vermummten Männer, die Waffen, Explosionen. Die Vorstellung, dass ich von David getrennt werden könnte. Zu viert warten wir, bis Nase das Auto vorgefahren hat, dann wird ein Torflügel einen Spalt weit geöffnet, und wir springen in den Wagen. Nase sitzt am Steuer, ich auf der Rückbank neben David, flankiert von Gollum und Pumba. Guildo Horn und Depp bleiben im Innenhof.

Es ist kurz vor sieben. Die Straßen sind belebt, Männer mit Kopftüchern, dazwischen Vermummte mit Waffen. Die Leute sitzen auf den Ladenstufen und trinken Tee, Stände mit Essen, mit Lederwaren, Elektronik-Tand, Vordächer aus Stoffbahnen, Mopeds, Esel, Hunde.

Nase lässt den Wagen durch die Straßen rollen und versucht, Ali, den Übersetzer, und Stiller Hase anzufunken. »Ali, Ali, Ali. Urwi, urwi, urwi.« Alle paar Sekunden rufen sie: »Ali, Ali, Ali. Antworte, antworte, antworte.« Ohne Erfolg.

David legt schützend seinen Arm um mich. Er trägt Nases braunen Hut, ein dunkles Gewand, ein olivgrünes Tuch, dazu sein Vollbart, die zerzausten Haare – er sieht aus wie ein Paschtune oder Taliban.

Plötzlich entdecken wir Ali, von uns Hans genannt, am Straßenrand. Ganz in Weiß, verhüllt und bewaffnet. Er setzt sich auf den Beifahrersitz, grüßt Nase, gibt uns die Hand. Nase lässt den Wagen anrollen, während Hans pausenlos auf ihn einredet. Nase steuert den Wagen an einer Schlange Lastwagen vorbei, erfährt, dass die Straße gesperrt ist, wendet. Hans' Wortschwall scheint er dabei zu ignorieren.

Wir verlassen die Innenstadt, die Randbezirke und kommen durch Felder und ausgetrocknete Flüsse. Hans dirigiert Nase, während er weiter plaudert, sich nach Bissu erkundigt, Davids langen Bart kommentiert. Wir halten an einer Nebenstraße, neben einem Ensemble aus Sandhäusern. In der Dämmerung, durch die getönten Scheiben, erkennen wir nur schemenhaft die Mauern, Dächer, Sträucher.

Pumba und Gollum, der hagere Jüngling mit seinem Aknegesicht, werden angewiesen, den Wagen zu verlassen. Hans und Nase machen es sich im Schneidersitz bequem, auch David und ich setzen uns gemütlich auf die Rückbank, wobei ich meine kalten Füße an Davids Schenkel presse.

»Bitte«, sagt Hans. »Stellt eure Fragen.«

»Wir haben nur eine Frage«, erwidern wir freundlich, »und die ist dir bekannt.«

»Wie lange noch?«, sagt Hans, übersetzt für Nase und lacht dann los.

Beim wortkargen Nazarjan brechen plötzlich alle Dämme. Er redet sich in einen Rausch, geschlagene zehn Minuten spricht er auf Paschtu, ohne Punkt und Komma. Hans übersetzt für uns, was wir ohnehin schon hundert Mal gehört haben: Wie schwierig die Kommunikation sei, alles müsse per Boten übermittelt werden. Die Schweiz habe eine fünfköpfige Delegation geschickt, die drei Millionen geboten habe, jetzt laute die Forderung der Taliban: einhundert Mudschahedin, Präsident Zardari habe sechzig angeboten, plus 350 000 Dollar. Dann kommt der übliche Sermon, wie sehr ihre Brüder in den Gefängnissen zu leiden hätten. Sie würden es jetzt erst einmal mit der Forderung von hundert Gefangenen probieren ... Ich kann nicht an mich halten. Sie probieren es mal? Sie wollen weiter feilschen, obwohl ihnen dieses großzügige Angebot vorliegt? Was glauben sie denn, wie viel sie noch für zwei lumpige Schweizer Touristen herausholen können? Und das alles auf unserem Rücken, während wir in ihrem verdreckten Innenhof verrückt werden, an Malaria oder irgendeinem Querschläger verrecken?

David, wie immer diplomatischer und vernünftiger als ich, unterbricht mich und fragt nüchtern: »Welches Angebot wäre für euch denn akzeptabel?«

»Hundert Gefangene wären ein guter Deal, aber auch mit sechzig würden wir uns zufriedengeben.«

»Ja, dann nehmt doch die sechzig Gefangenen, die Zardari geboten hat, plus die insgesamt 3 350 000 Dollar«, rufen wir gleichzeitig. »Worauf wartet ihr noch?«

»Wir wollen sehen, wo bei Pakistan die Schmerzgrenze liegt«, erwidert Hans.

Wie lang mag es dauern, diese Schmerzgrenze auszuloten? Er redet weiter, am nächsten oder übernächsten Tag werde das Video per App an die Medien gehen. Damit sei eine weltweite Verbreitung gesichert. Die Digitaluhr am Armaturenbrett zeigt 21.29 Uhr an. Ich höre nicht mehr zu. Die Taliban wissen, je verzweifelter unsere Lage, desto großzügiger das Angebot aus der Schweiz. Je länger wir gefangen sind, desto mehr Gefangene werden im Austausch geboten werden. Die Zeit arbeitet für sie. Man hat uns also monatelang belogen. Nicht die schwierige Kommunikation war schuld an den Verzögerungen – die Verzögerungen sind Teil der Taliban-Taktik, wahrscheinlich der wichtigste Teil. Wir haben die Uhren, sie haben die Zeit.

Hans will uns aufmuntern und bietet uns eine Tasse Tee an. Nase sagt zu Hans: »Ich gebe dir sechs Minuten«, dann blickt er mich an und meint grinsend: »Das habe ich von dir gelernt, diese präzise Zeiteinteilung. Du fragst mich am Ende eines Besuches auch immer, wann genau ich wiederkommen werde.«

Hans geht davon, um den Tee zu bereiten, Nase steigt aus dem Auto, um draußen zu beten. Gollum kommt herein, fragt, wie das Gespräch war. Er ist ein recht zugänglicher Bursche, hat einige Jahre Schulbildung hinter sich, stammt aus einer anderen Gegend Pakistans und leidet oft unter Heimweh, aber jetzt geht er uns auf die Nerven, weil er die Jammermusik der Taliban andreht. Nach elf Minuten bringt Hans den Tee. Sie setzen sich draußen auf den Boden. Uns werden die Tassen durchs Fenster gereicht, denn wir dürfen den Wagen nicht verlassen, weil man uns im Scheinwerferlicht der vorbeirollenden Lastwagen sehen könnte. Der Tee mit der süßlichen Milch, die kühle Nachtluft und die weite Landschaft tun gut. Ich nippe an dem heißen Glas, schließe die Augen und versuche zu vergessen, was ich eben gehört habe: dass es keine verlässliche Perspektive gibt.

Wir fragen Hans, ob er uns nicht Bücher bringen könne. Er verspricht stattdessen Filme und Reportagen auf einem USB-Stick, die wir auf dem DVD-Player der Bewacher ansehen könnten. In acht bis zehn Tagen komme er, um uns die Antwort der Pakistani mitzuteilen. Wir lachen bitter. Wer's glaubt … Andernfalls schreibe er einen Brief. Warum er so beschäftigt gewesen sei, fragen wir. Seine siebzehnjährige Tochter habe geheiratet, das sei so ähnlich, als wäre sie gestorben. In Pakistan ist es Brauch, dass die Braut zur Familie des Mannes zieht und dort vollkommen in den Hausstand eingebunden wird, bis zum Tod.

Hans verabschiedet sich, Pumba steigt wieder zu, und Nase fährt los. Er wählt die üblichen Nebenstrecken und Ablenkungsmanöver, rast bis zum Holztor, setzt uns ab, verabschiedet sich und sagt lachend, in einem Monat komme er wieder. Wie immer antworte ich: »Bitte, bitte, Switzerland …«

Wie immer erwidert er: »Inschallah!«

Meine Lieblingsjahreszeit ist der Herbst. Ich mag die warmen Gelb- und Rottöne der Laubwälder, den würzigen Geruch, den sanften Nebelschleier, den die Wiesen sich zur Dämmerung anlegen. Wenn mich das fallende Laub in meiner Kindheit traurig stimmte, sagte mein Vater: »Sie stirbt nicht, die Natur, sie holt sich neue Kraft für den nächsten Frühling.« Zwar steht die Sonne kürzer und tiefer im Innenhof, die Nächte werden langsam kalt, und wir können bald nicht mehr im Freien schlafen, aber ein echter Herbst war das nicht, dieses Jahr habe ich das Laub nicht fallen sehen.

Zum Glück kommt Locke früher als angekündigt zurück, erkundigt sich, wie es uns ergangen sei, und erzählt von seiner Familie. Die Armee habe das Zeltdorf angegriffen, einen Mann niedergeschossen. Er bringe seine Familie mit seinem Talibanbart in Gefahr und bleibe besser bei uns im Hof.

Aus der Zeitung erfahren wir, dass das letzte Video, das wir schon vor sechs Wochen gedreht haben, endlich veröffentlicht wurde. Wieder beginnen unsere Gedanken zu kreisen. Jetzt kann sich Pakistan nicht mehr aus der Verantwortung stehlen. Oder fühlen die Pakistani sich durch die Veröffentlichung von den Taliban überrumpelt? Brechen sie womöglich die Verhandlungen ab?

Unsere Bewacher wissen auf diese Fragen keine Antworten. Um das Eidfest herum werde Nase oder Hans kommen und neue Informationen bringen. Das Eidfest wird zwei Monate nach Ende des Ramadan gefeiert und dauert drei Tage, also vom 7. bis 9. November. Wir wünschten, es wäre bereits so weit. Andererseits sind Feiertage besonders schwer zu ertragen, weil es dann auf dem Basar weder frische Lebensmittel noch Zeitungen gibt, und die gespenstische Stille scheint davon zu künden, dass auch die Verhandlungen zum Stillstand gekommen sind.

Guildo Horn wird immer unleidlicher. Er zeigt seine Sprengstoffweste und meint, an Weihnachten werde er sich in die Luft jagen. Er könne es kaum noch erwarten.

»Du bist doch erst sechsundzwanzig und hast zwei Kinder«, wendet David ein.

Eines Morgens steht Guildo Horn auf, nimmt alle DVDs, wirft sie auf einen Haufen im Innenhof und zündet sie an. Seine Kameraden sind entsetzt, seit Tagen schauen sie fast ununterbrochen die billigen TV-Serien, welche Depp und Stiller Hase in den Hof geschmuggelt haben. »Warum hast du das getan?«, fragen wir Guildo Horn.

»Es sind Frauen darauf zu sehen, das ist für einen Moslem Sünde.«

»Du hast die Serien doch selbst tagelang geguckt«, wenden wir ein.

»Ja, aber jetzt merke ich, dass ich ein Problem in meinem Kopf habe.«

Die anderen Bewacher haben jetzt das Problem, dass sie mit ihrer Zeit noch weniger anzufangen wissen als vorher.

Depp bringt eine DVD mit Sketchen mit, über die sich alle totlachen, alle außer Guildo Horn. Er sitzt schmollend vor der Tür des zum Videoraum umfunktionierten Zimmers, betet und schminkt sich die Augenlider greller denn je. Ein zentralasiatischer Michael Jackson.

Am letzten Oktobertag – es ist bereits dunkel, und wir liegen unter freiem Himmel im Bett – zischt plötzlich ein schweres Geschoss über uns hinweg. Eine Rakete oder eine Panzerfaustgranate, die offensichtlich von den Taliban Richtung pakistanisches Militär geschossen worden ist. Unsere Bewacher springen begeistert auf und schalten den Funk ein. Oft läuft der Funk zur allgemeinen Unterhaltung. Bei Gefechten schallt eine Stimme im Moderatorenton, untermischt mit Jubel, heraus.

Die Armee antwortet auf den Beschuss. Zwar nutzen die Taliban die Zivilbevölkerung als Schutzschild, aber darauf wird nun keine Rücksicht genommen. Wir hören einen ohrenbetäubenden Knall in unmittelbarer Nähe. Trotz Ohropax schrecken wir hoch und versuchen, von unseren Bewachern zu erfahren, was vor sich geht. Diese wiegeln ab, doch als eine zweite Granate geflogen kommt, werden auch sie unruhig. »Ich glaube, das ist Artilleriefeuer«, sagt David. Die Taliban versuchen nicht, uns mit ihren Standardsprüchen zu beruhigen, wonach es »no problem« gebe oder der Krieg bald vorbei sei. Sie laufen aufgeregt im Hof hin und her, auf der Suche nach Funkkontakt.

Ich zittere und schnappe nach Luft. »David, wir sterben«, presse ich hervor. Noch nie habe ich solche Geschosse gesehen, ein so deutliches Zischen gehört. Sechs weitere Granaten schlagen ein, und daraufhin wird unsere Verlegung vorbereitet. Doch dann verstummt das Artilleriefeuer, und wir bleiben im Innenhof.

Am 5. November beginnen die Vorbereitungen des Eidfestes. Gegen halb sieben Uhr abends zerren Guildo Horn und Depp einen Schafbock an einer blauen Plastikleine herein. Guildo Horn bindet das Tier an sein Heiligtum, den Guavenbaum, reißt ein paar Zweige ab und gibt sie ihm zu fressen. Bissu ist über diesen Neuankömmling in seinem Revier höchst erstaunt. Aus sicherer Distanz studiert er den Gast mit seinem verfilzten Fell und den schwarzen X-Beinen. Während Guildo das Schaf mit einer Waschschale tränkt, schleicht Bissu um die beiden herum, und als das Schaf ihn betrachtet, gibt er ihm eine Ohrfeige. Noch ehe sich das Huftier wehren kann, ist Bissu auf den Guavenbaum geschossen, von wo er die Übersicht und absolute Souveränität genießt. Das Schaf legt sich hin, niest ein paarmal. Bissu sträubt das Fell, bleckt die Zähne und legt die Ohren an. Mit seinem langen, dicken Schädel und den baumelnden Ohren sieht das Schaf nicht unbedingt attraktiv aus, aber Bissu hat eine großzügige Ader. Er fasst sich ein Herz und bespringt das Schaf von hinten. Er beginnt, mit dem Becken zu schwingen und steigert sich in Ekstase, ungeachtet der unverhältnismäßigen Proportionen. Das Schaf ist mindestens zehn Mal so groß wie er und dreißig Mal so schwer. Es reagiert entsprechend gelassen. Doch Bissu ist in Fahrt, er pumpt und hechelt, und selbst als das Schaf sich gelangweilt erhebt, setzt er sein Treiben fort. Dies können die Taliban natürlich nicht gutheißen, aber sie wissen sich auch keinen Rat und versuchen, die Sache zu ignorieren, während David und ich uns krummlachen. Unterdessen hat das Schaf sich mit seinen Hufen in Bissus Leine verheddert, es stolpert, der Affe wird wie am Lasso aus dem Sattel gehoben.

Als wir Bissu nach unserem Trainingsprogramm an den Baum binden, wird er fast wahnsinnig vor Verzweiflung. Er hat die Qualen der Liebe entdeckt, oder zumindest des unbefriedigten Triebes, während das Objekt seiner Begierde in einem stillen Winkel des Hofes döst. Wie jede große Liebesgeschichte endet auch diese tragisch.

Am nächsten Morgen – vom Morgengebet gestört, sind wir zum Schlafen auf den Steinboden ins Zimmer umgezogen – tritt David als Erster ins Freie. Er bleibt verdutzt stehen und sagt: »Daniela, was ich gerade sehe, das glaubst du mir nicht.«

Ich stehe ebenfalls auf und sehe, dass die Jailer sich unser mit viel Mühe gesäubertes Bettgestell angeeignet haben. Unser einziges Möbelstück, unser einziger Besitz, unser Rückzugsort. Das Moskitonetz, dessen Löcher wir vor dem Einschlafen immer sorgfältig nach Eindringlingen absuchen, liegt daneben auf dem Boden, ebenso all unsere kleinen Schätze wie Nivea-Creme, Spiegel usw. Auf unserem Bettgestell liegt das enthauptete Schaf samt Innereien, das Blut tropft aus dem Rachen, läuft auf den Boden, wo auch das Fell liegt. Ich bin geschockt, gedemütigt, fange an zu schluchzen und verstecke mich im Zimmer.

Guildo Horn ruft uns verzückt herbei: »Maschallah, Maschallah, dear sindbad!« Die Bewacher können unser Entsetzen über das Spektakel nicht verstehen, wir verstehen ihre Ekstase angesichts dieses besudelten Kadavers nicht.

Während wir unser Bett mit Seifenlauge reinigen, verteilen unsere Bewacher Blut, Knochen, Kopf, Fell und Fleisch auf den ganzen Innenhof. Dumbo kommt in einem festlichen Gewand, mit einem Pailletten-Hut und gold-violettem Tuch, um sich Kopf und Gesäß zu holen. Ein großes Festessen steht bevor. Bissus Verzweiflung hat ihren Höhepunkt erreicht. Hat er den Schafskopf, der uns aus einer Ecke des Hofes anstarrt, wiedererkannt? Eigentlich kannte er das Schaf ja nur von hinten.

Obwohl wir unser Bett akribisch geschrubbt und in der Sonne getrocknet haben, haftet der süßliche Geruch nach Innereien und Blut daran. Als ich in der folgenden Nacht trotzdem endlich in Schlaf gefallen bin, reißen mich zwei Druckwellen hoch. Durch die Ohrenstöpsel habe ich es zweimal knallen hören, der Boden hat gebebt. Zwei Artilleriegeschosse haben wieder in nächster Nähe eingeschlagen. In den letzten Tagen sind immer wieder Schusswechsel und Granateneinschläge aufgeflammt, einmal ist sogar ein Projektil neben mir im Hof gelandet. Diesmal jedoch entwickelt sich ein lang anhaltendes Feuergefecht. Maschinengewehre rattern. Guildo Horn behauptet, sie seien einige Kilometer entfernt, aber David ist anderer Ansicht, sie schießen von den umliegenden Dächern. Depp, der am Fußende liegt, um uns zu bewachen, ist ratlos. Ich bitte die Jailer, Informationen einzuholen. Sie nehmen ihre Waffen und gehen auf den Basar. Gollum bleibt, mit seiner Gebetskette in der Hand, zurück.

Wir kehren ins Bett zurück, doch die Gefechte flammen wieder auf. Alle fünfzehn bis dreißig Minuten detonieren nacheinander zwei Artilleriegeschosse in der Nähe, das geht die ganze Nacht lang so. Es gibt kein Funksignal, die Jungs holen Erkundigungen ein und erfahren, dass die Armee mit Geschützen die Innenstadt belagert. Es sei aber »no problem, inschallah«. Bei jeder Detonation beben Wände und Fußboden. Wir halten einander an den Händen fest, können nicht einschlafen, gehen, auf der Suche nach Beistand, zu den Bewachern ins Zimmer und legen uns dort auf den Steinboden. David flüstert mir zu: »Daniela, ich weiß nicht, ob wir morgen noch am Leben sind.« Dann nimmt er Abschied von mir.

Doch am Morgen, zur Stunde des ersten Gebets, herrscht plötzlich wieder Ruhe, eine Ruhe, die nur von Bissu gestört wird. Guildo Horn steht genervt auf und versucht, den Affen mit einem Toastbrot zu besänftigen. Aber der Toast zeigt keine Wirkung, und so will es David mit einem »Gespräch unter Männern« probieren. Er geht zu Bissu, als erneut zwei gewaltige Detonationen die Luft zerreißen. Dann knattern Rotoren, Helikopter fliegen über den Basar.

Als ich zu David laufe, schiebt sich ein bedrohlicher Schatten vor den Himmel, die Rotoren donnern über dem Innenhof. Ein Kampfhubschrauber, in etwa hundert Metern Höhe, direkt über uns. Ich lasse mich auf die Knie fallen. David zieht mich unter das Vordach, und wir schreien Depp an: »Sieh zu, dass wir hier weggeschafft werden.«

Depp geht mit Guildo Horn und dem Funkgerät wieder nach draußen. »No problem«, meinen sie, es sei nur die Armee, die schieße, nicht die Taliban. Wir warten nervös auf die Rückkehr der beiden, als das Gefecht über dem Basar wieder einsetzt und ein dumpfer Schlag alles andere übertönt. »Eine Mine«, meint David.

Gollum läuft ziellos, an seiner Gebetskette herumfingernd, im Hof hin und her. Zwar hat auch er sich schon eine Narbe an der Front geholt, aber er scheint mit seinen neunzehn, zwanzig Jahren völlig hilflos zu sein. Depp kommt zurück, alleine, er hat keinen Talibanchef finden können, Nase antwortet nicht auf den Funkruf. Locke, der einzige Taliban mit Urteilsvermögen, ist vor einigen Tagen wieder abkommandiert worden. Wir werden ihn nie wieder sehen.

Wir versuchen Ruhe zu bewahren, uns mit Alltagsgeschäften abzulenken. Wir duschen, während draußen die Schießerei weitergeht. Wir umarmen einander, mein Kinn liegt an Davids Schlüsselbein, das sich sanft bewegt, während Davids Hand über meinen Rücken streicht. Ich fange zu weinen an. In der Nacht hatten wir uns mit dem Gedanken getröstet, dass der Tod durch eine Granate kurz und schmerzlos ist, aber jetzt ist der Gedanke kein Trost mehr. Ich will hier raus.

Gegen Mittag beruhigt sich die Situation, wir legen uns in die Sonne vor unserem Bett und schauen eine der Video-Reportagen auf dem USB-Stick der Bewacher, sinnigerweise über Zukunftswaffen. Chetab, ein alter Talibanführer mit ausgemergeltem Gesicht, schwarz gefärbten Haaren und einem drahtigen, schmächtigen Körper, kommt in den Hof und sagt, alles sei in Ordnung, die Straßen seien voller Leute, die unbekümmert ihren Geschäften nachgingen. Die Armee könne nicht so einfach den Basar mit den Zivilisten unter Artilleriefeuer nehmen.

Aber sie hat es getan, denken wir. Andererseits: Wie sollen wir als Außenstehende die Lage richtig einschätzen? Dieser

Talibanführer hat hier schon fünfzig, sechzig Jahre überlebt. Er legt sich, ebenso wie Guildo Horn, zur Siesta hin. Wir setzen uns wieder in die Sonne und schauen weiter die Reportage über futuristische Waffensysteme wie Drohnen und Cyberattacken, über Kriege, die vom Computer aus geführt werden, mit Joystick, Virenprogrammierung und Hackerangriffen, welche Lenkwaffen umdirigieren und Kernkraftwerke havarieren lassen.

Auf einmal schlägt uns eine mächtige Druckwelle gegen die Brust, nimmt uns die Luft, die Trommelfelle knacken. Wir springen auf und laufen unter das Vordach. »No problem«, sagt Depp wie gewöhnlich. »A big problem«, erwidern wir und machen Zeichen, er solle laufen und den Alten wecken. Ich weine, ringe nach Luft, während das bedrohliche Knattern der Helikopterrotoren wieder zu hören ist. Sie kreisen dicht über unseren Köpfen, wie finstere, böse Insekten. Der Talibanführer taucht auf, läuft mit Depp und Guildo Horn zum Basar, wir bleiben mit Gollum zurück.

Ich bekomme kaum Luft, fange an zu hyperventilieren. Seit Davids Bluttest wissen wir, dass wir in Miranshah festgehalten werden. Dies ist die Hauptstadt von Nord-Waziristan, seit Jahren Rückzugsort von Al-Qaida, Talibanhochburg. Hier hat die pakistanische Armee im März 2006 schon einmal eine Offensive gestartet. Drei Tage dauerten die Kämpfe an, bei denen die Armee mit schwerer Artillerie den Ort in Schutt und Asche legte. Laut Regierungsmedien starben hundertfünfzig Menschen, laut Taliban viel mehr.

David will mit mir im Zimmer Schutz suchen, aber ich kann mich nicht bewegen. Wir stehen unter dem Vordach, schauen in den azurblauen Himmel und klammern uns aneinander fest. Die Helikopter sind zu hören, das Rattern von Kalaschnikows, das Kreischen von Bissu, der sich in seiner Leine verheddert hat und vor Panik die Augen aufreißt. David hat ebenfalls Angst, ich spüre es, aber er sagt ganz ruhig, wieder und wieder, dass wir nicht sterben werden, nicht hier und jetzt.

Ich will hier weg! Über uns schweben »Cobras«, mit Raketen bestückte Kampfhubschrauber; wenn sie den Basar angreifen, wird unser Hof pulverisiert. Wir sind hier eingesperrt und krepieren, wie Tiere in einem Käfig, den man auf tosender See über Bord wirft.

Wie lange ist Guildo schon weg? Wo ist Nase, der Einzige, der in schwierigen Situationen Nerven und Überblick bewahrt? Gollum, der Trottel, spielt nur mit den Perlen seiner Gebetskette, während ihm die Angst ins Gesicht geschrieben steht. Dann kommt Guildo Horn in den Hof gerannt, ruft, wir sollen packen.

Wir nehmen meine Handtasche, in einen Plastiksack werfe ich Zahnbürsten, Schuhe und unsere Reiselektüre. Die Helikopter über uns beginnen, aus ihren Drehtürmen mit Gatling-Maschinengewehren zu feuern.

Ich schreie, weine, rufe nach meinem Papa. Er soll uns hier rausholen, er muss uns retten.

David sagt: »Sie bombardieren den Basar.« Von den Dächern wird geschossen, in jede erdenkliche Richtung. Offensichtlich versuchen die Taliban, die Helikopter mit MGs zu treffen. Oder rückt die Armee mit Bodentruppen in die Stadt vor?

Depp kommt angerannt, mit verstörtem Blick wirft er zwei schwarze Burkas auf den Boden. Wir streifen sie über.

Auf dem Basar tobt inzwischen ein Gefecht am Boden und in der Luft. »Bissu, er muss mit«, schreien wir. »Unmöglich«, brüllt Depp zurück. Der Affe reißt an seiner Leine, kreischt, versucht immer wieder, zu uns zu kommen. Depp schickt uns zum Tor, Bissus panikerfüllter Blick verfolgt uns, und wir rufen: »Sorry, Bissu, sorry, wir kommen zurück, wir holen dich.«

Als dieser sieht, dass wir gehen, kreischt er wie von Sinnen. Es geht uns durch Mark und Bein.

Depp öffnet das Tor, wir blicken nach draußen. Die Straßen sind verlassen. Jedermann scheint rechtzeitig die Flucht ergriffen zu haben. Nur wir nicht. Durch das Gitter meiner Burka verschwimmen die Details. Guildo Horn hastet hinaus und kommt sofort zurück. Depp sagt: »Lauft!« Die Straßen sind menschenleer, die Luft voller Sand und Staub, Schüsse, Motorengeräusche, vor uns eine Kreuzung, wir überqueren sie, immer hinter Depp und Gollum her. An einer Hausecke stehen ein Dutzend bewaffnete Kämpfer, Chetab, der alte Talibanführer, ist unter ihnen, sie winken uns weiter. David hält mich am Ellbogen, ich keuche, bete, flehe zu Gott, zu meinem Vater, dass er alle Kugeln von mir fernhalten möge. Mein Herz rast, die Helikopter sind über uns, sie schießen aus Bord-MGs, manchmal startet mit einem zischenden Schweif eine Rakete. Immer noch wirbeln die Rotoren Sandstaub auf, der Luftschwall zerrt an unseren Kleidern, aus den Helikoptertürmen schießt das Mündungsfeuer. »Wir sterben, David, wir sterben hier!«, schreie ich.

Vor uns eine lange Straße, links eine Mauer, in der Mitte der Fahrbahn ein Abzugsgraben, rechts geschlossene Rollläden. Das engmaschige Gitter schaukelt bei jedem Schritt, auch David wankt fast orientierungslos neben mir. Er sieht grotesk aus, mit seinen 1,85 Meter und den Salomon-Sportschlappen, die unter der zu kurzen Burka hervorschauen. An der nächsten Kreuzung stehen wieder Männer, die uns misstrauisch mustern. Wir sind die einzigen Zivilisten, die unterwegs sind. Wir passieren Kreuzung um Kreuzung, kommen durch ein Stadttor und haben endlich die Hubschrauber hinter uns gelassen, auch die Schüsse sind ferner.

Vor uns ein Feld mit Bäumen, rechts eine Moschee mit Vorhof, mein Atem beruhigt sich. Eine Gruppe von Männern steht da, einer kommt uns entgegen, auf dem Arm ein Baby, geht er scheinbar gleichgültig auf die umkämpfte Innenstadt zu. Wir laufen weiter, und David sagt mir, er könne nichts sehen, falle ständig über seine Füße. Ich drehe mich um und merke, dass er über der Burka auch noch einen Schleier hat. Ich ziehe das Tuch von seinem Kopf und muss grinsen.

Die Felder sind durch Bewässerungsgräben voneinander getrennt. Wir müssen immer wieder über diese Gräben springen, was mit der langen Burka nicht einfach ist. Aber jeder Schritt bringt uns weg aus der Gefahrenzone. Und mit jedem Schritt, mit jedem Sprung fühle ich mich leichter, die Sonne scheint, vor uns sind Depp und Gollum, wir laufen, und schließlich werden wir angewiesen, unter einem Baum zu rasten. Während Depp weiterläuft, um ein Auto zu organisieren, erlaubt Gollum uns, die Burka ein wenig zu lüften. Wir lehnen uns an den Baumstamm und lassen den Blick schweifen. Trockene Stoppelfelder, grünes Gras, das die Wassergräben säumt, ein weiter Blick bis zu den Bergen am Horizont. Nach vier Monaten diesen Raum zu sehen, die warmen Farben, das Gluckern des Wassers im Graben, der laue Wind auf dem Handrücken, das Rascheln des Laubes ... Mein Herz schlägt ganz ruhig, mein Atem fließt, wir leben. Kein Haar wurde uns gekrümmt, auch Davids Schlüsselbein ist unversehrt. Ich kann David in der Öffentlichkeit nicht berühren, sehne mich aber so nach seinem Körper, dass ich zumindest sein Bein flüchtig streife. »Wir leben!«, sage ich. »Wir sind noch nicht tot!« Was für ein Glück, lebendig zu sein.

Wir sitzen da und warten, und ich wünsche mir nur, dass dieser Moment niemals enden möge. Der Herbst, der mir dieses Jahr genommen wurde, ist plötzlich da, im sanften Nachmittagslicht, Davids Brustkorb hebt und senkt sich, am Ortsrand sieht man noch Getümmel, sogar den alten Talibanführer in seinem hellblauen Gewand, die Helikopter, die abdrehen, aber das alles scheint uns plötzlich nichts mehr anzugehen, ist nur eine Kulisse für ein Naturschauspiel, das ein allumfassendes Gefühl von Harmonie und Sinn verbreitet.

In einem ähnlichen Helikopter, hoffen wir, werden wir eines Tages aus diesem Irrsinn davonschweben.

KAPITEL V

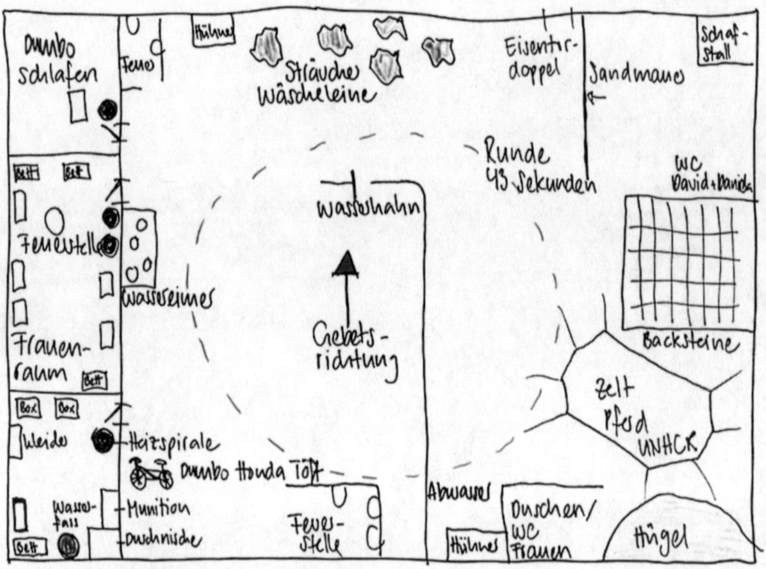

ZEICHNUNG AUS DEM TAGEBUCH: AUSSERHALB VON MIRANSHAH, DRITTER INNENHOF

IN DUMBOS HOF
6. NOVEMBER 2011 BIS 15. MÄRZ 2012

David hat seit seiner Kindheit von Marco Polos Reisen geträumt. Dessen Route entlang der Seidenstraße, von Venedig bis nach China, stand Pate für die Planung unserer Tour auf dem Landweg. Der siebzehnjährige Marco sollte seinen Vater und seinen Onkel, zwei erfolgreiche Gewürz- und Juwelenhändler, 1271 Richtung Mongolei und China begleiten, doch was als gewinnträchtiges Praktikum für den Kaufmannslehrling gedacht war, wurde zu einem Abenteuer, das kein Ende nehmen wollte. Marco Polo machte Karriere am Hof des Kublai Khan, wurde zur rechten Hand des Herrschers, der ihn zum Präfekten ernannte und durch sämtliche Provinzen seines Reiches schickte.

Da der Kublai Khan Marco Polo nicht ziehen lassen wollte, dauerte es zweiundzwanzig Jahre, ehe dieser in seine Heimat zurückkehrte.

Sein Wissen wäre wohl nie zu Papier gebracht worden, hätte man ihn nach einer Seeschlacht nicht ins Gefängnis gesteckt, in eine Zelle mit dem Autor Rustichello da Pisa, der Marco Polos Reiseberichte aufschrieb.

Ich habe zwar keinen Autor von Ritterromanen neben mir, dem ich meine Erlebnisse in die Feder diktieren könnte, ich muss selber schreiben, und ich gehe bei allem Pessimismus nicht davon aus, dass wir in vierundzwanzig Jahren noch hier in Nord-Waziristan sitzen werden, aber es gibt mehr Parallelen zu Marcos Polos Reise, als uns lieb ist.

Ich liege auf einem der beiden Holzgestelle, in denen wir eine neue Schlafstatt gefunden haben. Das etwas bequemere, auf dem ich liege, ist mit Plastikriemen bespannt, das andere mit Hanfschnüren, darauf schläft David. Wer zuvor darin geschlafen hat, ist nicht schwer zu erraten, denn eine solche Mulde konnte sich nur durch Dumbos Gewicht bilden. Es ist Nachmittag, ausnahmsweise herrscht Ruhe in unserem Zimmer, und ich kann die chaotischen Ereignisse der letzten beiden Tage nachtragen.

Mit dem Auto, das Depp organisiert hatte, wurden wir zu Dumbos Privathaus gebracht. Fünf Stunden brauchten wir für eine Strecke, die normalerweise in knapp einer halben Stunde zu schaffen ist. Unterwegs fragten wir, was aus Bissu wird, ob wir ihn nicht nachholen können, aber die Bewacher antworteten nur, der größere Verlust sei das geschlachtete Schaf. Da Nase nicht an Bord war, fehlte die Koordination, und vor allem Guildo Horn piesackte uns – aus Unsicherheit oder latentem Sadismus – mit hirnverbrannten Vorschriften. David musste sich im Auto ein Tuch um den Kopf schlagen, ich die Burka tragen – trotz der Hitze und der getönten Scheiben. Wenn ich die Hand hervorstreckte, um mir ein wenig frische Luft zu verschaffen, fauchte Guildo mich an, die Leute auf der Straße könnten an meinen Fingern erkennen, dass ich Ausländerin sei. Ich war so aufgebracht, fühlte mich so gedemütigt durch die Schikanen, dass ich es wagte, ihm zu widersprechen. Doch auch das ließ er natürlich nicht zu, nicht einmal mit David durfte ich mich unterhalten, weil die Passanten unsere fremde Sprache – im geschlossenen Wagen, in voller Fahrt – bemerken würden.

Als wir ein dringendes Bedürfnis verspürten, mussten wir lange betteln, bis Guildo Horn endlich hielt und David, umringt von den bewaffneten Bewachern, neben das Auto pinkeln durfte. Ich dagegen musste mir den Drang verkneifen. Bei jedem Schlagloch stach es in meinem Unterleib ... Dabei gab es um uns herum nur Berge, menschenleere Wildnis. Zweimal hielten sie sogar an, um zu beten, aber ich durfte mich nicht erleichtern! Wäre wenigstens Locke da, dachte ich, der ein bisschen gesunden Menschenverstand hat.

Dann brach endlich die Dämmerung herein. Da in der Nachbarschaft niemand von Dumbos Verbindungen zu den Taliban weiß und Männer nach dem islamischen Gesetz nur den Innenhof betreten dürfen, wenn sie zur Verwandtschaft gehören, konnten die Jailer uns nicht begleiten. Sie wurden auf einem Hügel abgesetzt. Chetab, der alte Commander, fuhr uns an der Sandburg vorbei und hielt an einem rot-weißen Eisentor. Das Tor zu unserem neuen Gefängnis, das Tor, das mit seinem komplizierten Schließmechanismus für uns noch eine dramatische Rolle spielen soll.

Dumbo hämmerte nervös ans Tor, es wurde ein Stück weit geöffnet, wir wurden angezischt: »Sör, sör, saufka, saufka« – »schnell, schnell, leise, leise«. Vier Schritte waren es vom Auto bis in den Hof.

Und plötzlich stehen wir, nach zwei Monaten Gefangenschaft in der engen ehemaligen Bäckerei, in einem weitläufigen Innenhof, der im Sternenlicht sandbraun schimmert. Schemenhaft sind Sträucher zu erkennen, drei Hauseingänge, davor elf Gestalten. Ich frage Dumbo, ob ich sie begrüßen darf. Er nickt. Ich laufe auf die Kinder und die Frauen zu, die alle viel kleiner sind als ich, in farbige Tücher und Gewänder gehüllt, das Haar verborgen. Als ich meine Burka abstreife, stehen meine Haare dagegen in alle Richtungen.

Ein etwa dreizehnjähriges Mädchen reicht mir die Hand, Datscha. Hellblau, groß und leuchtend sind ihre Augen, sie ist schön und ganz anders, als ich mir die weiblichen Wesen hier vorgestellt hatte, ganz anders als die Mädchen im Bergdorf.

Auch ihre siebenjährige Schwester Sadia hat blaue Augen. Mino, Dumbos fünfzehnjährigen Neffen, kennen wir bereits aus der Sandburg. Dann sind da noch der neunjährige Nasrulla und ein vier Monate altes Baby. Der Älteste der fünf Geschwister ist Golab, 17, der bereits seine Männlichkeit beweisen muss, indem er besonders aggressiv tut. Seine Mutter Mure ist 34 und hat eine auffallende Zahnbrücke. Ihr Mann Mohammed arbeitet in Dubai auf einer Baustelle. Dumbo hat drei Brüder, Ali, Mohammed und Bobraka. Dumbo selbst ist noch kinderlos, Bobraka Junggeselle. Alis Familie wohnt ebenfalls hier. Seine Frau heißt Rabia, dazu kommen die zwei Söhne Jonas, vierjährig, und Dado, ein Jahr alt.

Die eigentliche Herrscherin über diesen Hof ist Dumbos Mutter Ade alias Amour, eine schmächtige Frau mit einem faltigen Gesicht, türkisfarbenen Augen und zwei dünnen, geflochtenen Hennazöpfen. Im Gegensatz zu allen anderen (und den Vorschriften des Islam) verrichtet sie sechs Gebete am Tag, die üblichen fünf plus das Zusatzgebet um halb drei in der Nacht, was ebenfalls für unsere Geschichte noch von Bedeutung sein wird. Dumbos Frau Chobana fehlt. Sie sei zu den Eid-Festtagen bei ihren Eltern auf Besuch, in Pakistan eine ungewöhnliche Freizügigkeit.

Diese neugierigen Gesichter, die Begrüßungen, die Frauen und Kinder berühren mich sehr nach all den Monaten im engen Innenhof, nach dem Bombardement, den Stunden im Auto, in Gesellschaft bewaffneter, hysterischer Kämpfer. Ade legt mir Sadias Tuch über den Kopf, ich müsse mein Haar verdecken.

Dann werden wir unter dem Surren der Drohnen in ein Zimmer geführt. Unser Zimmer. Es gibt gerade wieder keinen Strom, und im Lichtkegel der Taschenlampen erkennen wir eine kleine Kammer. Zwei Pritschen, ein großes blaues Wasserfass, an den Wänden schwarze Plastiktüten, die an rostigen Nägeln hängen. Aus der Ferne hören wir den Gefechtslärm.

Im Hof tummeln sich neben Dumbos Verwandtschaft zwei Schafe, zehn Hühner, ein Pferd, und Meino, ein Singvogel, dem man die Flügel gestutzt hat.

Dumbo hat uns ein paar simple Grundregeln erklärt: David darf das Frauenzimmer nicht betreten, ich muss ein Kopftuch tragen, am Abend können wir im Hof unsere Runden laufen. Der Hof ist relativ groß (wie alles bei Dumbo, sein Bauch, sein Hintern, seine Essensvorräte, sein Geldbeutel, aber uns soll es recht sein), eine Runde dauert immerhin dreiundvierzig Sekunden.

Tagsüber fällt durch zwei kleine Fenster über der Tür Licht in unser Zimmer, in der Nacht brennt (falls gerade der Strom da ist) eine schwache Glühbirne. Unsere Betten stehen an der Stirnseite, an der Seitenwand ein großer Kühlschrank, neben der Tür eine Heizspirale, ein etwa ein Meter langer, gewundener Stahldraht, der in Ton gelegt ist und diesen wärmt. In der Ecke bilden von einer Schnur hängende Tücher eine Duschzelle, es ist nicht mehr als ein Abfluss im Boden, das Wasser kippt man sich mit einem Kübel über den Kopf.

Neben unserem Zimmer liegt das Frauenzimmer, in dem auch die Kinder schlafen, daran schließt sich Dumbos Raum an. Daneben liegt das Zimmer von Rabias Familie: zwei Pritschen für vier Personen, eine Heizspirale, ein Moskitonetz. Der Boden besteht, ebenso wie der Innenhof, aus gestampfter Erde. Eine »Toilette« gibt es nur für uns. Es ist ein etwa sechzehn Quadratmeter großer Winkel im Hof, der von einer Mauer abgeschirmt wird. Dort dürfen wir unser Geschäft auf den Boden machen, natürlich ohne warmes Wasser, Seife oder Toilettenpapier. Als man uns einweist, findet sich dort kein freier Fleck, und wir müssen Steine in den Morast aus stinkenden, von Fliegen und Hühnern bevölkerten Fäkalien werfen, um kleine Inseln zu schaffen, auf denen wir mit unseren offenen Schuhen balancieren können. Nach einigen Tagen wird einer der größeren Jungen mit Eimer und Schaufel Abhilfe schaffen. Da diese Fläche zur Gästetoilette für uns umfunktioniert wurde, haben die anderen Erwachsenen draußen neben dem sandigen Weg eine Art Steinbruch oder einen versteckten Winkel hinter einem UNHCR-Zelt aufzusuchen. Die Kinder erleichtern sich, wo sie gerade gehen und stehen.

Niemand trägt Unterwäsche, auch die Erwachsenen nicht, und einen BH haben sie noch nie gesehen. Wenn das zwei Monate alte Baby schreit, schiebt Amour, die Großmutter, ihm ihre schlaffe Brust wie einen Schnuller in den Mund.

Alle gehen früh schlafen, gegen 21 Uhr, dann werden wir ins Zimmer eingeschlossen. Allerdings sind wir in einer Vorrats- und Materialkammer untergebracht, weshalb hier den ganzen Tag (und manchmal auch in der Nacht) ein Kommen und Gehen herrscht. Dumbo treibt es häufig an den mit einem Schloss gesicherten Kühlschrank, auch sein Neffe Mino schneit häufig unter irgendeinem Vorwand herein. Oft macht er sich nicht einmal die Mühe, einen Vorwand zu erfinden. Auch die anderen Kinder und Babys krabbeln gerne auf uns herum, Mure drückt mir ihr Baby sogar in die Hand, wenn ich im Innenhof meine Runden laufe. Da das Baby keine Windeln trägt und fast nie gewaschen wird, ist mir die Aufgabe nicht sehr willkommen. Wenn ich frisch geduscht bin und nach Tagen endlich wieder einmal die Kleider gewechselt habe, pinkelt mich das Baby an, und dann muss ich in diesen Kleidern bleiben, Tag und Nacht.

Am ersten Abend holt ein Junge mich ins Frauenzimmer, wo Amour im Schneidersitz auf dem Bett hockt. Im fahlen Schein einer Taschenlampe pult sie gerade die letzten Fleischreste aus dem Schafskopf, aus dem Antlitz von Bissus ehemaliger Flamme. Sie reicht mir lächelnd ein Stück Zunge. Ich lehne dankend ab. Dann bittet sie die Kinder, den Kopf mit dem Beil zu zerschlagen. Ein kleiner Junge hält den Schädel, Mures Tochter holt mit der rostigen Axt aus, und beim fünften Schlag bricht der Unterkiefer ab. Zuerst hüpft der Schädel durchs Zimmer, und alle lachen. »Gschena«, »setz dich«, sagt Amour zu mir. Ich hocke starr neben ihr auf dem Bettgestell. Nach und nach wird der Kopf zertrümmert, bis Amour das Hirn herausschaufelt und in die schmutzigen Kinderhände legt. Sadia und Jonas beginnen, ihre Finger abzulecken, und nicken mir zu: »Dear sindbad«, »sehr fein!« Lachend und schmatzend nagen sie auch noch die Schädelknochen ab. Ade schlürft den Rest des Hirns direkt aus dem Schädel, ich halte mir die Augen zu und kann das Lachen nicht unterdrücken. Als Höhepunkt des Festmahls nimmt die Großmutter ein Auge, presst den Glaskörper heraus und lässt die gelartige durchsichtige Substanz mit einem befriedigten Grunzen im Mund verschwinden. Das sei das Beste. Als ich völlig konsterniert zu David laufe und ihm die Szene erzähle, sagt er, Schafsaugen würden auch in Island, Griechenland, der Türkei usw. als Delikatesse gelten.

Die Verständigung mit den Familien fällt uns anfangs schwer, denn das Paschtu, das wir von unseren Bewachern übernommen haben, ist rudimentär, ohne echte Satzbildung und Zeitformen. Die Jailer haben sich daran gewöhnt, und auch die Kinder begreifen oft intuitiv, was wir meinen. Andere Erwachsene haben mehr Mühe.

Unser Familienleben hat Vor- und Nachteile. Die menschliche Anteilnahme tut gut. Wenn ich von der Entführung erzähle und mit den Tränen kämpfe, dann zeigen die Frauen ihr Mitgefühl, auch wenn sie nicht wirklich begreifen können, was diese Gefangenschaft für uns bedeutet, sind sie doch selbst in diesem Hof gefangen. Trotzdem wird Amour eines Tages ihren Sohn zurechtweisen, eine so lange Gefangenschaft sei nicht gerechtfertigt. Das sei alles Walis Schuld, wird der Sohn kleinlaut erwidern. Andererseits sind mir die Frauen in ihrem Denken fast unheimlich. Als sie mir von Selbstmordattentäterinnen vorschwärmen und ich meine Ablehnung zeige, sind sie empört.

Auch die Tatsache, dass niemand außerhalb des Hofes von unserer Anwesenheit erfahren darf, sorgt für Probleme. Wenn Besuch kommt, werden wir weggesperrt, manchmal mehrere Tage lang. Wir dürfen keinen Laut von uns geben, können nicht auf Toilette gehen. Da wir auch bei Dumbo fast ständig Durchfall haben, müssen wir manchmal unser Geschäft in eine Tüte verrichten, und dies in Anwesenheit des anderen. David versucht mich zu trösten, doch ich fühle mich erniedrigt und ohnmächtig.

Dumbo schläft, wenn ihn nicht gerade der Hunger an den Kühlschrank treibt, vor unserer Tür, an die er sich mit einem Kabel gebunden hat, damit wir nicht davonschleichen können.

Wir sind von Basar und Innenstadt so weit entfernt, dass wir den Alltagslärm und die Schusswechsel nur als Nachhall wahrnehmen, andererseits sind wir auch von der täglichen Kommunikation abgeschnitten. Wir geben Dumbo Briefe mit Zeichnungen für Nazarjan mit, wenn er auf den Basar fährt, Zeichnungen, die unsere Sorgen und Ängste darstellen, und in denen wir bitten, er möge uns aufsuchen und über die weiteren Pläne informieren.

Immer lauschen wir auf das Geräusch von Dumbos Moped, das sich unter seinem Gewicht über Schleichwege heranquält. Dann beginnt er wie entfesselt zu hupen, die großen Kinder rennen zum Tor und versuchen, die schweren Flügel zu öffnen, die knarren und quietschen. Dumbo rollt in den Innenhof, dreht eine Runde, nimmt manchmal eines der Kinder, manchmal mich mit auf den Sattel und lässt sich bejubeln.

Dann parkt er sein Moped vor unserem Zimmer und befiehlt einem der Kinder, seine Schlappen zu holen. Ich frage, ob Nase kommen wird, er läuft davon, sagt, er müsse beten, er sei spät dran. Ich rufe noch einmal: »Kommt Nazarjan?«

»Inschallah, morgen.«

Es vergehen sechsundneunzig Stunden, in denen wir uns wieder und wieder die Frage stellen, ob sie uns vergessen haben, ob die Verhandlungen gescheitert und wir zum Sterben verurteilt sind. Sechsundneunzig Stunden, in denen wir minütlich auf die Uhr sehen, hinaushorchen in die Landschaft, auf Dumbos Mopedmotor warten.

Am fünften Tag gebe ich die Hoffnung auf. Ich schleppe mich ins Zimmer, wo David sitzt und apathisch auf den Boden starrt. »Sie lassen uns hier verrecken, David«, sage ich.

»Ja, ich weiß«, antwortet er.

Doch am selben Abend kommt Nase plötzlich. Er erkundigt sich, nach dem üblichen Begrüßungs-, Gebets- und Essenszeremoniell, wie wir mit unserer Unterbringung zufrieden seien, wie wir das Bombardement erlebt hätten. Uns interessiert nur eine Frage – wie immer. Er meint, in einer Woche müsste die Antwort aus Islamabad eintreffen. Er werde nach etwa fünf Tagen wiederkommen.

»Bald ist Weihnachten«, sage ich, »bis dahin wollen wir unbedingt zu Hause sein. Ich finde, wir haben Geduld bewiesen, wir sind schon viereinhalb Monate hier, wir können nicht mehr. Lass uns gehen.«

»Nein, das geht nicht, aber sör, sör, sör (schnell), inschallah.« Nase hat unsere Lieblingsfrüchte, Granatäpfel, mitgebracht und gibt uns wenigstens das Gefühl, im Mittelpunkt seiner Aufmerksamkeit zu stehen. Doch dieses Gefühl ist trügerisch. Gemessen an der Durchschnittsbildung der FATA-Bewohner ist Nase ein kluger, einfühlsamer Mensch, doch sobald er unser Zimmer verlassen hat, trägt er sich mit anderen Gedanken. Mit Kampfstrategien, der Befreiung von Glaubensbrüdern, dem nahenden Winter und der Kälte in den Notunterkünften. Als die Sprache darauf kommt, dass wir in all den Monaten nur ein einziges Mal nach Hause telefonieren konnten, ist er sichtlich verstört. Wir auch, denn wir denken, dass ihm eine so fundamentale Tatsache hätte bewusst sein müssen.

Zwar ist das Leben in unserer neuen Umgebung abwechslungsreicher, aber das Warten ist quälender denn je. Fünf Tage sollte es dauern, bis Nase mit einer Antwort aus Islamabad wiederkommen wollte. Die fünf Tage vergehen, nichts geschieht. Wir versuchen uns abzulenken, indem wir laufen, bis sich unser Kopf dreht, indem ich die Frauen und Kinder ausfrage, wer der Besitzer des Dorftelefons sei, wer die Wasserpumpe bediene (wir haben keine Zisterne, sondern einen Wasserhahn im Hof, der von einer externen Pumpe abhängig ist), wer den Dorfladen führe, wer im Nachbarhaus lebe, wie lange sie schon hier leben, woher sie stammen … Ich flechte mit den Frauen Körbe, David lernt, aus Lehm und Reisig Mauern zu bauen. Als die Frauen beobachten, dass er die Eimer mit Wasser und Erde selbst trägt, können sie nicht begreifen, wie ein Mann sich so weit herablassen kann. Körperliche Arbeit überlassen Paschtunenmänner ihren Frauen. Doch dann schicken sie Mino, den lispelnden Haus-und-Hof-Diener, der einen Spalt in der Zunge hat und deshalb nicht die Koranschule besuchen darf, um David zu helfen. Nase kommt nicht wieder. Dumbo weiß nichts Wichtiges, und das Wenige, das er weiß, bläst ihm der Fahrtwind zwischen Basar und Hof aus dem Kopf. Allerdings bringt er uns jetzt, auf Anordnung Nazarjans, fast täglich eine Zeitung mit. Dumbo sieht nicht recht ein, warum er täglich zehn Cent für den *Dawn* ausgeben soll, wenn man dafür ebenso gut eine frittierte Kartoffeltasche kaufen könnte. Die Nachrichten von Roger Federers Turniererfolgen und Barack Obamas Auslandsreisen geben uns das Gefühl, nicht vollkommen von der Welt abgeschnitten zu sein.

Die Kinder beginnen, nachdem die Phase der bewundernden Neugier vorbei ist, uns zu schikanieren. Mino versucht mich herumzukommandieren und will uns täglich früher in unser Zimmer sperren. Sogar der vierjährige Jonas fungiert manchmal als Schließer. Wenn sie uns rufen oder wegschließen wollen, weil es zum Beispiel am Tor geklopft hat, dann zischen sie uns immer an: »Schhhht, schhht, schhht.« Wir ignorieren dieses Zischen und sagen, wir seien keine Hunde.

Mino legt sich provokativ auf Dumbos Pritsche vor unserer Tür, spielt mit dem Funkgerät des Onkels herum und sagt bei jeder Runde: »Wollt ihr nicht schlafen gehen?« Jede Runde verneinen wir, freundlich lächelnd, aber jedes Mal kostet das Lächeln mehr Energie. »Dala band« heißt: »Tür zu.« Manchmal hören wir das ab 19 Uhr, Runde für Runde. Als es mir einmal zu viel wird, gehe ich zu Mure und weise darauf hin, dass wir bis 20.30 Uhr »Hofgang« hätten, sie rügt Mino, und wir haben für ein paar Minuten Ruhe.

Als wieder alle Fristen verstrichen sind und wir uns vor Verzweiflung nicht mehr zu helfen wissen, fragen wir Dumbo in Zeichensprache und auf Englisch, ob die Antwort aus Islamabad eingegangen ist und wie lange wir noch zu bleiben haben. Da er darauf wieder keine Antwort hat, geben wir ihm einen Brief für Hans mit.

Eines Abends platziert Dumbo seinen Neffen vor dem Tor, ein Zeichen, dass wichtiger Besuch bevorsteht. Endlich, denke ich.

Ich frage nach, ob Nase komme. »Inschallah morgen«, meint Dumbo. Wütend, resigniert und hilflos fange ich an, mit David meine Runden zu laufen. Um mich aufzumuntern, erzählt er mir die Szene aus »Einer flog über das Kuckucksnest«, in der die Insassen der Psychiatrie, angeführt von Jack Nicholson, mit einem Boot zum Hochseefischen ausbrechen.

Dann klopft jemand ans große Tor. »Zuck-je?« – »Wer ist da?« Wir kennen inzwischen diesen Erkennungsruf. Mino dirigiert uns in unser Zimmer, als ob jemand Fremdes käme, aber wir wollen die Hoffnung nicht aufgeben, dass es Nase ist. Tatsächlich schwebt dieser, ganz in Weiß, wie immer mit einem Tuch, das ihn vom Scheitel bis zur Sohle einhüllt, durch den Innenhof, direkt auf uns zu. Wie ein Gespenst sieht er im Dämmerlicht aus. Er hat zwei Plastiksäcke auf dem Rücken, umarmt David, gibt mir die Hand, legt sich auf mein Bett und bestellt Essen. Einer der älteren Jungen beginnt sofort, seine Beine zu massieren. Selbst der Strom scheint ihm untertan zu sein, denn so selten er auch fließen mag, jetzt ist er da. Vier Kinder kauern andächtig auf dem Boden, David und ich sitzen auf Davids Bett. Nase reicht David eine weiße Tüte, und als dieser den harten Inhalt ertastet, lacht er begeistert. Es ist die Klangschale aus dem Himalaya, die wir in Junkies Haus hatten zurücklassen müssen. Wir danken Nase mehrmals, dass er extra zu ihm gefahren ist, um ihm die Klangschale abzunehmen. Junkie hatte behauptet, sie sei kostbar, mehrere Hundert Dollar wert, und deshalb wolle er sie für sich behalten. Wir hatten immer versichert, sie habe nur einen Bruchteil gekostet, habe aber eine religiöse Funktion und sei für uns sehr wichtig. Daraufhin äußerte Junkie den Verdacht, in der Klangschale sei ein Chip versteckt, oder wir könnten mit ihrem Ton eine Drohne oder die Armee anfunken. Nazarjan weiß vielleicht nicht, was er uns da zurückgegeben hat, für uns ist es ein Teil unserer Würde. David, der die Schale von nun an immer mit ins Bett nehmen wird, beginnt, mit dem Holzklöppel über den Rand zu streichen, die schwere, mit ziselierten Mustern versehene Messingschale zum Schwingen zu bringen. Ein tiefer Ton erfüllt den Raum, Obertöne mischen sich darunter, zuerst eine Oktave, dann ein Quinte, ein Akkord baut sich auf, schwebt bis unter die Zimmerdecke und durch den Hof, und für einen Moment ist wieder alles so wie in unserem Bus, wie an den Abenden, wenn wir müde und zufrieden das Licht ausschalteten und David mit seinen Klängen das Heulen des Windes, fremde Stimmen auf der Straße, Hundebellen und alle erdenklichen Geister bannte.

Nase hat zudem unsere Kleider und Makkaroni mitgebracht, außerdem frisches Obst. Dumbo tischt Fladenbrote und Fleisch auf, und Nase ist erstaunt, welche Fleischrationen Dumbo stets vorrätig hat. Er zeigt uns einen Stapel Briefe, die er in der Hemdtasche trägt. Bittgesuche von Mudschahedin, die im Gefängnis sitzen. Dann sagt er, unser Brief habe ihn sehr zum Lachen gebracht. In »unserem« alten Innenhof säßen jetzt drei Spione, die sie gefangen hätten. Die Spione hätten Autos mit GPS-Sendern präpariert, um Ziele für Drohnenangriffe zu markieren. Gewöhnlich werden solche Spione vor laufender Kamera erschossen. Dann trennt man ihnen den Kopf ab und stopft ihnen eine Dollarnote in den Mund. Neben die Leiche wird ein Zettel gelegt, auf dem in Englisch steht, wer mit der Regierung kooperiere, den ereile dasselbe Schicksal. Die Banknote ist eine Anspielung auf die hohen Prämien, die ISI und CIA Spionen und Denunzianten zahlen, auf Wali-ur Rehman sind zum Beispiel fünf Millionen Dollar ausgesetzt.

»Was hat Islamabad gesagt?«, wollen wir wissen. »Nichts. Bisher ist keine Antwort eingegangen«, meint Nase. »Aber Hans hat euren Eltern mit Hilfe eines Deutschen eine E-Mail geschrieben. Darin ist ihnen mitgeteilt worden, dass wir einhundert Mudschahedin verlangen. Und dass wir euch töten, wenn die Forderung nicht erfüllt wird.«

Wie immer sage ich mir vor, die Drohungen sind Teil der Taktik. Sie werden uns nicht töten, während ich meine Mutter vor mir sehe, wie sie den Mailaccount öffnet, einen fremden Absender entdeckt, vielleicht im ersten Moment, aus Angst vor einem Virus, die Mail löschen will, ehe ein Funken Hoffnung in ihrem Kopf aufscheint: Daniela. Und dann diese Zeilen. Hundert Mudschahedin – oder ich bin tot. Wie soll ich für die Freilassung von hundert Mudschahedin sorgen?, wird sich meine Mutter fragen.

Nase geht, nachdem ich wie immer gefragt habe, wann er wiederkommen wird, in einer, zwei oder drei Wochen? »In einer, inschallah«, ist seine Antwort, dann schwebt er durch den Innenhof, steht vor dem Eisentor, bis sein Toyota vorgefahren ist. Als man den Motor hört, dreht er sich noch einmal um, nickt und verschwindet in der Dunkelheit. Für hundert Stunden, oder zweihundert, tausend …

Da David im Hof ist, wagen die Frauen sich in unser Zimmer herein, um zu hören, was ich erfahren habe. Sie sehen die Tränen in meinen Augen und verstehen. Ihr Blick ist ernst, vielleicht ist eine Prise Mitgefühl dabei, aber vor allem verstehen sie, dass der prekäre Zustand weitergeht, auch für sie. Geiseln in ihrem Heim, eine mysteriöse Operation der Taliban, der ranghohe Commander Nazarjan, von dem sie nur Legenden kannten und der nun jederzeit in ihrem Hof auftauchen, ihr Zuhause in ein Kriegsziel verwandeln kann. Das Pferd, das er bei ihnen untergestellt hat, das frisst und defäkiert …

Ich teile mit ihnen das Obst, und dann gehe ich mit David laufen, um mich abzureagieren, um alles zu überdenken und am Ende etwas Positives zu finden.

Aber das ist nicht leicht. Die Todesdrohung wurde wieder

nur ausgesprochen, um den Druck zu erhöhen, sie dient zur Beschleunigung unserer Freilassung, sagen wir uns. Aber wann verlieren die Taliban die Geduld? Werden sie uns nicht doch erschießen, damit bei der nächsten Entführung ihren Forderungen schneller nachgegeben wird?

Die Tage schleichen dahin. Wieder leiden wir unter heftigem Durchfall. Es wird kalt, wir müssen Nazarjan um Schuhe und Socken bitten, wir liegen entkräftet auf den Betten, träumen von der Freiheit, Gedanken an Flucht nehmen Gestalt an. David springt plötzlich auf, läuft wie ein Tier im Zimmer auf und ab und fängt an, Präsident Zardaris Namen zu schreien.

In der Zeitung lesen wir, dass der Schweizer Botschafter in Islamabad einen »Tag der offenen Tür« veranstaltet hat, mit Raclette, Hot dogs und Schweizer Schokolade. Angeblich ein voller Erfolg. Alles erscheint uns wie eine Verhöhnung unserer Situation.

Eines Morgens – Dumbo ist zum Basar gefahren – sitzt Mino bei uns im Innenhof und behauptet, er habe das Moped seines Onkels gehört. Wir haben das Bett in die Sonne gestellt, versuchen uns mit der Lektüre alter Zeitungen abzulenken und denken: »Dieser ewige Dummschwätzer, Dumbo ist noch nie vormittags um zehn zurückgekommen.« Man hört weder den Motor noch die typische Hupe. Aber es klopft. Und tatsächlich kommt Dumbo durch das Eisentor und formt mit den Händen eine Kamera. Wir sind sofort hellwach, das Adrenalin schießt in die Muskeln. Mino bekommt den Befehl, die Zimmertüren und Fensterläden zu verriegeln. Da tritt eine vermummte Gestalt in den Hof. Als sie näher kommt, erkennen wir den Taliban, den wir »Nases zweiten Assistenten« nennen: Hamza. Ein relativ sportlich gebauter junger Mann mit gepflegtem Bart und einem leichten Sprachfehler. Er kann das »R« nicht richtig rollen.

Er stellt sich vor unser Bett, begrüßt David, reicht mir die Hand. Er setzt sich neben David und fragt, wie es uns gehe. Wir starren weiter aufs Tor und hoffen auf Nase. »Es ist etwas passiert«, sage ich zu David. »Nicht einmal zur Sandburg ist Nase tagsüber gekommen.« Ich spüre, wie mein Herz rast, das Blut in Kopf und Glieder pumpt. Der Assistent kramt in seiner Brusttasche und holt zwei Zettel hervor. Das eine ist eine 1000-Rupee-Note, das andere ein Notizzettel mit Hans' Handschrift.

Der Assistent gibt David den Zettel. Einzelne Wörter springen mich an: »Lebensbeweis«, »letzter Schritt«, »das Ziel ist nahe«.

Ich sehe alles nur noch verschwommen, meine Augen sind voller Tränen. Es ist so weit. Ich springe auf, »David, es ist so weit«, rufe ich. »Die Antwort ist da, wir gehen nach Hause.«

Die Frauen, die sich in ihr Zimmer zurückgezogen haben, spähen durch den Spalt ihres Fensterladens. Ich renne hinüber zu ihnen, reiße die Tür auf und rufe: »Wir können gehen!« Die Frauen umarmen mich, beginnen ebenfalls zu weinen, wir hüpfen gemeinsam. Dumbo sitzt auf dem Bett, kaut Fleisch und betrachtet uns amüsiert.

Der Brief ist auf Englisch verfasst. Er lautet:

1. *Ich komme aus der Schweiz.*
2. *Mein Name ist:*
3. *Mein Vater heißt:*
4. *Ich wurde in Quetta entführt.*
5. *1000-Rupee-Note Nr. BP 979 ...*

Mr David, dies ist der Lebensbeweis. Ihr müsst ein Video drehen und die oben erwähnten Punkte aufs Band sprechen. Dies ist der letzte Schritt. Das Ziel ist nahe.

Ali (Hans)

Dumbo spannt das Tuch des Jungen hinter dem Bett an die Wand. David wird aufgefordert, seine Haare zu bürsten, Dumbo nimmt mir den Turban ab und bindet mir stattdessen sein eigenes Tuch auf den Kopf. Der Assistent holt ein neues Nokia-Handy aus der Hemdtasche und beginnt zu filmen. Zuerst spricht David, dann spreche ich auf Englisch, die Banknote halten wir in Händen, lesen die Nummer ab.

Der Assistent kontrolliert mit uns die Qualität des Videos, ist zufrieden, packt alles wieder ein und meint, in etwa fünf Tagen könnten wir gehen. Wie viele Gefangene für uns eingetauscht würden, wisse er nicht.

Wir sind in heller Aufregung. Wir bekommen zu essen, debattieren, laufen Runden. Präsident Zardari hat offensichtlich die Banknote und womöglich sogar das Handy geschickt, und sobald der Schein mit dem Video zurückkommt, weiß er, dass er mit den richtigen Leuten verhandelt hat. Wir kalkulieren die Zeiträume: zwei, drei Tage für den Boten, der nach Islamabad fahren muss, ein, zwei Tage für die Bereitstellung des Geldes, die Übergabe an geheimem Ort. Insgesamt fünf Tage, vielleicht eine Woche. Heute ist der 26. November, Anfang Dezember könnten wir zu Hause sein. Kurz vor Nikolaus, Advent. In der Schweiz liegt dann schon Schnee, wir können Ski fahren …

Dumbo ist mit dem Assistenten verschwunden, und wie immer sehnen wir uns nach seiner Rückkehr, obwohl wir ihn verabscheuen. Vor allem David kann schlecht akzeptieren, dass ein so opportunistischer Mensch ohne Ideale, ohne Rückgrat so viel Macht über uns hat. Als er endlich am Nachmittag wieder auf den Hof tuckert, kann er uns nur die üblichen wirren Antworten geben. Es dauere noch einen Monat, die amerikanische Armee habe die afghanische angegriffen, deshalb sei der Geldtransfer schwierig. Wir einigen uns darauf, dass Dumbo nicht einmal weiß, dass er nichts weiß. Aber wir müssen Gewissheit haben, ob die Antwort aus Islamabad eingetroffen ist. Dies ist die Basis für alle weiteren Überlegungen. Immer wieder rufen wir uns den Wortlaut von Hans' Brief ins Gedächtnis. Leider hat der Assistent ihn mitgenommen, aber wir sind sicher, dass darin stand: Dies ist der letzte Schritt.

Wir wollen auch den letzten Zweifel beseitigen und schreiben Nase einen Brief, versehen mit einer Zeichnung, auf der man das Video, die gefangenen Mudschahedin, den Boten aus Islamabad erkennt. Verdeutlicht wird nur eine Frage: Ist die Antwort aus Islamabad eingetroffen?

Am nächsten Morgen um 8.20 Uhr knattert Dumbo mit seinem Moped und dem Brief Richtung Basar davon. Und dann beginnt das Warten. Wie immer. Diesmal warten wir jedoch nur auf ein Stück Papier. Unsere Gespräche drehen sich im Kreis, die Mitbewohner im Hof machen uns nervös. Immerzu stellen sie Fragen, die beweisen, dass sie keinen Zeitbegriff haben, keinen Begriff von unserer Lage, von unserer Todesangst.

Die Tage verstreichen, von Nase kommt keine Antwort. Wir versuchen es mit einem weiteren Brief, der noch simpler ist. Neben »Answer Islamabad« muss Nase nur ein Kreuz machen. Entweder neben »Yes« oder neben »No«.

Am 29. November bringt Dumbo den Zettel zurück. Es ist ein Kreuz darauf. Das Kreuz ist neben »No«. Immer wieder halte ich den Zettel gegen das Licht der Taschenlampe, um zu kontrollieren, ob Nase nicht vielleicht doch »Yes« angekreuzt hat. Ich drehe und wende den Zettel, den wir wochenlang herbeigesehnt haben. Aber es bleibt bei »No«.

Der Monat November endet, der sechste Monat unserer Gefangenschaft beginnt. Wir wissen weniger denn je, wie viele Monate es noch werden. Und ob wir je wieder nach Hause dürfen. Manchmal denken wir, dass man uns schlichtweg vergessen hat. Vierundzwanzig Jahre brauchte Marco Polo, um wieder nach Hause zu kommen. In vierundzwanzig Jahren bin ich über fünfzig. Eine alte Frau. Die kinderlos geblieben ist, falls ich nicht in Waziristan Mutter werde.

Marco Polo überzeugte den Kublai Khan, ihn ziehen zu lassen, indem er sich erbot, eine seiner Töchter nach Persien zur Hochzeit zu begleiten. Eine Hochzeit könnte auch unsere Chance sein, wegzukommen. Denn im Nachbarhaus wird eine Vermählung gefeiert. Die Frauen schminken sich, verschwinden unter der Burka und verlassen zum ersten Mal seit einem Monat das Haus. Bis auf Dumbos hochschwangere Frau Chobana und Mino ist niemand mehr in unserer Nähe. Wir sind praktisch unbewacht, aber wir sind verzweifelt, antriebslos, haben Mühe, uns aus dem zerschlissenen Schlafsack zu schälen. Inzwischen ist es bitterkalt, und wenn der Strom ausfällt, erlischt die Heizspirale. Wir frieren Tag und Nacht.

Ich weine und werde von Chobana zurechtgewiesen, das sei unanständig. Wir haben immer größere Mühe, diese mit Koranzitaten begründeten Gefühllosigkeiten zu ertragen.

Bei dem Gedanken, dass in der Schweiz der Advent beginnt, dass am 2. Dezember unsere Freundin Muriel ihren Geburtstag ohne uns feiert, zieht es mir den Magen zusammen. David hat Mühe, in den Schlaf zu finden, seine Gedanken befinden sich in einer Endlosschleife, und wenn wir uns erheben, zittern wir und leiden unter Drehschwindel. Wir haben Bauchkrämpfe, es kostet uns eine ungeheure Überwindung, unser Trainingsprogramm anzugehen.

An diesem 2. Dezember, an dem wir in unserem muffigen Zimmer Muriel ein trauriges Ständchen singen und ihr einen Brief schreiben, sie möge uns bitte nicht vergessen, wir dächten jeden Tag an sie, kommt Dumbo gegen Abend hektisch in den Hof gebraust. Mino schickt uns ins Zimmer zurück, es komme ein Mann zu Besuch, der nichts von Dumbos Taliban-Dasein weiß. Dumbo und sein Neffe setzen sich zu uns aufs Bett, sie haben Hals und Rippen eines Hühnchens in Fladenbrot mitgebracht, und wir essen flüsternd.

Dann geht plötzlich die Tür zu unserem Zimmer auf, und im Dunkeln kommt eine Gestalt herein. Ich gerate beinahe in Panik. Doch die Gestalt grüßt freundlich. Die Stimme ist uns vertraut: Nase. Nach fünf Tagen hatte er wiederkommen wollen, zwei Wochen sind es geworden. Unsere Freude ist trotzdem groß. Nase bringt eine große Tüte mit Äpfeln, Mandarinen und Granatäpfeln mit. Außerdem Pumba und den zweiten Assistenten Hamza. Nase macht es sich bequem und stellt eine Menge Fragen. Wir haben das Gefühl, dass er keine Neuigkeiten hat. Doch dann schickt er die Kinder und seine Begleiter aus dem Zimmer und fängt an, etwas zu erklären, was wir nicht verstehen. Er nimmt Stift und Papier zu Hilfe, und allmählich ergeben sich klare Aussagen. Meine Eltern seien in Dubai und kämen morgen nach Islamabad. Zardari habe einhundert Mudschahedin geboten. Ich sehe Nases elegante Lederslippers und die Socken in passender Farbe. Seine Miene ist sachlich, als sei die Nachricht selbstverständlich. In meinem Kopf hallen die Worte nach, die ich nicht glauben kann. David lässt sich alles noch einmal bestätigen. Wir haben richtig verstanden. Meine Eltern kommen, die hundert Gefangenen sind bewilligt. David springt vom Bett auf und umarmt Nase, ich tue es ihm nach. Heute Morgen hatten wir noch die Hoffnung aufgeben wollen, und jetzt das! Nase erklärt die Details. Man habe sich geeinigt. Fünfundachtzig Mudschahedin würden von der pakistanischen Regierung ausgewählt, die restlichen fünfzehn dürften die Taliban bestimmen. Die Antwort sei heute per Kurier eingegangen, jetzt würden die ersten acht freigelassen, je nach Standort des Gefängnisses werde es etwa zwei, drei Tage dauern, bis sie einträfen. Sobald deren Ankunft bestätigt sei, komme der nächste Schwung. Habe man die Zahl Fünfzig erreicht, würde man uns im Tausch mit den letzten fünfzig Gefangenen und dem Geld freilassen.

»Was heißt das genau? Wann können wir nach Hause?«, frage ich.

»Genau weiß ich es nicht.«

»Aber vor dem 24. Dezember?«

Nase nickt: »Sicher.«

Weihnachten. Zu Hause, wie früher. Die selbst gebackenen Kekse auf dem Tisch, der Adventskranz, ebenfalls selbst gebastelt, die Rottanne, die mein Vater beim Bauern gekauft hat.

Ich denke an die Geschenke, die meine Mutter immer an derselben Stelle im Keller versteckt, ein Versteck, das ich schon als Kind entdeckt habe.

Falls wir erst im allerletzten Moment in die Schweiz kommen, dann kann ich wenigstens mit David noch einen Ast aus dem Wald holen und unsere Wohnung schmücken.

»Warum kommen meine Eltern nach Pakistan?«, frage ich.

»Um die Geldübergabe zu regeln.«

Gemeinsam trinken wir einen Tee, und Nase ist so ausgelassen, dass er sich einen seiner Talibanscherze nicht verkneifen kann. Sobald wir zu Hause seien, sollten wir unseren Freunden eine Reise nach Pakistan empfehlen. So viel Geld und so viele Gefangene für Geiseln, das gäbe es sonst nie. Dann fragt er, ob wir nicht lieber doch hierbleiben und uns den Taliban anschließen wollten. Sie würden uns auch ein Haus zur Verfügung stellen. Allerdings könnte er dann nicht mehr mit mir sprechen, da ich ja eine Frau sei. Als ob ich als Geisel keine Frau wäre. Wir können nur insgeheim den Kopf schütteln.

Nase will beten, und wir gehen Runden laufen. Der Schwindel ist weg, die Beine sind locker. Den Zettel, den Nase uns gegeben hat, tragen wir bei uns. »Answer Islamabad« steht darauf. Das Kreuz ist jetzt neben »Yes«.

Es dauert über eine Woche, bis die Nachricht erste Entsprechungen in der Realität findet, eine Woche, in der wir bangend warten, zweifeln, manchmal verzweifeln, weil uns die Kinder immer weniger Respekt entgegenbringen und die Gewalt, die sie am eigenen Leib erfahren, gegen uns richten. Der Höhepunkt ist, dass Dumbos Neffe, nachdem er die geladene Kalaschnikow in unserem Zimmer geputzt hat, den Lauf in meinen Bauch schiebt und »Bumm! Bumm!« schreit.

Unser aller Nerven liegen blank, es ist, als treibe die bevorstehende Trennung alle Konflikte auf die Spitze. Am 10. Dezember wird berichtet, die ersten fünf Mudschahedin seien auf dem Basar eingetroffen und frenetisch bejubelt worden. Am nächsten Tag rastet Dumbo unvermittelt in unserem Zimmer aus, fährt sich mit der Handkante über den Hals und schreit, wenn die anderen Gefangenen nicht einträfen, würden wir umgebracht. Warum ist er so aufgebracht? Hat er Angst, dass wir bald gehen und er seine wichtigste Einnahmequelle verliert?

Auch die Kinder werden immer unbeherrschter. Golab, der siebzehnjährige Junge, den wir wegen seiner abstehenden Ohren »Prinz Charles« nennen, schlägt so lange auf den Kopf seiner Schwester ein, bis David dazwischengeht. Am Abend des 11., wenige Stunden nach seinem cholerischen Anfall, kommt Dumbo vom Basar zurück, bringt uns Kep, Zeitungen, Obst und Sandwiches und sagt freudig erregt, es seien weitere acht Gefangene eingetroffen.

Dann jedoch gerät die Prozedur wieder ins Stocken. Tagelang geschieht nichts mehr, außer dass unsere Verpflegung immer knapper wird. Von Anfang an haben wir Dumbo im Verdacht gehabt, dass er von den für uns bestimmten Geldern und

Lebensmitteln mehr zurückhält, als ihm zustünde. Wir vermuten, dass er keinen Lohn oder Sold bekommt, aber einen gewissen Überschuss für sich behalten darf. Je weniger er für uns ausgibt, desto größer sein Gewinn. Sicher hat er kapiert, dass wir ein enormes Kapital darstellen, immerhin kommt mit Nazarjan immer wieder ein ranghoher Taliban vorbei, vor dem er eine fast ehrfürchtige Unterwürfigkeit an den Tag legt. Er häuft Güter und Fleisch an (das aufgrund der häufigen Stromausfälle neben unserem Bett im Kühlschrank verwest und einen unerträglichen Gestank verbreitet), und für einen Paschtunen dieser Gegend gönnt er sich einen angenehmen Lebensstil. Seit zwei Monaten sind wir nicht richtig satt geworden. David hat, wie wir schätzen, gut zwanzig Kilo abgenommen (tatsächlich werden es am Ende zweiundzwanzig sein). Als wir uns bei Nase einmal beklagen, gibt dieser uns 5000 Rupien (etwa 45 Euro) und sagt, wenn Dumbo wieder behaupte, er habe kein Geld mehr, sollten wir ihm davon geben, das Rückgeld müsse er uns erstatten.

Einmal tragen wir Mino, hinter Dumbos Rücken, auf, im Dorfladen ein Kilo Reis sowie Tomaten, Zwiebeln und frittierte Apfelringe zu besorgen. Mure kocht, wir stehen gemeinsam um das wärmende Feuer und essen dann zu zwölft mit den Händen aus dem großen Topf. Danach setzt jeder sich auf den sandigen Boden und isst seinen in Teig gebackenen Apfelring. Noch nie haben die Kinder einen ganzen Apfelring für sich allein bekommen, gewöhnlich wird jede noch so kleine Delikatesse geteilt, und selbst für Abwesende wird ein Teil zurückgelegt. Sie verzehren andächtig ihren Nachtisch und schauen uns dabei lächelnd an. Ein Festmahl, von dem Dumbo nichts erfahren darf.

Am 16. Dezember hören wir, dass zwei weitere Mudschahedin freigelassen wurden, aber bei diesem Tempo wird es noch zwei Monate dauern, ehe die Zahl Fünfzig erreicht ist. Dann wären wir im Februar noch hier. Wir aber wollen Weihnachten mit den Eltern feiern!

Zwei Tage später kommt Nase. Wir rechnen ihm vor, wie lange die ganze Prozedur dauern wird, wenn es bei diesem Tempo bleibt. Er kann uns nicht versprechen, dass wir vor Januar in der Schweiz sein werden. Ob wir wenigstens an Weihnachten nach Hause telefonieren könnten? Er zögert, auf Nachfrage schüttelt er den Kopf. Wenigstens lügt er uns nicht an. Als Dumbo anfängt, ein drittes Bett in unser Zimmer zu schieben, sind wir perplex. Erstens brauchen wir kein drittes Bett, und dann haben wir Dumbo noch nie körperlich arbeiten sehen. Damit nicht genug, er schleppt auch noch ein viertes herein, und dann legen wir uns alle schlafen. Dumbo, Nase, David und ich. Nase überprüft, ob seine Waffe unter dem Kopfkissen liegt, dann bittet er David, auf der Klangschale zu spielen. Alle schlafen ein, alle bis auf David, der fast die ganze Nacht daran denkt, dass Nase weit oben auf der Abschussliste der Amerikaner steht. Irgendwer beim CIA könnte die Entscheidung getroffen haben, dass diese sternklare Nacht die richtige für einen Drohnenangriff auf ihn ist. Der Strom ist zurückgekommen, die Heizspirale wirft einen orangefarbenen Schein an die Wände und auf den gepflegten Bart von Nase, der gleichmäßig atmet. Draußen surren die Drohnen am Himmel.

David flüstert: »Daniela, schläfst du?«

»Ja, fast, kannst du nicht schlafen?«

»Nein, die Drohnen sind heute so laut, ich habe das Gefühl, es sind mehrere, sehr tief fliegend, vielleicht wurde Nase markiert.«

»Meinst du?«, antworte ich. »Wir können nichts tun. Die Tür ist von außen abgeschlossen. Es wird schnell gehen, und wir werden nichts merken.«

Jetzt kann ich auch nicht mehr einschlafen bis zum Morgengrauen.

Es kommt der Heilige Abend, wir sind immer noch Dumbos Gefangene. Seine Frau steht kurz vor der Entbindung und kann sich fast nicht mehr um den Haushalt kümmern. Solange sie für das Kochen zuständig war, bekamen wir hin und wieder etwas Schmackhaftes angeboten. Aber nun hat die Schwägerin Mure diese Aufgabe übernommen, sie ist eine schlechte Köchin und weiß so wenig über Hygieneregeln, dass wir nach jedem Happen von ihr unter Durchfall leiden. Dieser 24. Dezember drückt uns so nieder, dass wir nicht einmal darüber reden wollen, welcher Tag heute ist. Ich bringe auch fast nicht die Kraft zum Schreiben auf, aber als ich das Fladenbrot sehe, das wir seit Monaten täglich essen, wird mir alles zu viel. Seit sechs Monaten Tag für Tag dieser fade, gummiartige Teig. Nase hat uns für Weihnachten ein Huhn versprochen. Er werde es selbst bringen oder durch Dumbo schicken lassen, außerdem eine Flasche Mountain Dew. Am Morgen habe ich Dumbo noch einmal daran erinnert. Wir sitzen auf unserer Pritsche und warten auf das Geräusch von Dumbos Moped. Als er in den Hof rollt, hängt keine Tüte an seinem Lenker. Dann kommt wohl Nase selbst und bringt es mit, denke ich. Nein, sagt Dumbo, Nase komme inschallah morgen, es habe auf dem Markt kein Huhn mehr gegeben. Ich sitze eine Weile resigniert im Zimmer, denke an meine Eltern, an unsere Freunde, daran, dass alle Büros und Behörden geschlossen sind, dass über die Feiertage die Verhandlungen zum Erliegen kommen.

Dann raffe ich mich auf und gehe zu Dumbos Schwägerin und bitte sie, uns etwas zu essen zu geben. Sie schüttelt den Kopf. Ich kann inzwischen gut genug Paschtu, um Reis, Zucker und Milch aufzuzählen. Immer wieder schüttelt sie den Kopf.

»Ein Ei? Bitte«, flüstere ich, denn ich weiß, wie viele Eier die Hühner im Hof legen. Allerdings sind diese für die Männer oder zum Verkauf bestimmt. Sie schaut mich mit zusammengekniffenen Lippen an und schickt mich aus dem Zimmer. Offensichtlich will sie ihr Versteck für Lebensmittel nicht preisgeben. Ich betrachte Dumbos Frau, die auf einem Bettgestell liegt und mich mit schmerzverzerrtem Gesicht und dickem Bauch anzulächeln versucht. Ich lächle zurück und verlasse das Zimmer, stehe vor der Tür, starre in den bewölkten Abendhimmel, an dem die Positionslichter eines Fliegers blinken. Wie gerne würde ich da oben einen harmlosen Weihnachtsfilm sehen, »Kevin allein in New York« oder »Der kleine Lord«, einen Orangensaft trinken und den Blick in die unendliche Weite genießen.

Die Frau kommt heraus und fasst unter ihr Kleid. Sie legt ein Ei in meine flache Hand. Ich bin dankbar für dieses eine Ei, denn das andere müssen sie sich zu viert teilen. David gibt sich beim Kochen alle Mühe, aber mehr als einen kümmerlichen Klecks Rührei kann auch er nicht zaubern.

Ich habe den ganzen Tag Weihnachtslieder vor mich hingesummt, gegen Heimweh und Sehnsucht angekämpft. Wir sitzen, eingepackt in mehrere Jacken, Fellmützen und Tücher, an der Feuerstelle, legen das Essen vor uns hin, wünschen einander einen guten Appetit und versuchen, einander mit einem flüchtigen Kontakt der Hände Kraft zu spenden. »Frohe Weihnachten«, sagt David. »Frohe Weihnachten«, antworte ich und versuche, meine Tränen zurückzuhalten.

Dann versuchen wir, uns in den Schlaf zu flüchten, legen uns zeitig hin, aber in der Nacht poltert die ganze Familie durch unser Zimmer, auf dem Hof wird geschrien, das Eisentor scheppert. Wir sind zu schwach, um uns zu erheben. Am nächsten Tag erfahren wir den Grund für das Chaos. Dumbos Frau hat einen Sohn geboren. In der Nacht hatten die Wehen eingesetzt, aber es gab Komplikationen. Da Dumbos Mutter Ade, die Einzige, die als Hebamme Erfahrung hat, nicht da war, wurde die Gebärende in ein Ambulanzzentrum gefahren, auch wenn die Taliban ihren Frauen gewöhnlich untersagen, sich von einem Arzt oder einer Ärztin berühren zu lassen. Wo dieses Ambulanzzentrum liegt, wissen wir nicht. Wir wissen nur, dass das Krankenhaus in Miranshah bei dem Angriff auf den Basar von der pakistanischen Armee gesprengt wurde. Angeblich hatten sich Taliban darin verschanzt.

Der Umgang mit der Wöchnerin und dem Neugeborenen übertrifft alles, was wir bisher an Gefühllosigkeit und Unwissenheit beobachten konnten. Das Baby wird in einen Kokon gewickelt und zwei Wochen lang nicht gewaschen. Die einzige Pflege, die man ihm angedeihen lässt, ist das Schwarzschminken der Augen. Dumbos Frau hat starke Blutungen und wimmert vor Schmerzen, aber niemand kümmert sich um sie. Die Nachgeburt steckt ihre Schwägerin in eine Plastiktüte und vergräbt sie, mit meiner Hilfe, neben dem Bett. Der Boden ist voller Blut, ebenso wie Chobanas Kleider. Das Baby liegt im Brotkorb neben dem Bett, ich streichle es und freue mich für die Mutter, dass es ein Junge ist. Denn die Geburt eines Mädchens wird fast als Unglück angesehen.

Später gibt mir Chobana die sechs Medikamente, die sie nehmen soll, und bittet mich, die Packungsbeilage zu lesen. Eines der Mittel ist ein Anti-Depressivum. Als ich ihr den Zweck erklären will, starrt sie mich nur mit großen Augen an. Da der Arzt es ihr verordnet hat, nimmt sie es aber trotzdem.

Wir leben in einer Mischung aus Verzweiflung, Ungläubigkeit, Mitleid und Hilflosigkeit. Aber wir sind mit unserer Widerstandskraft am Ende. Dumbo schläft, wie wir merken, nicht mehr vor unserer Tür. Ihm ist es draußen offensichtlich zu kalt. Aber wenn ich David mit Fluchtgedanken komme, wimmelt er ab.

Das Jahr 2011 endet, und damit unser sechster Monat der Gefangenschaft. Wir haben aus einem der unzähligen Säcke, die bei uns im Zimmer hängen, warme Jacken bekommen. Die geschlossenen Schuhe, die Nase mir geschickt hat, sind schon wieder durchgelaufen. Das Training fällt uns schwer. Wenn ich trabe, fühlen meine Muskeln sich hölzern und kraftlos an, die Sit-ups müssen wir manchmal abbrechen, wenn Magenkrämpfe uns lähmen. Dumbo erzählt, eine Greifertruppe der Taliban habe versucht, ein Ärzteehepaar zu entführen. Es sei zu einem Schusswechsel mit der Armee gekommen, bei dem fünf Taliban und die beiden Geiseln gestorben seien. Es sei jedoch nicht »unsere« Gruppe gewesen. Bei aller Verzweiflung steigt ein Gefühl der Dankbarkeit auf, dass unsere Verschleppung damals »reibungslos« geklappt hat. Wir sind sogar froh, dass die Polizeieskorte uns verlassen hatte, denn sonst wäre es zu Blutvergießen gekommen, und wir wären trotzdem entführt worden. Junkies Worte waren eindeutig gewesen.

Anlässlich der Geburt seines Sohnes gibt Dumbo in der Moschee ein Fest. Man erwartet auch zehn auswärtige Taliban, darunter Junkie. Die Frauen arbeiten den ganzen Tag, backen Fladenbrote, bereiten Fruchtschalen und Gurkenteller, braten Fleisch. Selbst die Männer helfen mit. Ein Schaf wird in den Hof gebracht und geschächtet.

Die Kinder spielen mit den abgeschnittenen Hoden, ein junger Taliban bläst die Lunge wie einen Luftballon auf und stört sich nicht an dem Blut, das ihm einen großen roten Clown-Mund malt.

Am Nachmittag werden die Gerichte zur Moschee getragen. Wir bleiben mit leerem Magen zurück. Ich laufe zu den Frauen ins Zimmer und frage: »Wo ist das Essen für uns? Bekommen wir nichts davon ab?«

»Nein, es ist für die Männer. Wir warten auf die Reste.«

Ich bin fassungslos: »Ihr habt den ganzen Tag gekocht und dürft nichts essen?«

»Das hat Dumbo so angeordnet.«

Sie sitzen mit den Kindern auf dem Boden und warten.

Als Dumbo wiederkommt, schlägt er sich auf seinen stattlichen Bauch und sagt: »Mo, dear duck«, »Bin ich voll ...«

»Was soll das?«, frage ich.

»Ohhh«, macht er mit bedauernder Geste, »ich habe euch (David und mich) vergessen. Bitte Nazarjan nichts sagen.«

Sofort läuft er und bringt uns kalten Reis, Reste von Fladenbrot und ein paar Knochen, an denen noch Fleischfasern hängen. Die Frauen warten noch immer.

Als wir gegen Abend noch einmal Runden laufen, hungrig und wütend, bezieht Mino am Tor Stellung. An der Aufregung, die im Hof herrscht, ist offensichtlich nicht allein das Geburtsfest schuld, sondern auch die Ankunft eines hochstehenden Gastes. David nennt ihn den »Herrn der Hühner«, weil Jung und Alt wie aufgescheuchte Hühner herumrennen, sobald er vor dem Tor steht. Und sobald der Herr der Hühner isst oder spricht, reihen sich alle wie die Hühner auf der Stange auf. Tatsächlich ist er gekommen, der Herr der Hühner, unser Held, unser einziger Gesprächspartner, unser Hoflieferant für Extrarationen, für Nachrichten aus der Welt der Diplomatie und Politik, Nazarjan, genannt Nase. Er kündigt sich an mit zwei Plastiksäcken, die in den Hof gestellt werden. Dann kommt er herein, umschlingt David. Oft kneift er ihm dabei in die Hautfalte am Rücken, als wollte er die Fettschicht prüfen, oder er hebt ihn hoch, um sein Körpergewicht zu kontrollieren. Wie die Hexe bei Hänsel und Gretel, die sich Hänsels Finger durch die Gitterstäbe reichen lässt, um zu sehen, ob er bald reif für die Schlachtung ist.

Nase drückt mir die Hand, dann setzt er sich auf mein Bett. Er fragt nach unserem Befinden und entschuldigt sich, dass er Weihnachten nicht habe vorbeikommen können. Er entschädigt uns mit Honignüssen, mit einem Imitat von Ferrero Rocher, mit Mandarinen und Bananen, Zuckerkugeln und Sandwiches. Mino beginnt, Nazarjans Oberschenkel zu massieren, wobei er ihn ehrfürchtig von der Seite anschaut.

Tee wird aufgetragen, der nur in Nases Anwesenheit so köstlich schmeckt. Vielleicht liegt es an der guten Stimmung, in die der Besuch uns versetzt, wahrscheinlich aber an den frischen Teeblättern, die Dumbos Familie nur für Nase opfert. Nachdem alle Ohrenzeugen nach draußen geschickt worden sind, berichten wir von unserer Mangelernährung. Unser Gast steckt David noch einmal 5000 Rupien zu. Wir wollen wissen, wie es um die Freilassung der Gefangenen bestellt sei, und er reicht uns ein DIN-A4-Blatt – ein Brief von Ali, den wir Hans nennen.

Mr David und Daniela,
hoffentlich geht es Euch gut.

Ihr habt gehört, dass dreizehn Mudschahedin entlassen wurden und die Prozedur damit begonnen hat. Die entlassenen Brüder kommen nicht aus regulären Gefängnissen. Sie wurden vom Geheimdienst festgehalten, in Missachtung der Gesetze von Justiz und Menschlichkeit. Drei Mudschahedin wurden letzte Woche in diesen Gefängnissen getötet, als man ihre Namen auf der Liste sah. Die anderen dreizehn Mudschahedin waren bis auf die Knochen abgemagert.

Einer von ihnen hatte drei Monate lang nichts gegessen und starb am sechsten Tag nach seiner Freilassung. Alle anderen sind eher tot als lebendig. Noch viele andere sitzen in den Gefängnissen und warten auf ihre Freilassung. Nazarjan und andere Mitstreiter sind sechzehn Stunden am Tag im Einsatz, um die Prozedur zum Abschluss zu bringen.

Die weitere Abwicklung obliegt nun der pakistanischen Regierung, welche diese Angelegenheit vor der Weltöffentlichkeit zu verbergen trachtet.

Hunderte Mudschahedin sitzen in ihren Gefängnissen. Wir hoffen jedoch, dass die anderen bald freigelassen werden.

Inzwischen ist ein halbes Jahr vergangen, habt noch ein wenig Geduld. Wir hoffen, dass Ihr bald in Euer Land zurückkehren könnt.

Ihr könnt mich per Brief alles fragen. Ich bin bis zum Ende für Euch da und helfe Euch.

Euer Ali

Nun verstehen wir, warum die Taliban die Gefangenen nicht in einer einzigen Lieferung zurückhaben wollen. Sie wollen Zustand und Identität eines kleinen Kontingents überprüfen, ehe sie das nächste akzeptieren. Es gibt keine Phase in diesem Prozess, bei der man nicht mit einem schmutzigen Trick der Gegenseite rechnen müsste. Wir sind also nicht nur Opfer der Taliban, wir sind Opfer dieser langjährigen Konflikte und Hinterhältigkeiten.

Nase erklärt, am Folgetag sollten wieder zwei Mudschahedin entlassen werden. Er erzählt uns aus seinem Leben, von seiner Familie. Die Hälfte seiner siebenunddreißig Lebensjahre kämpft er schon aufseiten der »Koranschüler«. Er hat fünf Kinder, alle besuchen die Schule, auch die Mädchen. Dann stellt er Fragen zur Schweiz. Für Nazarjan sind wir wie Bücher, die von einem anderen Leben erzählen, von einer Welt, die für ihn immer verschlossen bleiben wird. Er sei früher einmal in Karatschi gewesen, meint er, doch seit er den Taliban angehöre, sei der Besuch solcher Orte Sünde. Er wirkt dabei nicht traurig oder sehnsüchtig, sondern einfach überzeugt. Manchmal kommt es uns vor, als würde er sich bei uns eine Auszeit holen. Mit diesen für ihn so sonderbaren Menschen, die so fremd wirken, auch wenn sie sich inzwischen die Umgangsformen der Paschtunen angeeignet haben.

Manchmal witzelt er, er würde uns eines Tages besuchen kommen, fügt aber bedauernd an, er habe keinen Pass. Wie die meisten FATA-Bewohner hat er nur einen laminierten Karton mit Identifikationsmerkmalen, unmöglich, Pakistan damit auf legalem Weg zu verlassen.

Wieder richtet Dumbo für Nase und sich eine Schlafstatt bei uns im Zimmer ein. Nase schläft schlecht, redet im Traum und kratzt sich am ganzen Körper. Manchmal fährt er hoch und greift nach seiner Pistole.

Am Morgen erzählt er, in der Nacht habe er gekämpft, sei von einer Drohne beschossen worden.

Die Januartage werden noch beklemmender. Mal fällt tagelang der Strom aus, weil nach einem Nachbarschaftsstreit die Leitungen durchtrennt sind, dann ist die Wasserpumpe kaputt oder irgendwo versagt das Stromaggregat. Dumbo besitzt keine Zisterne, wir sind auf den einzigen Wasserhahn angewiesen, der von einem kommunalen Netz versorgt wird. Aber wenn kein Strom fließt, fließt in diesem Netz auch kein Wasser, weil eine elektrische Pumpe für den nötigen Druck sorgen muss.

Hin und wieder bekommen wir einen Kanister trübes Bachwasser, das eines der größeren Kinder per Esel in den Hof bringt. Die Folgen des Bachwassers sind die üblichen Durchfallerkrankungen.

Nach Nases Besuch werden wir ein, zwei Tage lang mit Respekt behandelt, dann reißt wieder das gewohnte Regime ein. Wir bekommen zig Mal aufgegossenes Teepulver, man enthält uns den Zucker vor, weil er angeblich aufgebraucht ist (obwohl wir neben einem 5-Kilo-Sack schlafen). Als Ali, Mures Mann, der in Dubai lebt, zwei Pakete mit Matten und Decken für den Winter schickt, werden diese nicht benutzt, sondern wandern zu all den anderen gehorteten Gütern in die Säcke, die unsere Zimmerwände als Symbol von Dumbos Herrschaft zieren.

In monatelanger Kleinarbeit habe ich alle Vogelfedern, die im Hof gelandet sind, zur Dekoration in Mauerritzen gesteckt. Die Frauen und Kinder haben mich schließlich nachgeahmt, bis sich der Eingangsbereich des Hofes in eine bunt schillernde Landschaft verwandelte. Um mich in Rage zu bringen, beginnt Mino, die Federn zu entfernen und in den Dreck zu werfen.

Als Rabia, Dumbos Schwägerin, mit ihren Kindern vor der Kälte Richtung Süden, nach Karatschi, flieht, rumoren wieder Fluchtgedanken in meinem Kopf. David fängt an, mit einer Nadel, die er magnetisiert, einen Kompass zu bauen. Mit Dumbos Waffenöl schmieren wir die Scharniere unserer Tür, die sich daraufhin lautlos öffnen lässt.

Mitte Januar herrscht wieder totaler Stillstand. Weder sind weitere Mudschahedin freigelassen worden noch sonstige Nachrichten gekommen, es ist kalt, die Berggipfel verschneit, Dauerregen setzt ein und verwandelt den Hof in ein Schlammfeld. David hat wieder heftigen Durchfall, Magenkrämpfe und leidet unter Schwächezuständen. Irgendwann werden wir körperlich nicht mehr in der Lage sein, zu fliehen.

Die permanente Nähe von Dumbos Familie macht uns verrückt. Wir können nicht mehr mit ansehen, wie sie Vieh und Mensch behandeln, sich, ihre Kinder und uns. Wir führen einen aussichtslosen Kampf um ein wenig Privatsphäre, um ein

Minimum an Hygiene, die uns vor den Magen-Darm-Viren und Erkältungen schützen könnte. Unser anfänglicher Vorsatz, durch Sport und Körperpflege die Widerstandskräfte wachzuhalten, lässt sich nicht mehr einhalten. Der Hof ist eine einzige zähe Masse aus Schlamm und Exkrementen, die in dicken Klumpen an den Schuhsohlen haftet. Überall laufen die Hühner herum, auch in unserem Zimmer. Ich versuche, wenigstens meinen Schlafsack sauber zu halten, aber auch das ist eine Utopie. Tag und Nacht kommen Dumbo oder ein Verwandter in unser Zimmer, stöbern in unseren Sachen, bedienen sich von meiner Nivea-Creme oder belehren uns über die richtige Lebensführung. Als David vor Schwäche kaum die Augen aufschlagen kann, sitzt zum Beispiel eine der Frauen auf meinem Bett, schnäuzt sich in ihr Kopftuch, wischt dann ihrem seit zweieinhalb Monaten kranken Baby die Augen mit den feuchten Fingern aus und doziert, Davids Bauchweh käme von Kuchen und Chips. Die Kinder haben alle Rotznasen, der grüne Schnodder läuft ihnen in den Mund, und wenn sie husten, treffen uns die Spritzer im Gesicht.

Dumbos Frau greift an meine Brüste, lacht, weil sie so klein seien, und belehrt mich, die Fellmütze, die ich trage, gehöre sich nicht für eine Frau. Jede Dusche, die wir nehmen, jedes Ei, das wir essen, wird uns zum Vorwurf gemacht, auch wenn wir für jeden Einkauf mit dem Geld von Nase bezahlen und in einem Monat außer Fladenbrot nur zweimal Reis und zweimal ein Ei (für uns gemeinsam) von ihnen bekommen haben.

Die Lieblosigkeit, mit der die Kinder von den Erwachsenen behandelt werden, geben sie an Schwächere weiter, an Tiere oder kleinere Geschwister. Immer wieder loten sie aus, ob nicht auch wir, obwohl Erwachsene, zu den Schwachen gehören.

Ein etwa zwölfjähriger Junge, der zu Besuch ist, wird systematisch gequält, ohne dass die Erwachsenen einschreiten würden. Man schlägt seinen Kopf gegen das Eisentor, sperrt ihn in den Schafstall, fesselt ihn an Händen und Füßen. David versucht ein ums andere Mal, das Schlimmste zu verhindern, obwohl er kaum Kraft hat, aus dem Bett aufzustehen.

Es dauert drei Wochen, ehe Nase uns wieder besucht. Das übliche Ritual: große Aufregung, der Wagen mit den verdunkelten Scheiben hält am Tor, eine vermummte Gestalt huscht im Dämmerlicht herein, umarmt David, hebt ihn hoch, gibt mir die Hand. Nase setzt sich in unser Zimmer, bestellt eine Decke und Brot, entschuldigt sich, dass er nicht früher gekommen sei, stellt seine großzügigen Fresspakete ab. Es gebe gewaltige Probleme mit der Gefangenenfreilassung. Die Kinder werden aus dem Raum geschickt, wir öffnen die Kartons. Käsesaucen, Makkaroni, Hühnerfleisch in Büchsen, argentinisches Rindfleisch, Snickers, Kitkat, Mars, Tomatenpüree, Ketchup usw. Nase schickt auch noch Mino, unser Hausfaktotum und unseren Quälgeist, aus dem Zimmer, dann gibt er uns einen Brief von Hans. Das ist der Beweis, dass eine neue Taktik zur Anwendung kommt, oder anders formuliert: Die alte ist gescheitert. Wir sind wieder am Nullpunkt angekommen.

In dem Brief stehen Anweisungen für ein Telefonat mit unseren Familien. Wir sollen sagen, dass unser Leben in größter Gefahr sei, weil die Einigung mit der pakistanischen Regierung gescheitert ist. Statt der Gefangenen fordere man nun ausschließlich Lösegeld. Fünf Crore, die unsere Eltern zur Schweizer Botschaft nach Islamabad bringen sollen. Dazu haben meine Eltern sich an einen Mittelsmann in Pakistan zu wenden, der ihnen angezeigt werde.

Sie hätten eine Woche Zeit. Nach einer Woche seien wir tot. Auf der Rückseite schreibt Hans noch, diese Aussagen dienten nur dazu, den Druck zu erhöhen.

Das Ultimatum macht mir trotzdem Angst. Ich frage Nase,

ob sie uns tatsächlich in keinem Fall töten werden. »Nein, inschallah«, ist die Antwort. Ein Nein ohne »inschallah« wäre mir lieber gewesen.

»Und was passiert, wenn weder Gefangene noch Geld kommen?«, fragt David nach. »Nichts«, verspricht Nase mehrmals.

Vor wenigen Tagen haben die Taliban fünfzehn Frontier-Corps-Leute auf einem Hügel erschossen. Die Bilder habe ich stets vor Augen. Nase schüttelt den Kopf. Das werde uns nicht passieren.

Ob wir den Brief verstanden hätten, fragt er. Die pakistanische Regierung habe genug Spielchen gespielt. Man würde jetzt nur noch mit der Schweiz verhandeln, nur noch um Geld. Er werde am nächsten oder übernächsten Tag wiederkommen, und dann würden wir mit einem Handy oder einem Satellitentelefon in die Heimat telefonieren. Wir fragen noch einmal: »Wie viel sind fünf Crore?«

»Fünf Millionen«, antwortet Nase. (In Wahrheit sind es, wie wir später feststellen müssen, fünfzig.)

»Kannst du es in Rupien aufschreiben?«

Er beginnt, eine »5« zu malen, dann hängt er neun Nullen dran, schaut Dumbo, den Analphabeten, an, dieser sagt: »Zehn Nullen«, Nase streicht zwei Nullen wieder durch und sagt: »Ich weiß es nicht.«

Wir sprechen über die Vermögensverhältnisse unserer Familien, ob sie auch ohne staatliche Hilfe fünf Millionen Schweizer Franken auftreiben könnten. Im Notfall würden die Taliban sich auch mit drei oder vier zufriedengeben. Nase lässt sich die ersten Tage unserer Entführung erzählen. Dann kommt Mino herein und trägt Tee auf. Nachdem wir wieder unter uns sind, berichten wir von unserem täglichen Kampf um Hygiene, Lebensmittel und Brennmaterial, wenn der Strom und damit die Heizspirale ausfalle.

Wieder schläft Nase bei uns. David hat ihm eine Wärmflasche aus einer Plastikflasche gebastelt. Lachend nimmt er sie an, Davids Erfindungsgeist lobend. Die anderen Hausbewohner haben den Sinn der Flasche nicht begreifen wollen.

Vor dem Einschlafen schaut Nase uns an, klopft auf seine Brust, um einen schnellen Herzschlag anzudeuten, hebt den Kopf Richtung Zimmerdecke und sagt: »Drohnen am Himmel.«

Nachdem er verschwunden ist, haben wir wieder akute Todesangst. Wir bekommen einfach das Ultimatum nicht aus dem Kopf. Mit David habe ich mich darauf geeinigt, dass Nase fünf Millionen gemeint haben muss. Aber selbst wenn die Schweiz oder unsere Eltern in einer Woche fünf Millionen auftreiben – es gibt so viele Unwägbarkeiten, so viele Schaltstellen, an denen ein Fehler oder eine Unterschlagung passieren können. Bisher hat jeder Verhandlungsschritt Wochen und Monate gedauert, Kontaktaufnahmen, die scheiterten, Missverständnisse, Fehler, Tricks von irgendwem in der langen Befehlskette ... Jetzt wird eine neue Strategie gefahren, und die soll in einer Woche zum Abschluss gekommen sein? Was geschieht, wenn auch diese Woche ergebnislos verläuft? Wie lange können die Taliban es sich leisten, uns beide am Leben zu lassen, ohne ihre Glaubwürdigkeit zu verlieren? Und wie lange werden sie uns durchfüttern? Wie lange können sie einen Schmarotzer wie Dumbo für seine Dienste bezahlen? Andererseits, hätte Nase uns wieder so großzügig versorgt, wenn er uns in sieben Tagen eliminieren wollte?

Zwei Tage später, es ist der 23. Januar, klopft es an unsere Tür. 13.20 Uhr. Wir liegen gerade im Bett, nippen apathisch an dem Tee, den David uns gebraut hat. Mino kommt herein. »Nazarjan ist da, ihr geht auf den Basar«, sagt er aufgeregt. Sofort fängt mein Herz zu galoppieren an. »Telefon, Telefon«, sagt Dumbo und übergibt David »unsere« zwei schwarzen Burkas. Während wir uns schnell fertig machen, lange Unterhosen und Socken unter die Burka ziehen, füllt sich unser Zimmer. Alle haben gemerkt, dass etwas Besonderes passiert, und nun stehen sie da und beobachten uns gespannt. Ich stopfe meine Fellmütze, ein italienisches Armeemodell, das bei den Frauen heftigen Unwillen erregt, in meinen Hosenbund, dann laufen wir zum Tor. Unterwegs greife ich mir noch die Wasserflasche, die ich zum Wärmen in die Sonne gestellt habe. Die Familie hat sich jetzt am Eingang versammelt und lacht angesichts der beiden Bohnenstangen in Burkas, unter denen Turnschuhe hervorragen. Das Tor wird geöffnet, durch das engmaschige Gitter erahne ich Nase, der grinsend auf der Rückbank des Toyotas wartet. Ich steige ein, neben Nase, David folgt mir. Am Steuer sitzt Hamza, der zweite Assistent, Dumbo klettert auf den Beifahrersitz. Nase, zwischen den Beinen eine Kalaschnikow, gibt uns die Hand.

Er weist uns an, die Burkas abzulegen. Als ich meine Fellmütze aus dem Hosenbund zücke, lacht er. Der Fahrstil des Assistenten ist nicht ganz so rasant wie der von Nase, aber trotzdem kracht manchmal die Gangschaltung, und an Kreuzungen halte ich die Luft an. Dumbo zeigt uns ein Telefon, das aussieht wie ein altertümlicher Festnetzapparat. In Miranshah hätten wir Empfang, hier nicht, meint er.

Tief ziehe ich die Luft in die Lungen, spüre die Weite, sehe die Bergketten am Horizont, davor Freiflächen mit Schafherden, Bäume, am Straßenrand sitzen Leute, die Tee trinken. Zweieinhalb Monate lang haben wir den Hof nicht verlassen, seit unserer Flucht während des Bombenangriffs.

»Großartig«, sage ich und lasse meinen Blick durch die Landschaft schweifen, »großartig, mit dir hier durchzufahren.« Nase nickt, lacht, zeigt auf eine von Wachtürmen flankierte Festung auf einem Hügel, eine andere am Straßenrand.

»Armeestützpunkte«, sagt er. Ich werfe David einen Blick zu. Armeestützpunkte. Rettungsinseln für uns. Die eine relativ unsicher, weil direkt neben der Straße, über die normalerweise die Taliban die Kontrolle haben. Die andere auf einem Hügel, umgeben von unbewohnten Hängen, die man bei Nacht ungesehen überwinden könnte. Die ungefährlichere Lösung.

Aber wahrscheinlich trifft in Kürze das Lösegeld ein, und wir müssen kein Risiko eingehen.

Ob wir etwas vom Basar brauchen, fragt Nase, als wir durch das Ortszentrum kommen. David wünscht sich Buttertoffees, kleine, süße Teigkugeln.

Es ist 14.30 Uhr Ortszeit, 10.30 Uhr in der Schweiz, ich fürchte, dass niemand zu Hause ist. Für gewöhnlich sind wir in dieser Januarwoche gemeinsam in Zermatt beim Skilaufen.

»Dann rufst du deinen Vater auf dem Handy an«, meint Nase. Ich wische mir die feuchten Handflächen an der Hose ab und versuche, die Nervosität zu unterdrücken. Der Wagen schiebt sich durch enge Straßen, zwischen Warenhaufen, Handkarren, Verkaufsständen hindurch. Dumbo steigt aus, wir fahren weiter, verlassen das Ortszentrum. Wir kommen durch Flussbetten, Jungs spielen Cricket, Mädchen tragen Wassereimer auf dem Kopf. Wir sehen auf einem Hügel einen Mann stehen, der in ein Mobiltelefon spricht. Hier also gibt es ein Netz. Wir halten an. Etwa zweihundert Meter entfernt stehen Zelte, zu denen der Assistent läuft.

Nase, dem immer kalt ist, hat die Autoheizung so hoch gedreht, dass wir schwitzen. Er bemerkt es und beugt sich nach vorne, um den Regler zu drosseln. Als ich Schal und Jacke ablege, spüre ich, dass meine Nähe ihn in Verlegenheit bringt. Also wechsle ich mit David den Platz.

Der Assistent kommt mit einer langen Bambusstange zurück und öffnet den Kofferraum, wo er eine Antenne und ein Kabel verstaut hat.

Nase sagt: »Ihr könnt nur kurz sprechen.«

Nase zieht eine cirka zwanzig Zentimeter lange Teleskopantenne aus dem Telefon, welches er mit einer Autobatterie im Fußraum verbindet. Dann legt er eine SIM-Karte ein. Da die Halterung gebrochen ist, müssen wir die SIM-Karte permanent mit dem Finger anpressen. Er gibt uns einen Stift. »Schreibt die Nummern auf Davids Arm«, sagt er. Ich notiere die Nummern unseres Festnetzanschlusses und der Handys von Papa und Davids Mutter. Während der Assistent draußen mit der Bambusstange nach Empfang sucht, minutenlang hin und her läuft, findet Nase ein schwaches Netz mit der Handyantenne. »Es muss ein afghanisches sein«, erklärt er uns und fragt dann: »Welche Nummer?«

Wir deuten auf die Festnetznummer. Inzwischen ist es 11.30 Uhr in der Schweiz.

Mein Herz klopft bis zum Hals, ich bekomme feuchte Hände, trinke einen Schluck Wasser. Es ist wie vor einem Halbmarathon, eine Mischung aus gespannter Erregung, Vorfreude und Angst. Nur hundert Mal stärker.

Über den Lautsprecher hören wir das Läuten, Nase hält den weißen Hörer an sein Ohr und sagt: »Hallo! Hallo!«

Ich reiße ihm fast den Apparat aus der Hand, während meines Vaters Stimme sagt: »Ja.«

»Papa, Papa, hörst du mich?«

Ein Schluchzen kommt aus dem Hörer. »Daniela, mein Schatz!«

Nase drückt auf die rote Hörertaste, die Verbindung ist unterbrochen. Ich habe einen Kloß im Hals und bin ebenso hilflos wie empört. Die Stimme meines Vaters hallt in meinem

Kopf nach, während Nase, der kühle Stratege, das Kabel von draußen abzieht und dabei lacht wie ein Schuljunge, der seinem Lehrer einen harmlosen Streich gespielt hat. Der Assistent sucht weiterhin vergeblich nach einem Netz. Er geht hin und her, neben uns steht ein Auto, in dem zwei Männer per Handy telefonieren. Mein Vater war klar und deutlich zu vernehmen. Wieso hat Nase die Verbindung unterbrochen?

»Reicht das Geld auf der Karte nicht?«, frage ich.

Nase schüttelt den Kopf: »Pressure«, antwortet er, »more pressure.«

So ein ignoranter Mensch, denke ich, und zu David sage ich meinen Standardsatz: »Denn sie wissen nicht, was sie tun.«

David sagt: »Lass es uns noch einmal mit der anderen Antenne probieren.«

Ich fahre mir mit dem Handrücken über die Stirn. Durch das offene Seitenfenster streicht die kühle Winterluft herein, mir ist heiß und kalt.

»Dein Vater wartet, mach dir keine Sorgen«, sagt Nase. Wie kann er nur immer so ruhig sein? Ich habe meinen Vater noch niemals weinen sehen. Und wie mag es erst meiner Mutter ergehen? Auf dem Display sind wieder zwei Balken für die Signalstärke zu sehen.

Nase gibt die Nummer ein, quälend langsam drückt er eine Taste nach der anderen.

Es klingelt, ich nehme den Hörer ans Ohr. Dreimal ertönt das Tuten im Lautsprecher. Es knackt. Mein Vater weint noch immer, und dann presst er hervor: »Daniela.«

»Papa, bitte hör mir zu. Ich muss dir etwas erklären.«

»Ja, ich höre dir zu.« Ich weiß, wie viel Überwindung es ihn kostet, nicht herauszuplatzen mit seinen Fragen, seiner Wut, seiner Angst und seiner Verzweiflung.

»Papa, die pakistanische Regierung hat die Verhandlungen

abgebrochen. Die Taliban verlangen fünf Millionen Dollar. Das Geld muss innerhalb einer Woche ...«

»Wie können wir in Kontakt treten? Zu wem sollen wir Kontakt aufnehmen? Wie können wir in Kontakt treten? Wie denn? Wie soll das gehen?« Er kann nicht an sich halten. Er hat schon unter Normalbedingungen Mühe, einen anderen Menschen aussprechen zu lassen.

»Papa, hör mir zu. Du darfst keine Fragen stellen. Das Geld muss innerhalb einer Woche auf die Schweizer Botschaft in Islamabad gebracht werden, sonst bringen uns die Taliban um, Papa.«

»Das Geld wird bezahlt«, sagt er nüchtern.

Jetzt kann ich die Tränen nicht mehr zurückhalten. Ich kenne seine Entschlossenheit und spüre, dass er seinen ganzen Besitz aufgegeben hat, die Mühen und Kämpfe eines ganzen Lebens, in dem er sich vom einfachen Installateur hochgearbeitet hat zu einem gefragten Bauplaner und Generalunternehmer, in dem er immer wieder sein ganzes Vermögen eingesetzt hat, um ein Projekt nach dem anderen fertigzustellen. »Du musst die Schweizer Regierung anrufen, Papa. Wende dich an die Medien, ans Fernsehen, geh zu unserem Anwalt, schreib eine Presseerklärung. Nur noch eine Woche. Ich habe ...«

Nase hat wieder auf den roten Knopf gedrückt.

»Genug«, sagt er, »wir brauchen mehr Druck.«

»Willst du mit deiner Mutter sprechen?«, fragt er David.

Dieser nickt.

»Du willst ihr das zumuten?«, fragt Nazarjan, und David ist etwas erstaunt über das plötzliche Mitgefühl. Einen Moment zögert er, dann nickt er ein weiteres Mal.

Zuerst hört man ein Freizeichen, danach ist besetzt. Wir warten ein paar Minuten, ich betrachte David. Ich weiß, wie sehr seine Mutter an ihm hängt. Vor dreizehn Jahren ist sein

Vater gestorben, vor zwölf Jahren seine Schwester. Seine Mutter sagt immer wieder, sie habe nur noch ihn. Er spricht selten von ihr, aber ich weiß, dass er genauso an ihr hängt wie sie an ihm.

Wieder ertönt das Besetztzeichen, und Nase sagt: »Wir müssen abbrechen. Sonst ortet uns die Armee. Army, army, bombing …«

Der Assistent räumt Stange und Kabel weg, Nase fragt: »Was hat dein Vater geantwortet?«

Ich kann mich nicht erinnern. Ich habe ein Elefantengedächtnis, das Namen, Telefonnummern, Adressen, Gesichter speichert, mehr, als mir manchmal lieb ist. Jetzt ist mein Kopf wie leer gefegt. Ich strenge mich an, sehe Dumbo, der plötzlich auf seinem Moped angetuckert kommt. Er reicht Mandarinen und Davids Buttertoffees durch das Seitenfenster. Der fette Dumbo mit seinem einfältigen Grinsen, seinem weiten Gewand und der lächerlichen Schminke. Alles ist so unwirklich. Mein Vater – sie sind nicht zum Skilaufen nach Zermatt gefahren, sitzen zu Hause neben dem Telefon. Mein Vater, er hat geweint, aber was hat er gesagt?

Nase weist Dumbo an, den Bambusstab zu Guildo Horn zurückzubringen. Ich schaue auf die grauen Zelte des UNHCR, zwischen denen Rauch aufsteigt. Feuerholz und Müll, mit dem Kinder spielen. Wir frieren nachts in unserem Zimmer, trotz des Schlafsacks. Die Nächte im Zelt müssen furchtbar sein.

Wir fahren los, halten an einer Tankstelle und warten.

»Die Armee traut sich nur aus ihren Stützpunkten, wenn die Straße gesperrt ist«, sagt Nase. »Ich werde jetzt zwei Tage bei meiner Familie verbringen, danach gehe ich an die Front. Drei, vier Tage, dann komme ich zurück, inschallah. Ein Vertrauter wird unterdessen die Verhandlungen weiterführen.«

Sobald die fünf Millionen einträfen, werde man den Austausch, wir gegen das Geld, an der afghanischen Grenze organisieren.

Nach einer halben Stunde trifft Dumbo ein, lässt sein Moped an der Tankstelle stehen und steigt mit seinen Einkäufen ein. Er greift sich eine Mandarine, reißt die Schale ab, während der Hamza losfährt.

Das Nachmittagslicht lässt die Hügelspitzen leuchten. Die Landschaft ist karg und wild und atemberaubend schön. David hat einen Sendemast und eine kleine pakistanische Flagge entdeckt, die zur Militärbasis gehören müssen. Wir schauen auf den Kilometerzähler, prägen uns die Distanzen ein. Sieben Kilometer vom Basar entfernt liegt eine große Brücke, darüber der Hügel mit dem Stützpunkt. Danach sind es noch knapp vier Kilometer bis zu unserem Innenhof. Ich erkenne die hohe Mauer um Dumbos Haus. Wir bedanken uns bei Nase für die gewohnt souveräne Durchführung der Operation. Wir streifen die Burkas über, das Tor geht auf, wir schlüpfen hinein, und das Eisentor fällt mit einem tiefen Metallklang wieder zu.

Wir sind erschöpft, aber sofort bestürmt die Familie uns mit Fragen. »War das Telefonat schön?«

»Ist es schön zu sagen, dass man in einer Woche tot sein wird?«, frage ich zurück und bin erschrocken über meine barsche Antwort. Später gehe ich zu den Frauen, um es ihnen zu erklären.

Eine Woche läuft das Ultimatum. Während an mir die Angst nagt, ist David guter Dinge. Er kocht mit der einstigen Leidenschaft und sagt, so zufrieden sei er in den letzten sechs Monaten nicht gewesen. Ob er mich nur von meinen Ängsten ablenken will? Nachts grübelt er wie ich, aber er scheint tatsächlich überzeugt zu sein, dass wir bald frei sein werden. Auch unsere Mägen sind wieder in Form, David schwelgt in Tagträumen und macht einen Speiseplan für die ersten drei Wochen in der Schweiz: eine Woche lang essen bis zum Abwinken, dann eine Woche lang »nur« die doppelte Ration, anschließend graduelle Rückkehr zu normalen Portionen. Auch wenn er mir keine Details verrät, ist David schon ganz in die Fluchtplanung vertieft. Vielleicht kommt daher sein neuer Elan.

Drei Tage später erscheint Dumbo und sagt: »Kein Kontakt. Inschallah werdet ihr sterben.«

Ich begreife die Welt nicht mehr. Es kann doch nicht so lange dauern, eine Telefonnummer anzurufen. Was tut mein Vater? Hat er nicht die Regierung kontaktiert? Agiert er jetzt auf eigene Faust? Ohne Englischkenntnisse? Mit seinem Temperament?

Am nächsten Tag kommt Dumbo und erzählt endlich, der Kontakt zur Schweizer Botschaft stehe. Jetzt müssten noch die Details der geheimen Übergabe geklärt werden, denn alles müsse hinter dem Rücken der pakistanischen Armee ablaufen. Meine Unruhe legt sich nicht. Das Ultimatum rückt näher, und meine Fantasie malt sich immer wieder aus, wie man uns erschießen wird.

Am 30. Januar ist es so weit, die Frist ist abgelaufen. Ein windiger, kalter Tag, an dem wir uns durch unser Training ablenken von den Bildern, die man von uns vielleicht filmen wird, um sie übers Internet zu verbreiten und der Welt klarzumachen, dass man sich mit den Taliban keine Mätzchen erlauben darf. Am Nachmittag kommt Dumbo endlich vom Basar zurück. Er schnaubt und gestikuliert, denn sein Moped ist defekt, und er habe sich eine Mitfahrgelegenheit organisieren müssen, für ihn eine enorme Strapaze.

Er hat Zahnpasta und Davids Buttertoffees dabei. Er kommt mit uns ins Zimmer, schickt die Kinder hinaus und setzt sich auf mein Bett.

»Es gibt ein großes Problem«, sagt er. Ich merke, wie das flaue Gefühl, das ich seit einer Woche im Magen habe, durch den ganzen Körper wandert. Ich fange an zu zittern. »Die Schweizer Botschaft hat nie Kontakt mit unserem Unterhändler aufgenommen«, fügt Dumbo hinzu.

Jeden Tag lernen wir ein bisschen mehr Paschtu, und inzwischen klappt die Kommunikation mit Dumbo praktisch reibungslos. Wir haben ihn nicht falsch verstanden. »Soll das ein Witz sein?«, fragen wir, während ein eisiges Gefühl meine Arme hinaufkriecht und mich an der Kehle fasst.

Nein, Nases Assistent stehe in permanentem Telefonkontakt mit dem Vermittler der Taliban. Und dieser habe nie eine Anfrage aus Islamabad bekommen.

Mir wird schlecht. Mein Hirn ist gelähmt, und auch David ist fassungslos. Das ist das Ende für uns.

Dumbo hebt die Arme und fängt zu rudern an. Er bietet seine gesamten Englischkenntnisse auf: »No problem, no, no, no«, ruft er, »no kill!«

Er werde Nase aufsuchen und erklären, dass wir noch einmal telefonieren müssen. Er redet ohne Pause auf uns ein, während wir nichts mehr wahrnehmen. Ich versuche, die Bruchstücke des Telefonats aus meinem Gedächtnis hervorzuziehen. Alles ist so undeutlich. »David, habe ich mir das Gespräch nur eingebildet?«, frage ich.

»Quatsch«, antwortet er, »du hast mit deinem Vater telefoniert. Du hast ihm gesagt, fünf Millionen Dollar in einer Woche.«

Wir gehen nach draußen und fangen wieder an unsere Runden zu laufen. Wir laufen fünfzig Mal, hundert Mal im Kreis, die Gedanken ziehen dieselben Schleifen, immer wieder: Was hat mein Vater missverstanden? Stellt die Schweizer Botschaft sich quer? Sind wir morgen tot?

Ich spüre, dass wir in eine Phase eingetreten sind, in der wir auch die letzten Orientierungspunkte verlieren. Meine Wahrnehmungen verändern sich. Wenn ich den schlafenden David neben mir sehe, seine langen, gelockten Haare, seinen Bart, dann kommt er mir wie ein Unbekannter vor. Ebenso fremd wird mir der Körper, an dem ich hinuntersehe. Diese fünfzig oder sechzig Kilo Muskelgewebe, Knochen und Gefäße scheinen nicht mir, sondern einer abgelebten Frau zu gehören. Die Schenkel sind dünn, die Venen auf dem Handrücken verengt, die Knöchel springen spitzer als früher aus dem Fuß hervor. Wache ich morgens auf, dann möchte ich meine Träume nicht mehr erzählen, denn die Erinnerung an die Bilder, das Lächeln meiner Eltern, das Laub, das in der Aare treibt, die Maserung in den Dachbalken unserer Wohnung, die zusammengekniffenen Augen von Fabian, all diese Details sind zu schmerzhaft.

In einer hiesigen Zeitung wird berichtet, ich sei inzwischen schwanger. Alles wird unwirklicher, rückt von uns ab.

Als ich eines Tages in das Halbdunkel unseres Zimmers trete, steht dort ein fremder Taliban. Ein Riese in einem schwarzen Sherwani, in schwarzen Hosen und mit vermummtem Gesicht. Er muss sich mein Tuch angeeignet haben, um sein Gesicht zu verstecken. Ich fahre vor Schreck zusammen, als aus dem Tuch ein schallendes Lachen ertönt. David. Man hat ihm neue Kleidung genäht, ganz in Schwarz. Ich fahre ihn an, er soll diesen Unsinn lassen.

Wenn die Wintersonne von Zeit zu Zeit hinter den Regenwolken hervorkommt, trocknet der Morast im Hof ein wenig, und dann schaufle ich den Eingang zu unserem Zimmer frei. Die Tage werden länger, die ersten Insektenlarven schlüpfen. Wieder neigt sich eine Jahreszeit dem Ende zu. Sommer, Herbst und Winter haben wir in Waziristan schon erlebt. Jetzt kündigt sich der Frühling an. Bald kommen die Mücken und Fliegen zurück, die höllische Hitze. Und Dumbo wird wieder im Freien schlafen und sich an unserer Zimmertür festbinden.

Einmal gestattet er uns, nach Einbruch der Dunkelheit eine Weile auf dem Flachdach über unserem Zimmer zu sitzen. Die Mauern um uns herum sind mit Zinnen bewehrt, im Mondlicht werfen die Bäume bizarre Schatten. Wir versuchen, uns jedes Detail einzuprägen, spekulieren flüsternd, wo die Moschee liegen könnte, wo der kleine Laden, zu dem Mino immer läuft, wo der Nachbar mit der Wasserpumpe. Wir versuchen, die Armeebasis zu entdecken, vergebens, aber wir meinen, die Himmelsrichtung zu kennen, und werden nachher im Zimmer unseren Lageplan verfeinern.

Am Morgen des 8. Februar, unser kleiner Gefängniswärter hat uns gerade die Tür aufgeschlossen, und ich bin in den Hof hinausgetreten, zieht ein gewaltiger Schatten über meinen Kopf hinweg. Eine blitzschnelle Bewegung, als hätte jemand nur schnell mit einem Lappen über den Himmel gewischt. Ich sehe mich instinktiv nach David um, aber er liegt noch im Zimmer, studiert die Muster an der Wand, hängt seinen trüben Gedanken nach. Er hat das laute Zischen auch gehört, aber da folgt auch schon die Detonation, der Boden bebt, Sand rieselt aus dem Mauerwerk. Es muss eine von einer Drohne abgefeuerte Rakete gewesen sein. Die Frauen schreien, und ich renne zu David. »Eine Drohne, ich habe die Rakete gesehen, David!«

Rauch steigt in den Himmel, keinen Kilometer entfernt.

Locke hat einmal auf seine besondere trockene Art erzählt, die kleinen Raketen würden auf Autos abgefeuert, es gebe aber auch größere, groß wie ein Baum. Wo diese einschlügen, bleibe kein Stein auf dem anderen. Als er einmal mit Guildo Horn in Miranshah übernachtet habe, sei zwei Häuser weiter eine Drohnenrakete eingeschlagen. Drei usbekische Kämpfer, eine Frau und ein Kind hätten dort geschlafen. Der Knall habe alle augenblicklich auf die Füße geholt, aber niemand habe sich auf die Straße gewagt, weil sie Angst vor einem zweiten Einschlag gehabt hätten, da oft gezielt die Helfer attackiert würden.

Am nächsten Morgen habe man das eingestürzte Haus abgesucht und das Kind aus den Trümmern geborgen. Es habe als Einziges überlebt, habe fortan aber nur noch geschrien.

Wir merken, wie froh wir sind, dass es nicht bei uns, sondern da drüben eingeschlagen hat. Als wir in die Gesichter der bunten Innenhofgemeinschaft sehen, scheint sich dort derselbe Gedanke abzuzeichnen. Uns wird klar, warum Empathie in dieser Familie kaum eine Rolle spielt, warum unser Schicksal hier niemandem nahegeht. Alle leben in permanenter Todesangst, die durch unsere Anwesenheit sogar noch erhöht wird. Im Krieg ist Mitleid ein absurder Luxus.

»Für uns sind zwei Varianten offen«, sage ich zu David, als wir den Qualm über den Dächern aufsteigen sehen. »Der Tod durch Drohnen oder durch die Taliban.«

Er antwortet nicht. »Oder wir nehmen unsere Rettung selbst in die Hand«, füge ich hinzu.

Ich schaue ihn an, warte auf seinen üblichen Protest.

Diesmal bleibt der Protest aus. David erwidert meinen Blick und sagt ganz nüchtern: »Darüber habe ich auch schon nachgedacht.« In Wirklichkeit denkt er inzwischen fast an nichts anderes mehr, aber aus Angst, ich könnte einen unüberlegten Schritt tun und vielleicht mein Leben gefährden, behält er seine Gedanken meist für sich.

Als wir im Schlafsack liegen und darüber sprechen, wann der günstigste Zeitpunkt für einen Ausbruchsversuch wäre, klopft es. Mino steht in der Tür, gefolgt von Nase.

Wir haben inzwischen eine gewisse Routine bei diesen Besuchen entwickelt. Nase kommt herein, begrüßt uns herzlich und packt seine Köstlichkeiten aus. Immer strahlt er menschliche Wärme und Souveränität aus. Aber diesmal ist alles anders. Er gibt mir zögerlich die Hand, setzt sich auf mein Bett, fühlt sich sichtlich unwohl.

»Furchtbar, diese Drohnen«, sagt er. »Ich bin das letzte Stück zu Fuß gekommen.« Er ist erschöpft, scheint mit den Gedanken nicht ganz da zu sein. Hat er nur schnell einen Abstecher vom »Tatort« des Drohnenangriffs gemacht? Hat er eben noch Überlebende getröstet? Die Verlegung anderer Kämpfer organisiert, um sie vor weiteren Attacken zu retten?

Dumbo wird aus dem Raum geschickt. »Habt ihr einen Brief von Hans bekommen?«, fragt Nase. Wir sind perplex. Woher sollen wir einen Brief von Hans bekommen? Alle wichtigen Briefe überbringt Nase persönlich. Weiß er nicht mehr, was er tut und was er redet?

David krault sich nervös den Bart.

»Was gibt es Neues aus Islamabad?«, frage ich.

»Unsere zwei Mittelsmänner machen widersprüchliche Angaben. Der eine behauptet, dein Vater sei mit fünf Millionen in der Botschaft, der andere sagt, weder dein Vater noch das Geld seien eingetroffen.«

»Sind diese beiden Männer Vertrauenspersonen von euch?«, frage ich.

Nase schüttelt den Kopf. »Man weiß nie, auf welcher Seite sie stehen.«

»Und seit sieben Monaten liegen die Verhandlungen in Händen solcher Leute?«, frage ich.

»Mit solchen Leuten ist es schwierig, eine Geldübergabe zu planen und umzusetzen.«

Ach was? Das war uns bisher gar nicht aufgefallen! David

und ich schauen einander an. Wir sind zu erschöpft, um richtig wütend zu sein, zu desillusioniert, um uns aufzuregen. Dumbo hat ein Holzbett hereingeschleppt, von dem seine kurzen Speckbeine baumeln. Nase fallen beim Sprechen die Augen zu, David hat sich inzwischen Rastalocken in den Bart gezwirbelt vor lauter Unwillen.

»Ist es okay für euch, wenn ihr in einem Bett schlaft?«, fragt Dumbo.

Uns ist alles gleich.

»Wali hat beschlossen, dass ein Mann direkt in die Schweiz fliegt und dort verhandelt.«

»Ist dieser Mann ein Freund von euch?«, fragt David.

»Ja«, antwortet Nase, »ein Freund von Wali.«

»Was für ein Freund?«

Nase zuckt mit den Schultern. »Ich kenne ihn nicht.«

Als sich auch noch Dumbo in das Gespräch einmischt und sagt, der Mann werde zu Fuß aufbrechen, verliere ich den letzten Rest an Zuversicht. Ich kann mir beim besten Willen nicht vorstellen, wie sich einer ihrer Vertrauensmänner ein Visum für die Schweiz beschafft, die Sicherheitsschleusen passiert, ins Flugzeug steigt, den Bus oder die Bahn nimmt, in Bern vor dem Bundeshaus aussteigt und sich bis zur Bundesrätin durchfragt, immer wiederholend, dass er das Lösegeld für zwei Geiseln abzuholen habe.

Als Nase unsere ungläubigen Mienen sieht, sagt er, es sei auch für ihn hart, diese Anspannung auszuhalten.

Ist er noch bei Trost? *Für ihn* ist die Anspannung hart? Ist ihm in etwa bewusst, wie wir uns fühlen? Dass wir seit einer Woche tot sein müssten?

»Ist eine Million Dollar viel?«, fragt er schließlich.

»Sehr viel«, antworten wir.

Er denkt einen Moment nach, ehe er noch einmal ansetzt:

»Kann man damit dieses Zimmer füllen? Wie viele Toyotas kann man davon kaufen?«

Wir zucken mit den Schultern.

Nases Blick ist hilflos und leer. So haben wir ihn noch nie gesehen.

»Ich muss schlafen«, meint er. »Wir reden morgen.«

Er steht auf, lässt sich Richtung Mekka aufs Bett fallen, zieht sich die Decke über den Kopf und ist eingeschlafen.

Drei Tage später schreitet Dumbo am Nachmittag durchs Eisentor, verlangt nach den Burkas und sagt, wir gingen noch einmal telefonieren. Ich muss sofort auf die Toilette.

In den letzten acht Monaten haben wir vor allem gelernt, zu warten, Körper und Gehirn mit Training zu beschäftigen, damit die Passivität der restlichen Zeit erträglicher wird. Kommt dann ein unverhofftes Ereignis von außen, fühle ich mich überfordert. Ich habe Angst, dass meine Reflexe eingeschlafen sind, dass ich Telefonnummern nicht mehr weiß oder am Apparat falsche Aussagen treffe.

Jetzt fällt mir ein, dass ich nur das T-Shirt unter der Jacke trage, aber ich wage nichts zu sagen. Man gibt uns Flip-Flops, die Turnschuhe seien zu auffällig. Dann ziehen wir die Burkas über.

»As-salamu 'alaikum wa rahmatu 'llahi wa-barakatuhu«, sage ich und entledige mich der Burka, als ich auf der Rückbank des Toyotas sitze. Pumba und Hamza, der am Steuer sitzt, geben uns die Hand, dann fahren wir los. Dumbo ist auf den Beifahrersitz geklettert und hält einen relativ modernen Telefonapparat im Schoß. Wir passieren eine hohe Sandmauer, dann geht es über eine Schotterstraße den Hügel hinauf. David und ich sehen aus den Seitenfenstern und prägen uns die Topografie ein.

Wir kommen auf eine Asphaltstraße voller Schlaglöcher. Es ist bewölkt, keine Drohnen am Himmel, wenigstens diese

Angst bleibt uns heute erspart. Aber ist bei diesem Wetter der Empfang nicht noch schlechter als gewöhnlich? Niemand von unseren Begleitern weiß, wie die Aktion ablaufen soll. Sie halten an und beten am Straßenrand. Wir nutzen die Zeit, um uns die Distanzen einzuprägen, wechseln stumme Blicke.

Wir kommen über zwei Brücken, erreichen das Wohngebiet, das Zentrum. Wir biegen in eine Seitenstraße ab, die wir nicht kennen. In einem verwahrlosten Hinterhof steht eine Gruppe von Mudschahedin. Nase ist darunter.

Er steigt hinten neben Pumba ein, jetzt zwängen wir uns zu viert auf den Rücksitz. Der Wagen kämpft sich durch das Labyrinth des Basars. Nase gibt uns die Hand, dann einen Brief von Hans mit den Instruktionen für das Telefongespräch. Wir sollen meinem Vater sagen, dass ein Mann namens Saleem in Islamabad auf ihn wartet. Die Sache muss in einem direkten Treffen geregelt werden, ohne dass die pakistanische Regierung oder der Geheimdienst davon Wind bekommen. Dies sei der letzte Versuch. Andernfalls sind wir tot.

Wir bitten darum, dass wir auch unsere Freunde Peter und Muriel anrufen dürfen.

»Ihr dürft heute anrufen, wen ihr für richtig haltet«, meint Nase.

Warum? Haben sie keine Angst mehr, lokalisiert zu werden? Warum ist nicht einmal der Übersetzer dabei, der den Inhalt unserer Aussagen überwachen soll? »Warte diesmal ab, bis wir alles gesagt haben«, füge ich an.

»Okay«, antwortet er.

Wir kommen wieder an den Fuß des flachen »Telefonhügels«, auf dem schon zwei Männer mit Handys stehen.

Ich muss den Gedanken ausblenden, dass von diesem Telefonat unser Leben abhängt. Ich stelle mir vor, wie ich in der Schweiz im Garten sitze, zwei Kinder neben mir, die Hausaufgaben machen. Ich schaue über die verschneiten Bergwälder, sehe David, der durch die Wohnungstür kommt und lachend die Einkaufstüten neben den Herd stellt. Ein ganz normaler Tag, in zehn oder fünfzehn Jahren. David wird ein großartiger Vater sein. Falls wir jemals die Chance bekommen, Kinder großzuziehen.

Der Assistent öffnet die Seitenscheibe einen Spalt, schiebt die Telefonantenne hinaus und hängt einen Verstärker an das Kabel. Trotzdem ist das Signal schwach und labil. Er lässt den Wagen hin und her rollen, während Nase draußen mit den zwei Männern redet, die es offensichtlich geschafft haben, sich in ein Netz einzuwählen. Eine Viertelstunde suchen sie nach Empfang, schütteln den Kopf. Dann fährt der Assistent den Hügel hinauf und ruft plötzlich, das Signal sei da.

Nase lässt sich die Nummer von mir diktieren. Er verwählt sich, gibt sie erneut ein. Eine Frauenstimme sagt: »The line is busy.«

Bei uns zu Hause ist es jetzt 13.40 Uhr. Meine Mutter telefoniert, sage ich und diktiere Nase die Handynummer meines Vaters. Ich starre auf den Zettel mit Hans' Instruktionen, der auf meinen Knien liegt. Es klingelt, mein Vater antwortet.

»Papa, ich bin's, Daniela. Hörst du mich? Bist du daheim?«

»Daniela, Daniela, ja, ich bin daheim. Seid ihr frei?«

»Bitte hör mir zu. Kannst du dich an unser Telefonat von vor drei Wochen erinnern?«

»Ja«, antwortet er. »Die pakistanische Regierung hat alles mitbekommen. Es ging nicht.«

Er will mir eine Schweizer Nummer geben, lässt mich nicht reden. »Ich habe eine ganz wichtige Nummer für dich, Daniela«, sagt er immer wieder. »Dort müsst ihr morgen anrufen, am besten vormittags.«

»Vater, hör mir zu, ich gebe dir jetzt die Nummer eines gewissen Saleem. Ihr habt drei Tage, um ihn anzurufen. Sonst sterben wir.«

Aber mein Vater brüllt ins Telefon: »Daniela, Daniela, ich muss dir was geben.«

»Bitte, Papi, hör mir zu …«

»Daniela, Daniela, ich muss dir …«

»Papi, bitte, jetzt hör mir doch einen Moment lang zu.«

Ich versuche, langsam die Nummer durchzugeben. Im Hintergrund ist meine Mutter zu hören. Sie notieren gemeinsam die Nummer und wiederholen sie. Es gibt eine Zeitverzögerung in der Verbindung, die Verwirrung stiftet.

»Daniela«, schreit mein Vater, »schreib dir die Nummer vom Anwalt auf, alles ist vorbereitet.«

Ich bitte Nase um einen Stift, und David notiert die Nummer auf dem Brief.

»Bezahlt denn nicht die Schweizer Regierung das Geld?«, frage ich.

»Alles ist bereit, mein Schatz«, wiederholt mein Vater. Ich weiß nicht, ob er meine Frage absichtlich ignoriert.

Auf einmal ist meine Mutter am Apparat. »Wie geht's dem David?«, fragt sie.

»Schlecht geht es uns, Mama. Sieben Monate, wir sterben hier, wir haben keine Kraft mehr.«

Sie ist verstört und sagt, wir sollen die Anwaltsnummer anrufen, alles sei vorbereitet.

»Die Schweizer Regierung muss diese Sache regeln, Mama, nicht ihr.«

Aus dem Hintergrund kommt immer noch das Schreien und Weinen meines Vaters, meine Mutter gibt wirre Antworten. Ich dringe nicht durch mit meinen Worten. David nimmt mir das Telefon aus der Hand und versucht es seinerseits. Aber sie scheint einfach nicht zuzuhören, meint, sie habe nichts verstanden vorher, sie fängt zu weinen an und sagt, es sei so schlimm, warum wir denn noch immer nicht frei seien nach so langer Zeit.

Ich habe keine Kraft mehr, meine Mutter zu trösten. »Das wollten eigentlich wir fragen«, würde ich am liebsten sagen, aber ich stammle nur: »Ich liebe euch, und sagt auch Tanja, Seraina und Matthias, dass ich sie liebe. Wir sind am Ende, wir sterben hier.«

»Ihr müsst versuchen, stark zu sein.«

Seit sieben Monaten versuchen wir nichts anderes. Aber keines unserer Programme war auf einen solchen Zeitraum ausgelegt. Ich würde meine Mutter gerne beruhigen, aber es ist diese vertraute Stimme, die mir jeden Filter nimmt. Dann höre ich ein Kreischen im Hintergrund, Seraina, meine Schwester, und immer noch meinen Vater. Aus dem Hörer dringt ein Heulen und Weinen.

»Ich muss auflegen, Mama, bitte, holt uns hier raus, sprich mit dem Mond, ich liebe euch«, sage ich. 10'47 min, zeigt das Display an.

»Das war lang«, meint Nase. Ich versuche, die Sache mit dem Schweizer Anwalt zu erklären, dass die notierte Nummer für die Übergabe hilfreich sein könne.

»Haben sie Saleems Nummer aufgeschrieben?«, will er wissen. Alles andere scheint ihn wenig zu kümmern.

»Wollt ihr noch einmal telefonieren?«, fragt Nase.

»Ja, mit Peter, einem guten Freund«, antworten wir.

Nase nickt und lässt sich die Nummer diktieren. Ich weiß nur die Handynummer auswendig, er gibt sie fast bedächtig ein. Es klingelt, Peter geht nicht ran. Ich starre aus dem Seitenfenster und flüstere: »Peter, bitte nimm ab, bitte!« Es ist Samstag, vierzehn Uhr in der Schweiz. Peter lässt sich am Wochenende ungern stören. Und wie soll er auf die Idee kommen, dass ausgerechnet wir am Telefon sind? Nach sieben Monaten Funkstille?

»Kontakt antwortet nicht«, sagt Nase knapp und scheint sich wieder einmal zu amüsieren.

»Warte«, sagen wir leise. Am anderen Ende ist ein Rascheln vernehmbar. Dann hören wir: »Brunner.«

»Peter! Peter!«, sagt David.

»Wer bist du denn? He, ich höre dich ganz schlecht, hallo?«

»Peter, ich bin's, David. Weißt du noch?«

»Ich verstehe dich nicht. Ich kann dich nicht hören, ich lege jetzt wieder auf.«

Nein, tu's nicht, denke ich. Ich habe das Gefühl, dass sich das Auto im Kreis dreht. Die Landschaft verschwimmt zu Schlieren.

»Sie haben uns aufgegeben, sie haben uns vergessen«, flüstere ich David zu.

»Peter, ich bin's, David!«, schreit es neben mir. Dreiundvierzig Sekunden lang hört er uns nicht.

»Daaaviiiid?« Peters Stimme springt in ein hohes Register.

David nimmt den Hörer von dem Apparat, der die ganze Zeit mit der Freisprechanlage betrieben wurde, und presst ihn sich ans Ohr.

»Peter, verstehst du mich?«

»Daaviid, Daaviiiid!«

»Peter, hör mir zu.«

Peter hat jetzt seine Fassung wiedergefunden. Er ist ein bedächtiger Mensch mit einer gesunden Portion Humor. Und mit guten Reflexen.

»David, ich bin klar«, sagt er vollkommen ruhig, »du kannst mir alles durchgeben.«

David liest langsam und deutlich alle Forderungen von dem DIN-A4-Blatt ab. Peter notiert, wiederholt die Nummer, zweimal mit einem Zahlendreher, dann hat er endlich die korrekte Reihenfolge.

»Die Nummer muss innerhalb von drei Tagen kontaktiert werden, sonst sind wir tot. Ruf Danielas Vater an und erklär ihm alles noch einmal.«

»Ist klar, David, ich habe alles notiert.« David scheint unsäglich erleichtert, jemanden am Apparat zu haben, der sich nicht von den Emotionen überwältigen lässt, der Ruhe bewahrt und sich auf die wesentlichen Informationen konzentrieren kann.

»Wir haben so furchtbare Angst, dass sie uns umbringen, Peter. Wir lieben dich so sehr, euch alle ...«, David fängt an zu schluchzen und kann nicht mehr artikulieren.

Ich weine ebenfalls. »Lass mich auch noch mal mit ihm sprechen«, bringe ich hervor. »Bitte, bitte, wir wollen hier nicht sterben, Peter!«, sage ich, den Hörer umkrampfend. »Bitte hol uns nach Hause, kämpft für uns.«

»Ja, ich kämpfe, wir leiden alle sehr, wir reden immerzu von euch, wir wollen euch endlich wieder bei uns im Garten haben.«

»Bekommt ihr mit, wie die Verhandlungen stehen? Was sagen die Schweizer Behörden?« Die Frage, die ich mir Tag und Nacht stelle und auf die ich nie eine befriedigende Antwort finde.

»Sie sagen immer, es gehe euch den Umständen entsprechend gut, sie sind dran.«

»Peter, sieben Monate ... Wir können nicht mehr.«

»Ist klar, so kann's nicht weitergehen, völlig klar, Daniela.«

»Bitte sag Muriel, Liv und Fynn, dass wir sie lieben.« Ich schluchze, und die Tränen nehmen mir die Sicht.

»Wo ist Muriel?«, stammle ich.

»Steht neben mir.«

»Gib sie mir bitte mal schnell.«

Muriel, Peters Frau, schluchzt in den Hörer, und ich verstehe nicht, was sie sagt. Ich selbst bringe keinen verständlichen Laut mehr über die Lippen. Dann sammle ich mich noch einmal und schließe: »Ich gebe dir den David. Bitte gebt uns nicht auf.«

»Muriel, wir lieben euch so sehr! Wir müssen auflegen!« 7'40 min.

Niemand kommentiert das Telefonat. Wir weinen beide, auch der Assistent und Pumba wischen sich die Augen trocken. David fängt sich nicht wieder, Nase nimmt ihn in die Arme und streichelt ihm über den Kopf: »Ist ja gut, es ist gut, bitte hör jetzt auf zu weinen«, sagt er.

Peter und Muriel sind unsere besten Freunde. Sie sind Vertrauenspersonen, Anlaufstation, Ratgeber, auch Vorbilder, obwohl oder vielleicht weil sie oft anders denken als wir, besonders Peter, ein sehr methodischer, rationaler Mensch. Ihn hat David in der Armee kennengelernt, wo Peter anfangs sein Vorgesetzter und eine Art Mentor war. Wir wissen nicht, wie es sich anfühlt, eigene Kinder zu haben, wie sehr man diese zerbrechlichen Wesen liebt, wie man sich nach ihnen verzehrt und wie man mitleidet, wenn ihnen selbst ein kleines Unglück widerfährt, wenn sie sich in Fieberträumen oder mit Zahnweh quälen, sie untröstlich sind über den Streit mit einer Freundin oder ein defektes Spielzeug. Aber dank Peters und Muriels Kindern Liv und Fynn können wir es uns ein wenig vorstellen.

Nach dem Telefonat kehren wir nicht in Dumbos Haus zurück. Mitten auf dem Basar von Miranshah werden wir an den Rand einer großen Sandfläche geführt, wo eine Gruppe Männer steht. Ich steige aus dem Wagen, kann in meiner Burka aber kaum etwas sehen, nur den Müll, auf dem ich plötzlich stehe. Die Stimmen unserer Familie, die unserer Freunde hallen noch in meinen Ohren, als ein Tuch zur Seite geschoben wird und eine große blaue Stahltür zum Vorschein kommt. Es wird geklopft, die Tür geht auf, und Guildo Horn steht vor uns, reicht uns die Hand. Auch Dumbo ist da und strahlt, offensichtlich erleichtert, dass er uns, das »Gefahrgut«, für eine Weile aus seinem Haus hat. Wir werden in einen Innenhof gebracht, der noch enger ist als der der ehemaligen Bäckerei.

Von diesem Hof gehen mehrere frisch renovierte Schlafräume mit Dusche und WC ab. Es gibt keine Betten, aber Rollkissen und schwere Decken. Wir sind desorientiert, haben keine Kleider zum Wechseln, keine Zahnbürsten dabei, nichts, werden aber zuvorkommend behandelt, es gibt Huhn, Fisch, Kartoffeln, Obst und Tee. Unsere Bewacher sind ebenso zuversichtlich wie wir.

Nases Assistent Hamza, ein kluger Mann mit kurzem Bart, kurzem Haar und Mandelaugen, hat ein ähnlich feines Gespür für unsere Bedürfnisse wie einst Locke und versucht, uns den Aufenthalt so angenehm wie möglich zu machen. Doch dann verschwindet Nase plötzlich, und wir sitzen tagelang im Ungewissen fest. Der Hof ist so eng, dass wir kaum laufen können, eine Runde dauert in Schritttempo sieben Sekunden, Guildo Horn, der Chef in diesem VIP-Haus, wie sie es nennen, behandelt uns herablassend, es gibt weder Lektüre noch einen DVD-Player oder Radio. Nach den aufwühlenden Ereignissen und den Autofahrten durch die weite Landschaft sind der totale Stillstand und die Beengtheit noch schwerer zu ertragen. Niemand weiß, wo Nase steckt, über Funk ist er nicht mehr zu erreichen. Morgen wird die Straße gesperrt sein, das heißt wir sitzen fest. Aber ich habe seit einer Woche die Kleider nicht gewechselt und stinke, mein Tagebuch ist bei Dumbo geblieben, ich kann nicht einmal schreiben. Was passiert, wenn das

Ultimatum von drei Tagen abläuft? Werden wir gleich hier in diesem Hof eliminiert?

Als Nase zurückkommt, ist er übernächtigt und nervös. Wir erfahren, dass er zwei Nächte lang Hakimullah Mesud, den Chef der TTP Pakistan, begleiten musste. Er habe es deswegen auch nicht geschafft, mit dem Unterhändler in Islamabad zu telefonieren. Wir sind fassungslos. Die drei Tage, die alles entscheiden sollten? Und dann war nicht einmal für ein Telefonat Zeit?

Am Abend kommt Dumbo mit einer Menge praller Tüten an. Er hat drei Hähnchen gekauft, außerdem Lassi, Milch, Obst und Gemüse. Wir würden am Abend zu acht essen. Angesichts der aufwendigen Vorbereitungen vermuten wir: Neben Nase könnte auch noch Wali-ur Rehman zu uns stoßen. Dann säßen zwei der wichtigsten Abschussziele mit uns auf dem Teppich. Andererseits hieße das auch, dass etwas Einschneidendes passieren könnte. Und für unsere Erschießung würden sich nicht die Commander herbemühen.

Ich gehe hinaus in den Innenhof, starre in den Himmel. Die Drohnen treten immer massierter auf. Sie fliegen niedrig, ziehen ihre elliptischen Bahnen über meinem Kopf. Ich hasse sie.

Guildo Horn erzählt, die Rakete, die vor zwei Wochen von einer Drohne abgefeuert worden sei, habe direkt ins Nachbarhaus eingeschlagen. Uns kommt der Verdacht, dass sie für genau dieses VIP-Haus gedacht war, in dem wir sitzen, denn hier treffen sich Taliban-Kommandeure zu wichtigen Lagebesprechungen.

Tatsächlich kommen Nase und Wali zum Abendessen. Sie umarmen David und drücken mir fest die Hand. Wali trägt wie immer seine goldene Uhr und seine olivgrüne Weste, aber ein blutunterlaufenes Auge verleiht seinem Blick einen brutalen Zug. Er nimmt an der Stirnseite des Teppichs Platz, rechts von ihm Nase, links David. Dann folgen ich und die Bewacher. So unkultiviert unsere Bewacher oft erscheinen, die Hierarchien sind klar, und sie werden mit Selbstverständlichkeit eingehalten. Während das festliche Essen aufgetragen wird, fragt Wali: »How are you?«

Wir zucken mit den Schultern und sagen: »Siebeneinhalb Monate.«

Er lacht. Es entwickelt sich eine merkwürdige Tischkonversation, halb auf Englisch, halb auf Paschtu, wobei Wali unsere sprachlichen Fortschritte lobt. Wir wissen, dass wir auch jetzt zuerst über das Wetter, die Drohnen, die Anschläge und die aktuellen Geschehnisse zu reden haben, ehe wir die einzige für uns wichtige Frage stellen können, die sowohl Nase als auch Wali immer zum Lachen bringt: »How long?«

Schließlich wenden wir uns an Nase: »Steht der Telefonkontakt mit Saleem?«

»Nein, es hat seit drei Tagen keinen Kontakt gegeben. Niemand hat sich gemeldet.«

Wir sind wie vom Blitz getroffen. Was soll dann dieses Festmahl? Die ganze Inszenierung?

»Leschgi katschap?«, hake ich nach. »Ist das ein kleiner Scherz?«

»Kein Kontakt.«

»Das kann nicht wahr sein«, sagt David zu mir. »Was machen wir jetzt?«

»Dann war die Nummer falsch«, antworte ich. Ich kann mich einfach nicht geschlagen geben. Diesmal waren alle an der Lösung interessiert. Wir verstummen.

Wali sucht auf seinem eigenen Teller die besten Fleischstücke – ein zartes Herz, ein Filet – und legt sie auf Davids Platz. Er lächelt ihn aufmunternd an und sagt: »Kontakt okay.«

»Kontakt okay«?, fragen wir.

Sie lachen schallend. Wali und Nase sitzen nebeneinander und schlagen sich auf die Schenkel. Wir springen auf, fallen einander um den Hals.

»Esst, danach erklären wir euch alles«, sagen die beiden Talibanchefs.

Wir versuchen, es uns schmecken zu lassen, auch wenn wir am Essen kein Interesse mehr haben, auch nicht an der folgenden Konversation. Wir erfahren, dass es in Pakistan dreißigtausend Taliban gebe, mehr als in Afghanistan, und dass acht Kommandeure sie befehligen. Wir loben Nases gute Behandlung, dass wir echte Freunde geworden seien. Dieser fischt einen Zettel aus seiner Brusttasche, liest uns den Namen von Martin, dem Anwalt, vor, dazu eine Telefonnummer. Es ist dieselbe, die wir von meinen Eltern am Telefon bekommen haben.

Der Kontakt steht!

Nase sagt uns das Codewort (»Hopa-hopa«), dies müssten wir beim Telefonat mit Martin zweimal wiederholen, dann Namen, Geburtsdaten, Heimatland, Namen des Vaters sagen und sämtliche Forderungen wiederholen. Man habe sich noch auf keine Summe geeinigt, die Taliban fordern jedoch fünf Crore.

»Sind das fünf Millionen Dollar?«, fragen wir.

Wali rechnet nach. »Nein, fünfzig.«

Fünfzig? Es hat schon mehrmals Verwirrung um Dezimalstellen gegeben. Der deutsche Taliban hatte einmal von 35 Millionen geredet, was wir für Aufschneiderei hielten. Mit Nase und Wali kann man dagegen ernsthaft reden, doch alles Reden und Hin- und Herrechnen hilft nicht. Es kommen immer wieder fünfzig Millionen heraus. Eine utopische Summe.

Wir schütteln den Kopf.

»Die Schweiz ist ein sehr reiches Land«, sagt Wali. Ich betrachte ihn genauer, seinen gepflegten Bart, seine dunklen, kurzen Haare. Seine Augen strahlen eine freundliche Aufgeschlossenheit aus, er gilt als moderat und kompromissbereit. Aber da ist auch dieser rote Schatten aus geplatzten Kapillaren.

»Ja, aber sie wird ihren Reichtum nicht für zwei normale Bürger opfern«, antworten wir. »Und was geschieht, wenn die Schweiz nicht zahlt? Tötet ihr uns dann?«, frage ich. Zum hunderttausendsten Mal in den letzten acht Monaten.

»Yes«, antwortet Wali bestimmt, »yes.«

Ich reiße meine Augen auf, und er verbessert sich: »Oh, sorry, no, no, no kill, inschallah, no mujahedeen, no Rupees, release, inschallah.«

Wieder wird über Belangloses geplaudert. Sie wollen wissen, wie viel Alkohol wir trinken und was genau Käse ist. Ich bespreche mich zwischendurch mit David, und am Ende des Mahles sagen wir zu Wali: »Bevor ihr uns umbringt, lasst uns lieber hier mit euch leben. David kann Mudschahedin werden, und ich bleibe ebenfalls, aber eine Burka will ich nicht tragen.«

Wali nickt. Nase ist begeistert.

Es wird noch ein wenig herumgealbert, besonders die Zeitungsmeldungen von meiner Schwangerschaft und der Geburt eines Sohnes amüsieren Wali. »Wie wollt ihr euren Sohn denn nennen?«, fragt er.

»Nase«, sagen wir, und alle jubeln, vor allem Nase selbst. Dumbo kommt und bietet noch einen Tee an. Ich denke nur, bitte geh, die Drohnen fliegen heute so tief. Nase nickt, und dann beginnt die Teezeremonie. Wali trinkt zwei Tassen, dann funkt Hamza seine Leibwächter an. Als Guildo Horn, der am Tor Wache schiebt, das Okay gibt, bricht Wali auf. Er tauscht das Tuch mit Pumba und sagt, er müsse die Drohnenspione verwirren.

Am nächsten Morgen fordert Nase David auf mitzukommen. David wird instruiert, er sei ein türkischer Kämpfer und heiße Ikram. Das Tor öffnet sich, und die beiden verschwinden.

Ich bin panisch, lausche wieder auf die Drohnen und versuche, ihre Flugbahnen zu analysieren. Verfolgen sie Nase und David? Bei jedem Knall schrecke ich hoch und kann kaum noch atmen.

Dann werde ich ebenfalls weggebracht. Man setzt mich in ein Auto, wir fahren los, und ich suche die Gassen nach David ab. Er steht in einer Gruppe bewaffneter Männer. Sie reichen ihm die Hand, er lächelt. Für einen Moment denke ich, er sei nicht mehr in meiner Welt. Mit seinem Bart und den langen Haaren sieht er aus wie die Taliban. Und er wird mir später erzählen, es sei ein unvergessliches Gefühl gewesen, durch die zerbombten Gassen dieser Talibanhochburg zu gehen, neben Nazarjan, der von allen respektvoll begrüßt wird, ebenso begrüßt zu werden von Menschen, die nicht ahnen, dass er eine Geisel ist, sondern ihn für einen der ihren halten.

Endlich steigen sie in den Wagen; wenn eine Drohne uns trifft, dann sterben wir wenigstens gemeinsam. Wir fahren zum üblichen Hügel, das Prozedere mit Telefon und SIM-Karte beginnt, aber es gibt kaum Empfang.

Nach einer halben Stunde können wir Martin das Codewort »HOPAHOPA« (das die Taliban falsch notiert haben, eigentlich wäre es: »hope, hope« gewesen) durchgeben, trotz der gestörten Verbindung. Aber als wir zurück zu Dumbos Familie gebracht werden, sind wir sicher, der Kontakt steht.

David bekommt plötzlich wieder Schüttelfrost und so hohes Fieber, dass er sich kaum erheben kann. Dumbo hält uns auf dem Laufenden. Am 20. Februar soll das Treffen stattfinden, am 23. das Geld übergeben werden. Doch auch diese Termine verstreichen, ohne dass Nase uns aufsucht.

Als er dann doch erscheint, ist auch der Februar fast vorüber. Er spricht wirres Zeug, aus dem wir nach und nach herausdestillieren, dass noch immer keine Geldübergabe stattgefunden hat. Wenn es mit den fünfzig Millionen nicht klappen sollte, dann würden sie auch fünf nehmen von unseren Familien, oder drei oder vier.

Am 1. März strapaziert Dumbo meine Nerven, indem er einen Sprengstoffgurt in Tarnfarben aus einem der Säcke in unserem Zimmer holt, an dem Kabel zieht und »Bumm!« ruft. Ich halte seine Nähe nicht mehr aus. Als wir später Runden laufen, fängt er an, mit einem Stein das Schloss der Truhe zu malträtieren, die er sich mit seiner Frau teilt. Er steigert sich in einen Tobsuchtsanfall, schlägt das Schloss ab und wirft die Truhe um. Jeden, der ihn beruhigen will, jagt er aus dem Zimmer. Als seine Frau kommt, schlägt er sie. Zuerst mit der bloßen Hand, dann sucht er sich einen Backstein, er zückt eine Pistole und zielt auf Chobana. David geht dazwischen, während ich mich zu der Frau auf den Boden kauere, die weint und zittert. Den ganzen Abend schlägt Dumbo immer wieder auf Chobana ein, jedes Mal gehen wir dazwischen. Die Frau blutet und kann kaum mehr gehen, ich nehme sie in den Arm und versuche sie zu trösten. Zwar entwaffnet Ade ihren Sohn später, aber alle Frauen und Kinder wenden sich ab und sagen, Dumbo hätte recht gehabt, wenn er seine Frau erschossen hätte. Als wir versuchen, vernünftig mit ihm zu reden, stellt er sich stur. Eine Frau koste 900 Dollar, wenn sie sterbe, sei das kein Beinbruch, meint er.

Am 8. März, es ist Davids Geburtstag, telefonieren wir noch einmal mit der Schweiz. Hans hat uns in einem Brief mitgeteilt, dies sei der letzte Versuch, und es sei das letzte Mal, dass wir telefonieren dürften. Nach kürzester Zeit wird uns klar, dass Nase keine Strategie mehr hat. Er hat die Telefonnummern nicht dabei, weiß nicht, wen wir anrufen sollen. Als wir seine Aktentasche sehen, in der wild durcheinander Notizzettel mit Telefonnummern, Bittbriefe von gefangenen Mudschahedin und Erpresserschreiben sind, verlieren wir jede Hoffnung. Nazarjan meint, wir sollten 50 Milliarden Dollar fordern. Wir sagen, die Summe sei viel zu hoch, aber er winkt ab. Immerhin schaffen wir in diesem Gespräch mit dem Anwalt, das kein Übersetzer mithört, den Standort unseres Gefängnisses durchzugeben. Wir drehen das Wort »Miranshah« um und nennen es »Hashnarim«. Außerdem beschreiben wir die Distanzen, die wir uns eingeprägt haben, die Schlafenszeiten der Hofbewohner, die Lage unseres Zimmers usw. Wir kündigen an, dass wir in zehn Tagen einen Fluchtversuch unternehmen werden, wenn man uns vorher nicht befreit.

Am nächsten Morgen weckt David mich mit einem Snickers, in das er ein Streichholz gesteckt und angezündet hat. »Happy birthday« singt er. Es ist mein Geburtstag, mein neunundzwanzigster. Ich blase das Zündholz aus und teile mir das Snickers mit ihm. Meine Zähne graben sich in den Schokoladenmantel, schneiden in den Karamell und treffen auf den harten Widerstand der Erdnüsse. Ich schließe die Augen. Der Geschmack ist derselbe wie zu Hause.

KAPITEL VI

DIE FLUCHT
15. MÄRZ 2012

Wir sind seit achteinhalb Monaten gefangen. Anfangs hieß es, unsere Entführung sei eine Sache von drei Tagen, dann von drei Wochen, wir glaubten, zum Nationalfeiertag am 1. August 2011 wieder zu Hause zu sein, eine Erinnerung, über die wir jetzt, im März 2012, halb sarkastisch, halb selbstmitleidig lachen müssen. Der Nationalfeiertag ging ohne uns ins Land, die Geburtstage von Liv und Fynn, die Geburtstage unserer Eltern, Weihnachten, Silvester, und schließlich auch unsere eigenen Geburtstage. Die Monate verstrichen, eine unendliche, zähe Masse einander gleichender Tage. Teile unseres Lebens, die einfach ausgelöscht wurden, die man uns genommen hat wie ein Körperglied, das abgetrennt und weggeworfen wird.

Hauptsache, am Leben bleiben, sagten wir uns. Das war unser letzter Strohhalm. Seid vorsichtig, tut nichts Unüberlegtes, rät uns der Schweizer Anwalt am Telefon. Das ist leicht gesagt. Aber was sollen sie auch sagen am Schreibtisch oder im Wohnzimmer, mit Blick auf eine Asienkarte, umgeben von Mitgliedern der Task-Force? Wie sollen wir diese Ratschläge umsetzen, inmitten von Taliban-Kämpfern, die, mit Kalaschnikows, Panzerfaust, Pistolen und Handgranaten bewaffnet, darauf warten, von der Armee attackiert zu werden? Die ihrerseits Minen legen und Militärkonvois überfallen und in einem Krieg leben, der von Afghanistan aus bis weit in das pakistanische Hoheitsgebiet hineinreicht und ganz Nord-Waziristan überzieht.

Achteinhalb Monate lang haben wir uns mit dem Gedanken getröstet, dass die Verhandlungen zu einem guten Ende kommen werden, dass im Notfall unsere Familien das Lösegeld auftreiben werden. Oder dass die pakistanische Armee uns mit einem Sonderkommando befreien wird.

Wir haben unsere Koordinaten durchgegeben, haben sogar den Innenhof sauber gehalten, um zu verhindern, dass die Spezialkräfte in der Nacht über leere Plastikflaschen stolpern oder auf knisterndes Bonbonpapier treten und Dumbo alarmieren könnten. Vergebliche Hoffnungen, Illusionen …

Wir müssen all unsere Energie und Selbstachtung zusammennehmen, um nicht in Bitterkeit oder gar Hohn über unsere Naivität zu verfallen.

Und dann die unendlich langwierigen Verhandlungen. Ein Schritt vorwärts, zwei zurück, dann wieder ein Schritt. Irgendwann schien man sich auf eine konkrete Summe geeinigt zu haben, ja, auf dem Basar hatte man gar die ersten freigepressten Mudschahedin gesichtet. Die Kampfgefährten wurden angeblich mit einem Fest willkommen geheißen. Doch dann versiegte auch diese Quelle der Hoffnung. Weitere Mudschahedin sollten kommen. Sie kamen nicht. Wir hörten Gerüchte, die freigelassenen Männer seien nicht die geforderten oder der pakistanische Geheimdienst habe sie mit Medikamenten vollgepumpt, sodass sie wenige Tage nach ihrem Eintreffen an Nierenversagen gestorben sind. Gerüchte, deren Wahrheitsgehalt wir nicht überprüfen können, so wie wir nichts überprüfen können von dem, was Nase uns erzählt, was der Schweizer Anwalt uns am Telefon erzählt, was Dumbo uns erzählt …

Wir leben in einer Glasglocke, die uns vollkommen isoliert von jeglicher Realität, von unserem eigenen Leben, von allem, was wir uns wünschen. Die einzige Gewissheit ist, dass diese Glasglocke früher oder später zerbersten wird, dass Nazarjan, der auf der Abschussliste der CIA steht, irgendwann einen GPS-Sender mit zu uns ins Zimmer bringen wird und dass dieser Sender eine Hellfire-Rakete zu uns locken wird und dass wir dann sterben werden.

Wir sind, falls wir überhaupt noch zu rationalen Überlegungen in der Lage sind, zu dem Schluss gekommen, dass es für uns gefährlicher ist, in diesem Innenhof zu bleiben, als die Flucht zu wagen.

Wir wissen, wir sind im Randgebiet von Miranshah. Wir wissen, dass hinter der dicken Mauer, an der wir schlafen, ein etwa fünf, sechs Meter hoher Abhang liegt. Dahinter beginnt ein Niemandsland aus Geröllhängen, durch die ein Eselspfad führt, etwa anderthalb Kilometer weiter liegt vermutlich eine Militärbasis. Das Mauerwerk unserer Behausung ist aus sonnengetrockneten Lehmziegeln gebaut, die mit Erdreich und Reisig verstärkt wurden. Ein Metalllöffel genügt, um das Material abzuschaben. Doch die Versuche, ein Loch in die Wand zu graben, mussten wir wieder aufgeben. Die Mauer ist zwar nicht besonders hart, aber fast einen Meter dick. Das bedeutet, dass ein achtzig Zentimeter breites Loch etwa einen halben Kubikmeter Lehm und Erde produziert, etwa fünfhundert Kilo, die wir nicht unauffällig entsorgen können. Außerdem platzt Dumbo oft unangemeldet in unser Zimmer, stöbert in unseren Sachen, und früher oder später würde er das halbfertige Loch entdecken. Und das können wir auf keinen Fall riskieren. Bei einem Fluchtversuch erwischt zu werden, wäre eine Katastrophe. Wenn wir es wagen, muss es klappen.

Wir haben von einem amerikanischen Soldaten gehört, der in Afghanistan getürmt ist und nach zehn Tagen wieder erwischt wurde. Zur Strafe wurde er tagelang an einen Pfeiler gekettet, durfte nicht schlafen und wurde immer wieder zusammengeschlagen.

Die Wand zu durchbohren kommt also nicht infrage. Die sechs Meter hohen Umgrenzungsmauern des Innenhofs durch Klettern zu überwinden, ist ebenfalls unmöglich. Wir haben weder Leitern gefunden, noch lassen sich unauffällig Kerben oder Griffe in die Lehmwände schlagen. Immer wieder haben wir in den Stunden des »Hofganges« die Umgrenzungen nach einem Durchlass abgesucht. Vergeblich.

Bleibt nur eine Möglichkeit: Wir müssen durch das Haupttor. Der Plan ist ebenso simpel wie kompliziert. Soweit wir beobachten konnten, ist das Tor nie verschlossen, auch in der Nacht nicht. Verschlossen ist nur die Tür unseres Zimmers, mit einem Eisenriegel auf der Außenseite.

Unser Plan sieht vor, dass David sich, von mir an den Beinen gehalten, aus dem Oberlicht über der Tür hängen lässt und den Eisenriegel an der Außenseite aufschiebt. (Zwar bin ich leichter, aber auch kleiner, und daher könnte ich außen nicht bis an das Türschloss heranreichen.) Dann durchqueren wir den Innenhof, öffnen das schwere Tor, gehen hinaus auf die Straße, schließen das Tor wieder und verschwinden über die karstigen Hügel zur Militärbasis, die wir bei den Fahrten zum »Telefonhügel« gesehen haben. Unserer Schätzung nach befindet sich diese Basis etwa anderthalb Kilometer entfernt in nordöstlicher Richtung. Sollte uns die Flucht dorthin nicht gelingen, oder sollten wir merken, dass die Soldaten dort mit den Taliban gemeinsame Sache machen (wie und wann wir das merken sollen, und ob es dann nicht schon zu spät ist, fragen wir uns lieber erst gar nicht), dann müssten wir nach Miranshah auf das Flugfeld der pakistanischen Armee laufen. Das wären etwa elf Kilometer. Sollte auch das nicht gelingen, müssten wir die Gegenrichtung einschlagen und uns nach Südosten durchschlagen, in eine Region, in der nicht die Taliban das Sagen haben, sondern die offiziellen pakistanischen Behörden.

Dazu veranschlagen wir etwa achtzig bis einhundertzwanzig Kilometer Fußmarsch. Wir schätzen, dass wir in unwegsamem Gelände pro Nacht rund fünfzehn Kilometer schaffen können. Das hieße eine Woche marschieren. Nachts marschieren, tagsüber sich verstecken, im Geröll, in Höhlen oder in verlassenen Hütten. Genau wie auf dem Hinweg.

Für beide Optionen haben wir Material gesammelt und eine Liste mit Idealbedingungen aufgestellt: Später Mondaufgang, damit man uns in der ersten Fluchtphase nicht sieht. Dumbo soll möglichst nicht im Nebenzimmer schlafen, damit er keine verdächtigen Geräusche hört. Seit er vom nächtlichen Schreien seines Neugeborenen gestört wird, zieht er häufiger zwei Zimmer weiter. Die Stromversorgung muss gerade unterbrochen sein, damit im Innenhof (und auch im Schlafraum der Frauen) kein Licht brennt. Dumbos Moped soll vor unserer Tür geparkt sein, damit wir es problemlos sabotieren können. Wir brauchen eine klare Nacht, damit Drohnen fliegen und unsere Geräusche überdecken, möglichst eine Nacht von Samstag auf Sonntag, weil dann die Armee ihre Straßensperren errichtet, was für uns bedeutet, dass wir draußen nicht von einem Taliban-Fahrzeug aufgegriffen werden.

Glücklicherweise ist Dumbo ein Messie, der uns in seine Rumpel- und Vorratskammer eingesperrt hat. Wir haben nach und nach Stoffreste, Klebeband, eine Taschenlampe, einen Nagel, eine Infusionsnadel, zwei Fleischermesser, Handgranaten, Kleider, darunter zwei Sherwanis, schwarze und braune Schuhcreme, Zigaretten, ein wenig Bargeld, Jutesäcke und Proviant beiseitegeschafft. Außerdem haben wir eine Art Verkleidung gefertigt. Wir müssen aussehen wie Einheimische. Dazu wollen wir die Sherwanis anziehen, ich will meine blonden Haare abschneiden, eventuell mit Schuhcreme schwärzen. Im Notfall wollen wir auch unsere Gesichter mit dunkler Schuhcreme schminken, damit unser heller Teint nicht auffällt. Sollten wir in Sichtweite irgendwelcher Leute geraten, eventuell auch von Verfolgern aus unserer »Gastfamilie«, wollen wir Gebetsketten hervorziehen und rauchen. Da wir Nichtraucher sind und sie nicht wissen, dass wir uns Zigaretten beschafft haben, wäre dies eine zusätzliche Ablenkung.

Am 14. März sind wir wieder einmal ins Zimmer eingeschlossen, weil Mures Bruder zu Besuch da ist. Er darf nicht wissen, dass hier Geiseln gefangen gehalten werden. Vermutlich weiß er nicht einmal, dass Dumbo für die Taliban arbeitet. Als der Bruder zum Mittagsgebet in die Moschee geht, gestattet Mure uns einen Hofgang.

»Mein Bruder wird einige Tage bleiben. Nazarjan soll euch so lange anderswo unterbringen, damit ihr nicht die ganze Zeit im Zimmer ausharren müsst«, sagt sie.

David und ich schauen einander erschrocken an. Wenn wir verlegt werden, sind sämtliche Fluchtvorbereitungen vergebens gewesen. Wir würden wieder rund um die Uhr von »Jailern« überwacht werden. Aber der 15. März 2012 ist ein Mittwoch. Es steht keine Straßensperre, das heißt die Taliban patrouillieren in der Nacht. Dafür haben wir aber den ganzen Nachmittag und Abend im Zimmer für uns. Da der Bruder im Haus ist, werden wir nicht gestört werden und können alles in Ruhe vorbereiten. Wir gehen die restlichen Punkte unserer Liste durch: Dumbos Moped parkt vor der Tür, der Strom ist ausgefallen, die Drohnen fliegen. Der Mond wird erst gegen zwei Uhr aufgehen. Die kommende Nacht könnte unsere letzte Chance sein.

Es wird Abend. Wir essen und beginnen unser Abendzeremoniell. In den letzten Wochen sind wir immer früher schlafen gegangen, um mehr Zeit für die Vorbereitung unserer Flucht zu haben. Wir kochen uns Kaffee, legen uns hin und warten. Ich dusche ein letztes Mal, denn wir haben noch einige Liter

Wasser im Kanister, und die Gasflasche ist auch noch halbvoll. Ich möchte sauber sein in dieser Nacht, die vielleicht unsere letzte Nacht ist oder an deren Ende wir die Botschaft in Islamabad besuchen werden. Um Mitternacht wollen wir aufbrechen. Dann haben alle ihre Gebete verrichtet, Dumbo und die Frauen sind hoffentlich eingeschlafen. Um 00:20 Uhr wird ein Passagierflugzeug den Hof überqueren, es fliegt so niedrig, dass der Lärm der Triebwerke alle anderen Geräusche schluckt. Wir liegen auf den Betten und kämpfen gegen unsere Anspannung an. Wir reden kein Wort mehr. Jedes Wort könnte sich nur um eines drehen: Angst.

Um 21.30 Uhr hören wir, dass Dumbo nach Hause kommt. Mino geht das Tor öffnen, seine quietschenden Gummisandalen verraten seine hastigen Schritte. Dann die schweren Schritte von Dumbo, der über den sandigen Boden des Hofes schlurft und mit der Taschenlampe in der Hand auf unsere Tür zukommt. Der Lichtstrahl der wippenden Lampe fingert durch die Ritzen der Holzbohlen. Wie jeden Abend bleibt er dicht am Türblatt stehen, pfeift sein wildes Pfeifen. Manchmal antworten wir mit einem ähnlichen Pfeifen, dann sagt er: »Gute Nacht«, fragt, ob alles okay ist. Er könnte auch hereinkommen, aber wir haben alles sorgfältig verstaut, auf den ersten Blick würde er nichts Ungewöhnliches entdecken. Er schlurft träge davon, Richtung Schlafzimmer.

Wir haben das Fass an die Tür unter das Oberlicht gerückt und mit einem Kissen und einer Jacke unterlegt, um ein leichtes Gefälle auszugleichen. David schaut auf die Uhr, sie zeigt 00:12 Uhr.

Wir umarmen einander.

Ich lege zwei Abschiedsbriefe und eine Zeichnung für Nazarjan (mit unseren Kindern vor einem Haus in der bergigen Schweiz) ins Zimmer. Erstens wollen wir nicht in Feindschaft scheiden, trotz aller Abneigung gibt es, zumindest bei mir, auch so etwas wie Dankbarkeit gegenüber unseren Entführern, dafür, dass sie uns körperlich nicht misshandelt haben. Außerdem wollen wir, für den Fall, dass man uns wieder einfängt, für ein wenig gut Wetter sorgen. David zieht Gedanken an ein Scheitern der Flucht nicht in Betracht, für ihn sind wir entweder frei oder tot, aber ich gehe gern auf Nummer sicher. Wir schreiben eine Einleitung an Hans, dann weiter an Wali. »Wir hoffen, dass du unsere Entscheidung verstehen kannst. Wali-ur Rehman hat uns am 14. Februar gesagt, ›there is nothing between us‹, und von unserer Seite ist wirklich nichts zwischen uns, außer der Gefangenschaft, der Tatsache, dass wir nicht länger auf unsere Befreiung warten können. Bitte gebt uns das zurück, was uns gehört, nämlich unsere Freiheit. Wir haben lange Zeit gewartet, und eine so lange Trennung von unseren Familien ist für uns sehr schwer zu ertragen. Bitte lasst uns in Frieden gehen. Danke für die gute Behandlung und dafür, dass ihr uns nicht geschlagen habt, danke für die Gastfreundschaft. Und bitte richte Wali-ur Rehman aus, dass wir ihm danken. Bitte sag Nazarjan, dass er sich gut um uns gekümmert hat.«

Da Nazarjan kein Englisch spricht, habe ich für ihn nur ein großes Haus gemalt, einen Baum mit ausladender Krone, einen Berg und eine Bank, auf der wir mit Liv und Fynn sitzen. »Wunderbar, danke, wir sind zu Hause«, steht daneben auf Paschtu. Die Briefe warten seit zwei Tagen in einem Versteck. Jetzt lege ich sie auf eine Box, die uns als Ablage gedient hat.

David blockiert von innen das Türschloss mit einem großen Nagel, steigt barfuß auf das Fass, ich halte seine Beine fest. Er wartet, bis eine laute Drohne kommt, dann zieht er den Riegel des schmalen, frisch geölten Doppelfensters über dem Türblatt auf, wartet, ob sich etwas regt im Hof, und steckt seinen Kopf hinaus. Er starrt in den finsteren Innenhof, in dem sich die sandfarbenen Mauern im Sternenlicht abzeichnen. Nichts bewegt sich. David legt sich mit dem Bauch auf den Fensterrahmen, lässt sich nach unten sinken, ruckelt an dem flachen Schieber und zieht ihn langsam auf. Ich gebe unterdessen von innen Druck gegen den Türrahmen, um das Schloss zu entlasten. Ich weiß nicht, was er empfindet, aber ich fühle mich wie in einer kalten, zähen Masse. Ich spüre Davids stramme Waden zwischen meinen Händen. Sein Kopf ist draußen, sichtbar für jeden, der den Innenhof durchquert. Was sieht er? Worauf wartet er? Auf die Passagiermaschine, die jede Nacht um 00:20 Uhr unseren Innenhof überfliegt? Auf die Touristen, die in zehntausend Metern Höhe einem exotischen Urlaubsziel entgegenfliegen, von der Schweiz nach Thailand, in Erwartung eines Pools mit Unterwasserbeleuchtung, fischreicher Tauchparadiese und pikanter Küche? Die ihren Kopf auf die Rückenlehne betten und die Augen schließen? Vielleicht das Bordmagazin in die Hand nehmen und gelangweilt nach Duty-free-Angeboten suchen? Sie überqueren unseren Hof im Sicherheitsabstand. Nichts erfahren sie über die Länder, die unter ihnen dahinziehen. Diese Art zu reisen hatten wir vermeiden wollen. Wir hatten bewusst den Landweg gewählt, wollten nicht einfach in Zürich in ein mit Kunststoff und Teppichboden ausgekleidetes Fluggerät ein- und in Delhi wieder aussteigen.

Der Flieger von 00:20 kommt nicht. Ein schlechtes Omen?

David zieht den Kopf herein, schließt das Oberlicht und steigt vom Fass. Wir arretieren die Tür von innen und rollen das Fass an seinen Platz zurück. Ich stopfe die Schlafsäcke aus, lege die Hüte darauf, damit es auf den ersten Blick so wirkt, als würden wir schlafen. Wir ziehen unsere Sherwanis an, David steckt rechts und links je eine Handgranate in sein Oberteil, und dann schnallen wir die provisorischen Seesäcke um, die wir aus Reissäcken des Internationalen Flüchtlingshilfswerks zusammengenäht haben. David zieht den Nagel aus dem Türschloss. Die Tür ist offen. Wenn Dumbo jetzt hereinkommt, sieht er auf den ersten Blick, was wir vorhaben: Zwei Schweizer in Verkleidung, mit Handgranaten in den Taschen und Marschgepäck.

Wir warten einen Moment, dann öffnet David die Tür einen Spalt. Er sieht hinaus, nichts tut sich. Er öffnet die Tür vollständig und drückt sich gegen die Wand. Ich zwänge mich mit den Säcken durch die Öffnung und gehe, wie besprochen, mit langsamen Schritten an der Umgrenzungsmauer entlang. Wir haben es immer wieder geprobt. Es sind dreiunddreißig Schritte, eine Minute und fünfzehn Sekunden muss es dauern. Ich darf nicht rennen. Mein Herz schlägt bis zum Hals. Ich hatte erwartet, dass ich vor Ungeduld und Angst am liebsten lossprinten würde, doch jetzt ist das Gefühl ein anderes. Jeder Schritt kostet mich eine enorme Anstrengung, als wären mir die sechs Liter Wasser und die zehn Fladenbrote in den Rucksäcken zu schwer, als müsste ich wieder einen Bergmarathon laufen, mit einem grippalen Infekt in den Knochen. Ich gehe langsam auf die Betonblöcke zu, die neben dem Haupttor deponiert sind und sich irgendwann in eine Zisterne verwandeln sollen. Hier soll ich auf David warten, der unterdessen zu Dumbos Motorrad geschlichen ist und mit der Infusionsnadel den Vorderreifen platt sticht.

Nun dehnt sich die Zeit wieder ins Unendliche. Ich sehe, wie David an dem Motorrad kauert, eine Drohne surrt über unsere Köpfe hinweg, entfernt sich, das Geräusch verklingt, und einen Moment lang meine ich, es wäre absolut still. Meine Augen haben sich inzwischen an die Dunkelheit gewöhnt, im Sternenlicht zeichnen sich klare Konturen ab. Ich sehe das Frauenhaus, aus dem kein Laut dringt, unsere Zimmertür mit dem

Oberlicht ist geschlossen, ebenso wie der Schieber am Schloss. Unsere Tür ist unverdächtig, niemand wird auf die Idee kommen, dass wir nicht mehr dahinter schlafen. Es sei denn, er sieht uns hier stehen. Die Nacht ist klar, leichte Windböen fahren in den Hof und wirbeln Staub auf. Wie immer in den letzten achteinhalb Monaten habe ich diesen sandigen Geschmack zwischen den Zähnen.

David ist an mir vorbeigegangen und bewegt sich auf das große Tor zu. Auch wenn wir am Abend noch einmal den Hof nach Stolpersteinen abgesucht haben, geht er mit quälender Langsamkeit und Umsicht. Es scheint ihn keine Mühe zu kosten, bedächtig einen Fuß vor den anderen zu setzen, der Versuchung zu widerstehen, einfach loszurennen, den Riegel aufzureißen und aus diesem Irrsinn zu verschwinden. Ich denke an die zwei Faustschläge, die er bei der Entführung eingesteckt hat, ohne sich zu wehren, an die vielen Male, als er ein Lächeln aufgesetzt hat, obwohl er Dumbo am liebsten mit bloßen Händen erwürgt hätte. Er besitzt die Fähigkeit, in besonderen Momenten in Trance zu geraten und fehlerlos und unbeirrbar wie eine Maschine zu arbeiten.

Aber dann unterläuft auch David ein Missgeschick. Eine ganze Serie, die in die Katastrophe mündet. Zuerst zieht er wie besprochen an dem großen Eisenriegel, den wir wieder und wieder geschmiert haben. Aber trotz des Waffenöls quietscht und ächzt das Metall. David schaut mich an, zögert, zieht wieder, wieder ein Quietschen. Wieso verdammt? Die Tür ist in der Nacht anders verriegelt als am Tag. Diesen Schließmechanismus haben wir noch nie bedient, geschweige denn geölt. Noch einmal zurück, um das Öl zu holen? Das würde zu viel Zeit kosten.

Als der Riegel endlich aufgezogen ist, öffnet David die Metalltür, die in das Tor eingelassen ist. Auch diese haben wir in den letzten Wochen ein ums andere Mal mit Waffenöl beträufelt, jedes Scharnier, jede Kontaktstelle zwischen Rahmen und Türblatt. Doch die Mühe war umsonst. Mit einem lang gezogenen Kreischen und Wimmern schwingt die Tür in den Angeln. David tritt zur Seite, lehnt sich gegen die Mauer und lässt mich passieren. So ist unser Plan gewesen: Ich trete zuerst hinaus in die Freiheit. Sollte man uns im letzten Moment entdecken, dann versucht David, unsere Bewacher aufzuhalten, während ich davonlaufe. Nicht vorgesehen in unserem Plan war diese Kakofonie der Riegel und Scharniere. Ich gehe hinaus auf die dunkle Straße. Die Piste schimmert im Sternenlicht, dahinter liegt ein Hang, der sich in der Finsternis verliert. Ein merkwürdiges Gefühl. Seit Wochen warte ich auf nichts anderes als auf diesen Moment: den Innenhof verlassen, hinaustreten zu können in den freien Raum. Aber ich spüre keinen Rausch, nicht einmal ein Gefühl der Befreiung, die Angst hat mich im Griff, und entsprechend schwer fällt mir das Gehen.

Jenseits der Straße ist die Senke, in der die Frauen gewöhnlich ihr Geschäft verrichten. Manchmal auch nachts. Ich lausche, kein Laut kommt aus jener Richtung. Ich gehe an der Außenmauer entlang, während David hinter mir leise die Tür zu schließen versucht. Wieder quietschten und ächzen die Eisenteile, doch dann ist endlich Ruhe. Ich gehe und warte darauf, dass David zu mir aufschließt.

Plötzlich ein Knall, gefolgt von zwei, drei leiseren Schlägen. Was ist geschehen? Das Geräusch hat ein Echo in den Innenhof geworfen und sich in großen, sanften Wellen über die Straße und die Hügel ausgebreitet. Die Stille, die auf die Schläge folgt, ist noch gespenstischer. Ausgeschlossen, dass die Familie nicht wach geworden ist. Und tatsächlich höre ich hinter mir schnelle Schritte, Sohlen, die auf der Schotterpiste aufschlagen. »Daniela, lauf!« Davids Stimme überschlägt sich fast. Er versucht zu schreien und gleichzeitig zu flüstern. Wir wollten nicht sprechen, aber jetzt treibt er mich an, zerrt mich am Arm. Woher kam dieser Knall? Ich habe nicht die Zeit und den Mut, mich umzudrehen. Ich glaube, förmlich spüren zu können, wie Dumbos massiger Körper die Schlaftrunkenheit abgeschüttelt hat und sich gegen die große Niederlage stemmt, nämlich sein wertvolles Pfand verloren zu haben.

Später werde ich erfahren, dass sich der kleine, quietschende Schieber, mit dem man die Tür von außen blockieren kann, wieder geöffnet hat. David schließt ihn, die Tür öffnet sich langsam wieder, David fängt die Tür ab, blockiert sie erneut. Er hat jetzt keine Sicht mehr auf Dumbos Zimmertür, weiß nicht, ob dieser schon aufgeschreckt ist, er weiß nur, er muss jetzt gehen. Als er aufsteht, sieht er, wie sich der Schieber langsam wieder löst und die Tür sich öffnet. Aber er sieht nur diese sanfte Bewegung, kann sich den Knall nicht vorstellen, mit dem das metallene Türblatt auf die Mauer schlagen wird.

Ich übergebe David einen Sack, den er sich schnell über die Schulter wirft, und dann rennen wir los, außen an der Sandmauer unseres Hofes entlang. Wir erreichen den Fuß eines steilen Geröllhangs, den wir auf allen vieren hinaufklettern. Von der Anhöhe aus können wir überlegen, in welcher Richtung wir unsere Verfolger am besten abschütteln können. Wir hatten uns zusammengereimt, dass hinter dem Hügel ein weiterer kommt, auf dem das pakistanische Militär stationiert ist. Aber zuerst einmal müssen wir uns vor den Taliban in Sicherheit bringen.

Dumbo, der tumbe Fettwanst, der nur für sein Essen zu leben scheint, und den niemand so recht ernst nehmen will – was geht jetzt in seinem Kopf vor? Was hat er getan? Sein Funkgerät hat nicht genug Reichweite, um Miranshah zu kontaktieren. Funkt er jetzt einen Zwischenposten an? Wirft er sein Moped an und fährt auf den Felgen davon? Wankt er zu Fuß los?

Ist es denkbar, dass er den Knall nicht gehört hat? Dass er ihn gehört hat, wach geworden ist und sich in seiner unendlichen Bequemlichkeit einfach wieder umgedreht hat?

Dann fallen mir wieder die Szenen ein, als dieser behäbige Mann plötzlich in Rage geriet, einen Ziegelstein nahm und versuchte, Chobana den Schädel einzuschlagen, der seine Pistole holte und auf sie anlegte. Und wenn er den Pfad hochgeschnaubt kommt und zu schießen anfängt? Würden wir es fertigbringen, eine Handgranate auf ihn zu schleudern? David ist sich sicher, dass er dies tun würde, mich dagegen haben selbst die Schüsse in die Luft vor acht Monaten in eine Schockstarre versetzt.

Ich komme nur ganz langsam vorwärts. Gerade jetzt, wo ich all meine Ausdauer und Geländetauglichkeit bräuchte, verlassen mich die Kräfte. Der Abstand zu David wird immer größer.

Erst später werde ich von ihm erfahren, dass er die folgende Situation ganz anders erlebt hat als ich. Er hat einen Baum am Gipfel erreicht, hinter dem er sich versteckt. Er wartet. Eine meiner Gesten hat er so verstanden, dass ich noch etwas nachsehen wollte. Nachsehen – wo? Und was? Seine Gedanken spielen verrückt. Ich komme nicht. Stattdessen taucht ein Licht auf, das sich langsam den Hang hocharbeitet, auf ihn zu. Er wird panisch, als er einen dunklen Sherwani erkennt. Wer ist das? Wo ist Daniela? Er greift nach dem Messer, das er, in der selbst gefertigten Scheide aus Pappe, unter dem Hemd versteckt hat.

Als er hinter dem Baum hervorspringt, bereit, sich zu verteidigen, bereit, Dumbo zu töten, erkennt er mich.

»Daniela, mach die verdammte Lampe aus, bist du verrückt?«, zischt er. Aber ich will das Licht nicht ausschalten. Ich stürze ständig über Geröllbrocken und meine eigenen Füße. Meine Hände sind verschrammt, meine Ellbogen schmerzen. Ich will sehen, wohin ich trete. Er reißt mir die Taschenlampe aus der Hand und marschiert weiter. »Komm, wir dürfen hier keine Zeit verlieren.« Ich versuche ihm zu folgen, doch im Dunkeln hat er genau dieselben Probleme wie ich. Er rutscht aus und fällt zur Seite, stürzt auf die Taschenlampe, deren Gehäuse zerspringt. Sie ist demoliert, funktioniert aber wie durch ein Wunder noch. Wir gehen über die kleine Ebene. In Dumbos Haus hinter uns ist alles dunkel, aber das hat nichts zu bedeuten, denn es gibt keinen Strom, und Kerzen kennen die Taliban nicht. Einmal versammelte sich Dumbos Familie staunend um die Dusche, nachdem ich darin eine blaue Kerze angezündet hatte. Alle betrachteten fasziniert das Flackern der Flamme, den Schein an den Wänden und konnten nicht begreifen, wie ein so dünner Docht dieses Feuer halten konnte. Sie fragten mich, ob das Plastik sei, das so schön brennt.

Zwei-, dreihundert Meter, dann endet die Hochebene, und wir müssen den Hang hinuntersteigen. Die Hügel, die vor uns liegen, sehen einander zum Verwechseln ähnlich. Wie Schokoküsse ragen sie in den Nachthimmel. Wo liegt die Militärbasis? Kein Wachturm, kein Scheinwerfer, keine Antenne hebt sich von den Silhouetten ab. Haben wir die Orientierung verloren? Haben wir die Bilder, die wir vom Auto aus aufgeschnappt haben, falsch zusammengefügt? Aber wenn wir umkehren, laufen wir unseren Verfolgern in die Arme. Wir brauchen für den Abstieg etwa eine Viertelstunde. In unserer Aufregung rutschen und fallen wir mehr, als dass wir gehen.

Im Tal ist eine Schotterstraße, die wir jedoch nicht benutzen wollen. Zu groß ist die Gefahr, dass man uns entdeckt. Ich drehe mich nicht um, frage David ein ums andere Mal: »Sind sie hinter uns her?«

»Ich weiß es nicht«, flüstert David, »wir müssen nur leise sein und die Taschenlampe auslassen, dann finden sie unsere Spur nicht.« Er sagt mir, was ich hören will. Wir lauschen in die Nacht. Führt die Schotterpiste, die vor uns liegt, vielleicht doch zur Militärbasis? Wir gehen eine Weile auf der Fahrbahn, doch dann tauchen plötzlich rechts von uns Autoscheinwerfer auf. Sie fressen sich durch die Finsternis, springen über die bizarren Silhouetten der Felsen, Kaktusgewächse und Sträucher. Sie sind schon so nah, dass wir uns nicht mehr ins Gelände flüchten können. Wir erkennen das Warnblinklicht, mit dem der Wagen unterwegs ist, das typische Zeichen für einen Taliban-Wagen. Eine gewöhnliche Patrouille? Oder ist es das Kommando, das uns sucht? Die Scheinwerfer werden größer, gleiten über unsere Köpfe hinweg. Wir müssen von der Straße verschwinden, aber wir sind auf einem Steilstück, rechts unter uns ist eine Stützmauer, links geht es fast senkrecht den Berg hinauf. Das Auto ist jetzt über uns, wir hören den Motor brummen, die Reifen prasseln auf dem Schotter wie auf Kartoffelchips. David ist ins Geröll gestiegen, wirft seinen Sack auf den Boden und legt sich flach darüber. Die Scheinwerferkegel schwenken über die Fahrbahn, der Lichtschein hebt sich in meine Richtung, ich springe von der Straße, die kleine Stützmauer hinunter und ducke mich hinter einen Kaktus. Davids Sachen sind schwarz, meine braun, aber reicht das als Tarnung in dem sandfarbenen Geröll? Zwei Meter über mir rollt der Wagen vorbei, ich höre Musik und Männerstimmen aus dem offenen Seitenfenster. Sie scheinen mich nicht gesehen zu haben. Dann erkenne ich im Licht der Scheinwerfer eine 180-Grad-Kurve, ich liege genau in der Beuge! Das Auto kommt durch den Scheitelpunkt der Kurve, die Scheinwerfer beschreiben einen Halbkreis, und dann blenden sie mich. Ich bin voll im Licht, das Auto fährt auf mich zu.

Ich denke an all die Monate zurück, die Liegestützen, Situps, ich denke an all die Runden, die wir gelaufen sind, an die Dehnübungen, die Gedächtnisübungen, mit denen wir uns fit halten wollten. Ich denke an die Säcke, die wir uns genäht, die Wasserflaschen und Fladenbrote, die wir gehortet haben, die Tagebücher in meinem Gepäck. Alles umsonst. Sie werden uns entdecken, sie werden uns umbringen, die Tagebücher werden hier in der Wildnis bleiben, Regen und Hitze werden das Papier auflösen, kein Wort wird je gelesen werden über das, was wir erlebt haben. Ich denke an meine Eltern, an meine Geschwister und Freunde, die rund um die Uhr aufs Telefon gestarrt, die jeden Tag aufs Neue versucht haben, etwas für unsere Befreiung zu unternehmen, der Anwalt unserer Familie, die Schweizer Task-Force, der Botschafter in Islamabad ... Wir werden sie nicht kennenlernen, wir werden unsere Familien nicht wiedersehen.

Die Musik zieht in Schwaden herauf, die Stimmen der Männer ändern ihre Tonlage nicht, das Auto rollt unter mir vorbei.

Ich versuche so schnell wie möglich zu David zu kommen, der sich erhoben und den Sack über die Schulter geworfen hat. »Komm schon«, raunt er mir zu, und dann arbeitet er sich wieder auf allen vieren den Hang hoch. Er rennt, stürzt, rappelt sich auf, krabbelt ein Stück und rennt wieder, während erneut Scheinwerfer auftauchen. Wir haben den Verlauf der Schotterpiste im Kopf und versuchen, möglichst viel Abstand zu gewinnen. Wieder ein Auto mit Warnblinklicht, wieder ein Taliban-Wagen. Keine Musik diesmal, keine offenen Seitenfenster. Die Scheinwerfer nehmen uns nicht ins Visier.

Wir gelangen auf den Scheitelpunkt des Hügels und finden eine Mulde, in die wir uns setzen, um zu verschnaufen.

Die Dieselmotoren brummen im Tal, über uns surren die Drohnen. Selbst wenn die Taliban uns mit ihren Fahrzeugen suchen – hier sind wir sicher.

Nach dem Gesetz der Taliban ist jeglicher Genuss von Tabak (außer Kep) verboten, überhaupt jeder Genuss, nehmen wir an. Solange ihre Frauen sexuell attraktiv wirken können, dürfen diese nicht einmal den Innenhof verlassen, außer um ein Geschäft in eine der Gruben unter freiem Himmel zu verrichten. Aber wir sind nicht die Einzigen, die Dumbos Regime ausgehebelt haben. Bei der Suche nach Material und Geld haben wir in Chobanas Sachen Zigaretten gefunden, gut versteckt in ihrer Wäsche. Raucht Chobana heimlich? David nimmt die Zigaretten, die er zur Tarnung gestohlen hat. Er will zu Ehren dieser Stunde, des Moments der Freiheit, und auch in Erinnerung an Chobana, eine heimliche Mitstreiterin, die gegen ihren gefühllosen Ehemann und den ganzen Regelkodex der Taliban rebelliert, eine rauchen. Er zündet ein Streichholz an, schirmt die Flamme gegen den lauen Wind und als Sichtschutz ab und hält die Spitze hinein. Er zieht den Rauch tief in die Lungen, schließt die Augen. Sein Brustkorb pumpt, sein Herz schlägt. »Willst du einen Zug?«, fragt er, obwohl er weiß, dass ich niemals rauche. Ich schüttle den Kopf und schließe ebenfalls für einen Moment die Augen. Ich denke ebenfalls an Chobana. In Gefangenschaft hatte ich mir immer wieder vorgenommen, später etwas für sie und die anderen Frauen in Waziristan zu tun. Aber was? Durch meine Flucht habe ich sie wahrscheinlich eher in Gefahr gebracht. Wir haben starken Kaffee getrunken, unser Adrenalinspiegel könnte kaum höher sein, und doch fühle ich mich schwer und träge wie ein Stück Beton. Ich sehe Dumbo vor mir, der hektisch in sein Funkgerät spricht, die Pick-ups, die ausschwärmen, auf den Ladeflächen bewaffnete

Taliban. So beschränkt Dumbo ist – er muss wissen, dass er unsere Flucht nicht verheimlichen kann.

Unter das Surren der Drohnen mischt sich ein anderes Motorengeräusch. Kein Diesel, kein Auto, die Drehzahl ist hoch, ein Motorrad scheint durch die Landschaft zu rasen. David tritt die Zigarette aus und schiebt den Kopf aus der Mulde.

»Daniela«, flüstert er. Ich reagiere nicht. Ich will nur schlafen, ich will mich nicht bewegen. »Daniela, jetzt schau doch mal!«

Ich erhebe mich und lege mich neben David auf den Bauch. In etwa fünfhundert Metern Entfernung sieht man einen einzelnen Scheinwerfer. Er zittert und tanzt, während der Motor mal mit hoher, dann wieder niedriger Drehzahl jault. David beobachtet ihn, ohne große Regung. Merkt er denn nicht, was dieser Scheinwerfer bedeutet? Mein Herzschlag beschleunigt sich. Das könnte das Flussbett sein, das als Straße genutzt wird. Also haben wir die Orientierung wieder, wir sind auf dem richtigen Weg!

»Weißt du, was das bedeutet?«, frage ich David.

Er überlegt einen Moment, dann fasst er mich am Arm, versucht mich hochzuziehen: »Ja, ja, du hast recht, Daniela! Wenn dort das Flussbett liegt, dann ist die Teerstraße nicht weit, die Teerstraße zum Stützpunkt. Los.«

Unten im Tal, im gräulich schimmernden Flussbett, rollt ein Taliban-Auto. Ein zweites kommt ihm entgegen, dann ein drittes. Die Wagen bremsen, halten nebeneinander, offensichtlich reden die Fahrer miteinander. Über uns?

Mino und die anderen haben uns immer wieder erzählt, die Taliban würden rund um die Uhr patrouillieren. Auch die Jailer hatten sich regelmäßig zum »Nachtdienst« abgemeldet, was wir für Angeberei gehalten hatten. Aber vielleicht hat man uns die Wahrheit gesagt und die Fahrzeuge, die wir unten in dem Flussbett sehen, fahren nur eine Routinepatrouille.

Vom Verlauf der Teerstraße können wir auf die Lage der Militärbasis schließen. Sie muss auf dem Hügel zu unserer Rechten liegen, etwa achthundert Meter Luftlinie entfernt. Aber diese Luftlinie führt über ein Tal und drei Straßen hinweg. Und jede Straße bedeutet Gefahr.

Der Mond kommt über einen Bergrücken gekrochen. Zuerst nur ein diffuser Lichtklecks, der eine Kante erleuchtet, aus der sich ein weißes Segment, wie ein Fingernagel, erhebt. Es ist Viertel vor zwei, innerhalb weniger Minuten hat sich der Halbmond von der Erdkruste gelöst, steht strahlend, fast heiter, im Nachthimmel und taucht die Landschaft in Silbertöne.

Eine Drohne schiebt sich einen Moment mit ihrem verdickten Bug und dem schlanken Rumpf vorbei, und dann ist sie wieder in der Finsternis verschwunden, wie all die anderen, die ihre elliptischen Bahnen ziehen, tiefer jetzt als am Tag, drei, vier, dann fünf dieser unbemannten Flugkörper mit ihren Tag- und Nachtsichtkameras, mit ihren Hellfire-Raketen und ihren 500-Kilogramm-Bomben. Einige tausend Meter über ihnen Passagierflugzeuge, hier unten auf unserer Erdoberfläche dagegen kämpfen sich die Taliban-Autos durch das Flussbett und malen mit ihren gelblichen Scheinwerfern Muster in die Nacht.

»Los, Daniela, wir müssen gehen. Du musst dich jetzt überwinden!«, ruft David. Er springt auf die Füße und geht los. Fast vergnügt wirkt er, während ich mich in unserem Nest so wohl und geborgen fühle, dass ich immer noch nicht weg will. Warum schon wieder laufen?, denke ich, obwohl ich das Adrenalin in allen Muskeln spüre. Niemand kann uns hier finden, niemand wird uns ein Haar krümmen. Wir sind entkommen, wir sind frei. Ich starre in den Sternenhimmel, frage mich, ob wir einen ab- oder einen zunehmenden Mond sehen. »Daniela. Ein paar Minuten Fußmarsch, und dann sind wir beim Militär!«

Ich erhebe mich widerwillig. Der Sack schneidet in meine Schulter. Ich schaue den Mond an und weiß, in der Schweiz ist es gleich 22 Uhr, vielleicht erinnert meine Mama sich an meine Bitte, sie solle den Mond betrachten, vielleicht steht sie oben am Schlafzimmerfenster und sieht hinaus, spürt, dass wir auf der Flucht sind, dass wir unterwegs sind zu ihr, nach sechstausendzweihundertdreißig Stunden. »We are coming home!«, das Lied, das ich so oft vor mich hin gesungen habe, um mich zu belügen – jetzt könnte es wahr werden. Wenn ich mich nur endlich aufraffen könnte.

David ist schon hinter der Kante verschwunden, er hastet den Abhang hinunter, stürzt, kugelt sich, rutscht und springt wieder auf die Füße, unempfindlich geworden gegen die scharfkantigen Steine. Ich rutsche ebenfalls in dem bröseligen Schutt Richtung Tal.

David hat die Teerstraße erreicht und läuft in einem kontrollierten Trab die leichte Steigung hinauf, während ich plötzlich keine Luft mehr bekomme. Als Kind litt ich unter Asthma. Meine Bronchien verengten sich oft ohne Vorwarnung, und mit einem pfeifenden Geräusch musste ich Sauerstoff durch den Engpass in meine Lungen ziehen, immer in der panischen Angst, dieser Strom könnte versiegen. So ergeht es mir jetzt wieder, zum ersten Mal nach vierzehn Jahren, nach zehn Halb- und Bergmarathons, nach Tausenden von Trainingskilometern, die ich jährlich abgespult habe. Ich renne ein paar Meter, dann muss ich wieder gehen. Meine Muskeln sind hart, die Knie schlottern.

David steht am Straßenrand und wartet. »Was ist? Das hier ist der gefährlichste Punkt.«

»Ich kann nicht rennen.«

»Es sind nur hundert Meter, wir müssen nur diese Gerade schaffen.«

David versucht, mich zu stützen, zu ziehen, mir immer wieder Mut zu machen.

Dann springt er vor mir eine drei Meter hohe Stützmauer hinunter, landet im Sand und lässt sich Richtung Tal rutschen. Es sieht leicht und anstrengungslos aus, und so lasse ich mich ebenfalls fallen. Kühl an der Oberfläche, warm in der Tiefe ist der Sand, der in meine Schuhe und in den Ausschnitt des Hemdes rieselt. David geht parallel zur Straße weiter.

Wie eine Maschine arbeiten seine Beine sich voran. Dennoch schlägt er immer wieder hin, versucht sich mit den Händen abzufangen, arbeitet sich unter der Last wieder hoch.

Er läuft genau an der Teerstraße entlang, aber können wir denn sicher sein, dass sie zur Militärbasis führt? Und wenn wir doch die zweite Option wählen müssen? Diesen Landstrich per Fußmarsch zu verlassen und in eine von der pakistanischen Polizei kontrollierte Region zu gelangen? Eine Woche lang zehn Stunden Marsch jede Nacht. Ich bekomme noch weniger Luft.

Plötzlich fällt ein riesiger Lichtkegel über einen Berghang. Auf einem Hügel ist ein kreisrunder Scheinwerfer angegangen. Wie ein großes zyklopisches Auge starrt er in die Finsternis und beginnt, langsam und systematisch alle Hügelflanken abzusuchen. So viele Lux – das kann nur ein fest installierter Scheinwerfer mit eigenem Stromaggregat sein. Die Militärbasis.

»Daniela«, ruft David und zeigt mir, was ich längst gesehen habe.

»Wir sind gerettet«, antworte ich.

»Wir sind erst gerettet, wenn wir im Helikopter sitzen«, sagt David und geht weiter. Ich verstehe seine Skepsis nicht. Wovor hat er Angst? Dass die Militärbasis von den Taliban eingenommen wird, die uns suchen? Oder dass in der Militärbasis gar kein pakistanisches Militär sitzt? Vielleicht ist das Fort ja schon gefallen. Die Taliban haben schon einmal die Garnison Miranshah eingenommen. Bis auf den Scheinwerfer ist alles dunkel.

Ein Hund fängt an zu bellen. Er mag etwa hundert Meter entfernt sein. David hat einen großen Knüppel mitgenommen, um uns gegen wilde Tiere verteidigen zu können, aber sicherheitshalber umgehen wir das Gebell in einem weiten Bogen. Der Hund beruhigt sich nicht, sein Bellen schallt heiser und giftig durch die kargen Steintäler, aber niemand scheint etwas darauf zu geben, und der Hund scheint auf unsere Fährte nichts zu geben.

Wir gehen davon aus, dass die Militäranlage den gesamten Hügel wie ein Querriegel überzieht. Folglich müssen wir nur vorwärtslaufen und werden automatisch an die Sperranlagen kommen. Meine Arme und Beine zittern, ich versuche, David zu folgen, der mich immer wieder anfaucht. Um das Tempo zu erhöhen, drücke ich mit den Händen bei jedem Schritt die Oberschenkel nach unten. Der Scheinwerfer ist ausgegangen, die Landschaft finsterer als zuvor.

»Gib mal ein Lichtzeichen«, rufe ich David zu.

»Wozu?«

»Damit sie uns sehen.«

»Besser nicht.«

»Wieso nicht? Jetzt gib ihnen ein Lichtzeichen!«

»Und wenn sie einfach schießen? Wie sollen sie auf die Idee kommen, dass wir zwei Schweizer Geiseln sind, die den Taliban entlaufen sind?«

Wir erkennen eine Art Wachturm, der sich als schwarzer Umriss im Nachthimmel abzeichnet und seitlich übergeht in eine Umgrenzungsmauer. Nachdem wir auf etwa hundert Meter herangekommen sind, sagt David: »Ich werde SOS blinken.

Welcher Taliban macht schon durch Lichtzeichen auf sich aufmerksam?«

Er hebt die Taschenlampe und blinkt dreimal kurz, dreimal lang, dreimal kurz. Keine Reaktion. Es bleibt finster auf der Kuppe, der Wind pfeift in unseren Ohren, lässt die vertrockneten Tamarisken knistern. Da stehen wir nun. Hundert Meter von unserer Rettung entfernt, auf freiem Feld. Eine leichte Beute für jeden Schützen.

»Was sollen wir tun?«, frage ich.

»Wir müssen näher rangehen, damit sie uns verstehen.«

Immer wieder hatten wir besprochen, dass es zwei besonders heikle Momente gibt: die Flucht aus dem Innenhof und dann die Kontaktaufnahme mit dem Militär.

Während wir langsam auf den unbeleuchteten Wachturm zugehen, rufen wir: »Help! Help!«, und winken mit den Armen und der Taschenlampe.

»Worauf warten die, verdammt?«, brummt David. »Auf die ideale Schussdistanz?«

Der Wind wird immer stärker, die Atmosphäre immer unheimlicher. Kein Leben scheint in der Basis zu sein. Ist sie doch gestürmt worden? Ich will nicht mehr weitergehen.

»Es hat keinen Sinn«, sage ich.

»Wir müssen in diesen Stützpunkt rein.«

David zieht mich an der Hand noch ein Dutzend Schritte weiter, und vor unseren Augen verwandelt sich der schwarze Umriss des Wachturms in unregelmäßige Zacken. Wie der Rücken eines Drachen aus dem Märchen, der faul und unheilvoll in der Finsternis döst.

»Das ist eine Ruine«, sage ich, »David, die Basis ist zerschossen.«

Man sieht nur Steine, Geröll. Aber sie haben ja mit Scheinwerfern die Hügel abgesucht. Irgendwo muss Militär sein.

David schweigt und geht stur weiter. Sieht er denn nicht, dass es sinnlos ist? Ich fange an zu weinen, drehe mich um und suche im Mondlicht nach unseren Verfolgern. Wir sind in der Falle. Vor uns haben sich Taliban verschanzt, hinter uns sind die Suchtrupps.

»Das ist gar kein Wachturm«, sagt David. »Es sind Felsen.«

Ist das möglich? Haben wir den falschen Hügel erwischt? Aber ich bin sicher, dass der Scheinwerfer von dieser Kuppe aus gestrahlt hat. Meine Knie geben nach. Ich kann nicht mehr.

»Die Basis ist da drüben«, sagt David und deutet auf eine schwarze, unförmige Masse, die auf dem Kamm des Hügels ruht. Der Umriss ist viel kleiner als erwartet. Oder ist er so weit entfernt?

David hebt noch einmal die Taschenlampe und leuchtet dreimal kurz, dreimal ... Ich weiß nicht, soll ich ihn bewundern oder bedauern? Immer wieder haben wir einander in diesen achteinhalb Monaten Kraft gegeben, und wenn die Lage vollkommen trostlos war, dann blieb da immer noch ein letzter Rest an Humor, ein fast irrwitziges Lachen, mit dem der eine den anderen jeweils aufgemuntert hat. Aber das ist kein Humor. David meint es ernst mit seiner kleinen, billigen Taschenlampe, diesem aus China importierten Schund, den Dumbo für ein paar Rupien auf dem Markt erstanden hat.

Da erstrahlt plötzlich die ganze Kuppe. Wir sind in gleißendes Licht getaucht, geblendet, heben die Arme, schreien: »Don't shoot us! Please, don't shoot us! Help! Help!« Wir schreien wie irrsinnig durcheinander, und aus der Basis erschallen ebenso wirre Schreie, auf Paschtu, auf Urdu. Die Männer hinter den Wehranlagen scheinen genauso viel Angst zu haben wie wir.

»Malgeri«, rufen wir, »malgeri, malgeri!« (was »Freund« auf Paschtu bedeutet), und gehen auf die Knie. David greift ganz langsam unter sein Hemd und legt das Messer ab. »Du musst deinen Hut abnehmen, zeig ihnen dein Haar!«, ruft David. Wir hatten das hundert Mal besprochen. Ich setze langsam meine grüne italienische Militärmütze ab und sage: »Meine Haare sind offen.« Sie haben uns im Visier. Wenn ich eine falsche Bewegung mache …

David hat seinen Sherwani abgelegt. Er kniet jetzt in T-Shirt und mit erhobenen Armen in dem hell erleuchteten Geröll. Mit seinem langen Bart sieht er aus, als wollte er sich zum Gebet niederwerfen. »Mein Hemd habe ich ausgezogen, mein Messer entfernt«, ruft David mir zu, entsprechend unserer Checkliste.

»Gut«, antworte ich, »es ist 2 Uhr 47, wir haben noch drei Stunden, ehe es hell wird.«

Dann lege ich ebenfalls den Sherwani ab und knie im T-Shirt da. Wir erwarten, dass der Mann am Scheinwerfer einen Kameraden schickt, um uns zu durchsuchen, doch nichts geschieht. Wir knien da, im böigen Wind, im gleißenden Licht, das Blut rauscht in meinen Ohren. Ich werfe wieder einen Blick auf meine Uhr: 2.50 Uhr. Vor zwanzig Minuten ist Ade in den Innenhof getreten, um ihr sechstes Gebet zu verrichten. Spätestens jetzt hat man das offene Tor entdeckt. Ist sie an unsere Tür gelaufen? Hat sie Dumbo, ihren Sohn, geweckt? Sicher. Die Taliban sind alarmiert. In drei Stunden wird es hell, und wir werden kilometerweit zu sehen sein.

Der große Scheinwerfer schwenkt von der Hügelkante hinüber auf die andere Seite. Immer wieder kommt der Lichtstrahl zu uns und wandert dann auf die Gegenseite, während ein Scheinwerfer permanent auf uns gerichtet bleibt. Zwei weitere suchen minutenlang die gegenüberliegende Hügelkette ab. Was soll das? Wollen sie uns einen Weg weisen? Aber wieso sollen wir uns entfernen von dem Fort? Wieso sollen wir ins nächste Tal hinabsteigen? Begreifen sie denn nicht, dass wir hineinwollen? Dass wir ihren Schutz suchen?

Der Scheinwerfer ist unbeirrbar. Er zeichnet uns einen Weg vor, wir setzen uns langsam in Bewegung, das Flutlicht wirft harte Konturen über das Geröll, leuchtet jeden Stein, jede Senke aus.

Das Gepäck ist immer noch schwer, aber wir stürzen nicht mehr so oft. Etwa zehn Minuten lang folgen wir der Spur, die uns der Lichtkegel legt, wir überqueren die Kuppe und steigen wieder bergab. All die Mühe, die wir uns gemacht hatten, um diesen verfluchten Geröllhügel hinaufzukommen, war umsonst. All die potenzielle Energie, die wir erzeugt haben, durch Verbrennung von Kohlehydraten und Sauerstoff in unserer Muskulatur, unter Erzeugung von Wärme und Milchsäure, war vergeudet.

Wir erkennen im Tal allmählich eine Teerstraße. Offensichtlich die reguläre Zufahrt zur Militärbasis. Wir scheinen uns auf der Rückseite an das Fort herangearbeitet zu haben. Sollen wir nun durch die offizielle Schleuse? Aber wo ist diese Schleuse? Einen Kontrollposten sehen wir nicht.

Jedes Mal wenn wir zögern, fuchtelt der Soldat ungeduldig mit seinem Scheinwerfer und dirigiert uns weiter ins Tal. »Very dangerous area, very dangerous«, schreit er. »Taliban area.«

»Yes, we know«, schreien wir zurück, »we know. Help us!«

»Go road, go Miranshah.«

Will er uns abwimmeln? Nach Miranshah?

Plötzlich erlischt der Scheinwerfer. Wir stehen in der pechschwarzen Nacht und lauschen auf Anweisungen, hoffen, dass uns jemand holen kommt. Nichts geschieht. Wir sind zwanzig Meter von der Teerstraße entfernt, der absoluten Gefahrenzone. Wenn die Taliban ausschwärmen mit ihren Toyotas, dann werden sie über diese Straße kommen. Ich denke an Nazarjan, aus dessen schwarz geschminkten Augen jedes Mitgefühl verschwunden sein wird angesichts unseres Verrats. Wir haben seine »Gastfreundschaft« missbraucht, wir stehen nicht mehr unter dem Schutz des Paschtunwali.

Nazarjan, der erfahrene Kämpfer, der unzählige Kriegsoperationen in Afghanistan geleitet hat. Für den es als überzeugten Taliban nur eine Pflicht gibt: sein Land von den Ungläubigen zu befreien und die Scharia durchzusetzen. Und wenn er in diesem Kampf sterben sollte, dann wäre dies ein Privileg, als Märtyrer würde sein Leib direkt ins Paradies eingehen, seinen Angehörigen würde man gratulieren.

»Was sollen wir machen? Die lassen uns nicht rein.«

David reagiert nicht.

»Wollen wir einfach weitergehen?«, hake ich nach.

»Nein.«

Wieder herrscht Stille. Langsam zeichnet sich im Mondlicht die Teerstraße ab, als breites, glattes Band.

»David«, flüstere ich, »was passiert jetzt?«

David antwortet nicht. Kein Auto fährt vor, kein Militärstiefel knallt auf dem Asphalt.

Die Minuten vergehen, und langsam geben wir die Hoffnung auf, dass der Wachposten mit dem Scheinwerfer etwas unternehmen wird. Allmählich kommen uns auch Zweifel, ob das Stimmengewirr aus Urdu und Paschtu, das Gebrüll, das aus dem Stützpunkt getönt hatte, von mehr als einem Soldaten kam. Vermutlich sitzt da ein einsamer Rekrut am Scheinwerfer, verängstigt, überfordert. Ein Bursche von vielleicht achtzehn Jahren, der sein Schicksal dafür verflucht, dass er ausgerechnet in dieser Nacht zur Wache eingeteilt worden ist.

Er ist panisch vor Angst, hat Angst vor uns, Angst vor den Taliban, Angst vor der undurchdringlichen Finsternis, die den Stützpunkt umgibt. Er hat Angst, einen entscheidenden Fehler zu machen, der ihn die Karriere, den Sold, die Achtung seiner Offiziere oder vielleicht das Leben kosten kann.

Soll er seine Vorgesetzten wecken? Alarm schlagen?

Er scheint einfach zu hoffen, dass wir aus seinem Leben verschwinden.

»Hello?«, ruft David in die Nacht, und ich unterstütze ihn. »Hello, hello!«, schreien wir gemeinsam.

Schließlich kommt ein »hello« als Antwort, und wir rufen: »We need to talk to you.«

»I don't want to talk to you«, schreit der Mann zurück.

Wieder verstreichen die Minuten. Dann flammt der Scheinwerfer wieder auf.

»Okay«, schreit der Soldat zu uns, »okay. Hadscha, relax.«

Seine Stimme klingt alles andere als relaxt.

»Move!«, schreit sie.

Wir stehen auf und denken, nun hat er es endlich verstanden. Wir sehen einander an und gehen vorsichtig zwei Schritte. Doch sofort fängt der Soldat wieder zu brüllen an: »Stop! Stop!«

Ist er vollkommen verrückt geworden? Warum holt er nicht Hilfe, wenn er der Situation nicht gewachsen ist? Seine Stimme klingt jung, nicht unfreundlich, aber hilflos bis zur Hoffnungslosigkeit. Wir lassen uns auf die Knie fallen. Die Angst des Soldaten überträgt sich auf uns, er scheint zu keiner rationalen Handlung fähig. »Don't shoot us! Don't shoot!«, schreien wir. »Please help us! Kidnapping. Kidnapping.«

»Am besten wir lassen alles zurück«, sagt David. »Er ist zu verunsichert, kann uns und unser Gepäck nicht einordnen.« David fängt an, den Sack und alle anderen Dinge abzustreifen, die wir mit so viel Sorgfalt zusammengetragen und -genäht haben, er zieht sogar sein T-Shirt aus, bis er nur noch in Hose und Schuhen dakniet. Ich lege ebenfalls den improvisierten Rucksack ab, lasse in Gedanken all die Dinge Revue passieren, von denen ich mich nun trenne. Meine Handtasche, meinen Teddybär, meine Tagebücher. Die vier Bände, die mich die achteinhalb

Monate begleitet haben, mein Halt, meine Erinnerung. Und wenn wir doch nicht hineindürfen? Wenn irgendetwas schiefgeht und in der Basis doch keine regulären Truppen, sondern Verräter oder Taliban sitzen? Dann werden wir davonrennen – halbnackt, unbewaffnet und ohne Proviant.

»Okay, relax!«

Auf Paschtu erwidern wir, dass wir Freunde sind. Wir versuchen ihm unsere Lage zu erklären, aber wir kennen das Wort für »entführt« nicht.

»Move«, ruft er.

Wir gehen wieder ein paar Schritte, lassen uns wieder fallen.

»Kidnapped«, schreien wir, »Loralai.« Auf Paschtu klauben wir Worte zusammen, erklären, dass wir achteinhalb Monate in einem Taliban-Gefängnis verbracht hätten und weggelaufen seien.

»Switzerland«, fügen wir noch an.

»Swasiland?«, fragt er zurück.

»No, Switzerland.«

»America?«

»No. No, Switzerland.«

Der Scheinwerfer geht wieder aus, es ist, als müsste die kleine Halogenröhre verschnaufen und nachdenken. Auf welche Lösung ist sie gekommen, als sie nach einer unendlich langen Viertelstunde wieder aufflammt?

»Okay«, schreit der Mann, »only the man.«

David hebt die Arme und steigt langsam etwa dreißig Meter den Hügel hinauf. Das Scheinwerferlicht ist so stark, dass die Konturen verschwimmen. Nachdem David stehen geblieben ist, schreit der Soldat, ich solle folgen. Als wir an eine Stacheldrahtbarriere, für unsere Begriffe nicht viel mehr als ein Weidedraht, kommen, hallt es durch die Nacht: »Okay, I'm gonna speaking to officer.«

Wir setzen uns hin und warten. Inzwischen sind zwei Stunden vergangen, seit der Scheinwerfer uns das erste Mal ins Visier genommen hat. Es ist gleich halb fünf, in wenigen Minuten wird es Tag.

»David, lass uns nach Miranshah gehen«, sage ich. »Der wird uns niemals reinlassen. Eher knallt er uns ab.« Plötzlich spüre ich wieder Energie in meinen Muskeln, die sich gegen das Herumsitzen wehren.

»Nein«, antwortet David, »hier bringen mich keine zehn Pferde weg. Ich gehe keinen Schritt mehr.«

Da kommt ein Soldat in Uniform, auf den Armen eine Wolldecke, eine Wasserflasche und zwei Trinkbecher aus Messing. Über den niedrigen Stacheldraht reicht er uns die Sachen und gibt dem schlotternden David ein Zeichen, er solle sich die Decke überwerfen.

Wir erkennen, dass der junge Mann, wir schätzen ihn auf Mitte zwanzig, die pakistanische schwarze Uniform mit dem roten Saum trägt.

»Your name?«, fragt er.

»David and Daniela.«

»Okay, Dawoud and Daniila.« David ist auch für die Moslems ein Prophet, sie sprechen den Namen nur ein wenig anders aus. Mein Name dagegen ist ihnen fremd.

Er geht, kommt zwei Minuten später zurück und fragt wieder: »Your name?«

»David and Daniela.«

»Ahh, okay, okay, Dawoud and Daniila, hadscha, hadscha!«

Das geht sicher drei bis vier Mal so. Wir haben den Eindruck, dass der Soldat auf dem Weg zum Kommando jedes Mal unsere Namen vergisst.

Schließlich kommt er mit drei Männern zurück. Drei reifere Männer mit Hennabärten, die aufs Haar den Taliban-Kämpfern gleichen, mit denen wir es in den achteinhalb Monaten zu tun hatten. Dann erscheinen noch zwei Männer, die sich über ihre Zivilkleider Uniformjacken gezogen haben. Sie wirken, als wären sie gerade aus dem Bett gesprungen. David wird durchsucht, mich kontrolliert man mit einem Metalldetektor. Danach werden wir in genau festgelegter Formation, immer abwechselnd ein Hennabart, dann David, wieder ein Bart, dann ich und zum Abschluss der letzte Bärtige, durch ein Loch in der Stacheldrahtbarriere geschleust. Zehn Minuten später stehen wir in einem Innenhof des Forts, ein Dutzend Gewehrläufe sind auf uns gerichtet, Davids Hände sind auf den Rücken gefesselt. Seit unserer Flucht aus dem Zimmer sind fast fünf Stunden vergangen. Fünf Stunden für anderthalb Kilometer Fußmarsch.

Aber wir haben es geschafft.

Auf dem Flug nach Peshawar sehe ich aus dem Hubschrauber, während David sich mit einem nach Alkohol riechenden Colonel darüber unterhält, wie uns die Entführer behandelt haben, über unsere Flucht und die politische Lage Pakistans spricht. Unter uns nur Wildnis, kein elektrisches Licht, keine Behausungen, keine Anzeichen von Zivilisation. Ich spüre ein berauschendes Glücksgefühl und gleichzeitig Dankbarkeit dafür, dass wir nicht die FATA zu Fuß haben durchqueren müssen, in der Hoffnung, es bis in eine von der Armee kontrollierte Region zu schaffen. Ich kneife mir mehrmals in den Oberschenkel, um sicher zu sein, dass ich nicht träume, dass wir tatsächlich in die Freiheit entschweben. Ich spreche stumm mit meinen Eltern, mit unseren Freunden, die sich um diese Zeit – vier Uhr in der Schweiz – sicher noch im Bett wälzen, vielleicht von Albträumen und Kummer gequält. Ich danke innerlich Dumbo dafür, dass er dagegen bei unserer Flucht so tief und fest geschlafen hat.

Als die Leuchtziffern der Uhr, die Nazarjan uns geschenkt hat, 10:12 Uhr anzeigen, sind wir in einem »Safe House« des pakistanischen Geheimdienstes angekommen. Wir haben eine schier endlose warme Dusche und den Luxus einer Sitz-Toilette genossen und liegen auf einem breiten, weichen Bett. Im Fernsehen ist Roger Federer zu sehen, der mit seinen gewohnt souveränen Grundlinienschlägen ein Tennismatch dominiert. 10:12 Uhr in Islamabad, 7:12 Uhr in der Schweiz. Ich sage zu David: »Jetzt wissen sie es zu Hause«, und ich fange zu weinen an.

Tatsächlich steht meine Mutter genau um diese Zeit in der Küche, trinkt ein Glas warmes Leitungswasser, stützt sich an der Spüle ab und denkt: »Ich habe keine Kraft mehr, keinen Moment länger halte ich das aus.« Dann rafft sie sich auf, spricht stumm mit mir und David, wünscht uns, wie jeden Morgen, einen Guten Tag. Das Telefon klingelt, die Nachbarin stammelt in den Hörer: »Sie sind frei, sie sollen geflüchtet sein.« Meine Mutter fängt zu schreien an, mein Vater hört sie, springt tropfnass aus der Dusche und rennt die Treppe hinunter. »Was ist los?«, ruft er, ehe er begreift. Sie umarmen einander, lachen und weinen, und meine Mutter fängt zu singen an: »Ich liebe dich, und du bist alles, meine Daniela.«

Zur selben Zeit ist unser Freund Peter auf dem Weg zur Arbeit. Er steht auf der A 1 Richtung Bern im Stau, wie jeden Morgen. Wie jeden Morgen sieht er das Foto von uns, das seit 259 Tagen am Rückspiegel baumelt, das Radio läuft. Dann kommt die Meldung, die beiden am 1. Juli 2011 in Loralai entführten Schweizer seien frei, geflüchtet. Peter schert aus auf den Pannenstreifen, stellt den Motor ab, nimmt das Handy und ruft zu Hause an. Seine Frau Muriel macht gerade Frühstück, bestreicht die Brote für Liv und Fynn mit Himbeermarmelade. »Sie sind frei, Muriel, David und Daniela sind frei, geflüchtet, es ist endlich vorbei«, stammelt er. Muriel bricht in Tränen aus, sie weint und lacht, und die Kinder fragen: »Mama, was ist nun? Bist du traurig oder glücklich?«

Peter fährt ins Büro und sagt seinem Chef, inmitten einer Traube aufgeregter Mitarbeiterinnen: »Ich kann heute nicht arbeiten, ich komme morgen wieder.«

Er fährt zu Ursina, besorgt unterwegs belegte Brote und eine Flasche Rotwein, und um acht Uhr stoßen sie an auf unser zweites Leben.

EPILOG

ZEICHNUNG AUS DEM TAGEBUCH: BEIM DREH DES ERPRESSERVIDEOS

DAS LEBEN DANACH

Wenn ich heute mein Gefühl der Dankbarkeit beschreibe, zum Beispiel dafür, dass Dumbo in der Nacht unserer Flucht so tief und fest geschlafen hat, dann mag das auf Sie, liebe Leser, befremdlich wirken, als die Folge des Stockholm-Syndroms. Tatsächlich hatten David und ich immer wieder über dieses uns bekannte Syndrom gesprochen, und wir versuchten, es für unsere Zwecke, für das nackte Überleben, einzusetzen. So suchten und fanden wir die Nähe, das Vertrauen, das Zutrauen und eine Art Kollegialität zu unseren Bewachern.

Uns wurden achteinhalb Monate unserer Freiheit und unseres Lebens genommen, wir mussten sechstausendzweihundert Stunden lang gegen die Todesangst ankämpfen, und auch unsere Familien und Freunde haben ähnliche Ängste durchleben müssen. Jedoch hätten uns unsere Entführer fürs Leben weit mehr schädigen können. Ich möchte nicht ausführen, was alles hätte passieren können, wie versehrt an Leib und Seele wir hätten zurückkehren können.

»Am Ende bleibt das Leben«, hatte ich einmal in großen Lettern ins Tagebuch geschrieben, als ich den Anblick der hohen Mauern, die Insekten auf meinem Körper und den Nebel vor meinen Augen nicht mehr ertragen konnte. Dieser Satz hat eine viel tiefere Bedeutung, als ich damals – wir hatten gerade einmal die Hälfte der Zeit überstanden – erahnen konnte. Man hat uns die Freiheit und vieles mehr genommen. In Ansätzen waren sich unsere Entführer dessen bewusst, aber die eigentliche Dimension konnten sie nicht begreifen. Sie haben unser Leben auf immer verändert.

Wenn ich mich heute selber google und mich als Entführungsopfer sehe, dann wird mir klar, dass mein Leben nie mehr so sein kann wie zuvor. Ich hatte die Welt durch eine rosa Brille gesehen. Glücklich, meistens lächelnd, war ich durch die Tage gegangen. Zwar war mir schon früh bewusst, dass wir ein privilegiertes Leben führten, aber *wie* privilegiert wir sind mit unserer Sicherheit, Freiheit, Selbstbestimmung, aber auch mit unserem materiellen Wohlstand, das weiß ich erst heute.

Vor einigen Wochen habe ich eine Sendung mit Entführungsopfern gesehen. Ein Mann, dessen Entführung dreißig Jahre zurücklag, sagte, er habe lebenslänglich erhalten, seine Entführer dagegen seien wieder auf freiem Fuß und lebten unbeschwert in derselben Stadt wie er. Vermutlich stimmt das, vermutlich haben auch wir lebenslänglich. Wenn ich morgens aufstehe, steht mir augenblicklich die Entführung wieder vor Augen. Ich versuche, diese Erfahrung in mein Leben zu integrieren, sie anzunehmen und sie »lieb« zu gewinnen. Soweit dies möglich ist. Das hört sich vielleicht alles sehr befremdend und unverständlich an. Aber ich habe keine andere Wahl, ich muss die Entführung als einen Teil von mir akzeptieren, denn auslöschen kann ich sie nicht. In Gedanken bin ich mehrmals täglich in Pakistan, bei den Frauen und Kindern, aber auch bei unseren Bewachern. Meine Finger tippen jeden Tag einen Begriff im Zusammenhang mit Pakistan in eine Suchmaschine ein. Ich suche unsere Bewacher und habe einige auch gefunden, zum Beispiel in Propaganda-Videos. Wenn ich Nachrichten empfange, z.B. über Wali-ur Rehman oder den deutschen Taliban Schmatulla, die inzwischen beide bei Drohnenattacken ums Leben gekommen sind, dann stehen diese Menschen wieder in aller Deutlichkeit vor mir. Ich fühle mit ihren Frauen und Kindern, deren Existenz jetzt noch schwieriger sein wird, ich spüre aber auch wieder unsere Todesangst und empfinde wiederum Dankbarkeit, dass die Drohne diese Männer nicht in dem Moment ins Visier nahm, als sie bei uns waren.

Es ist mir wichtig geworden, Bücher über diese Region zu lesen, um besser zu verstehen, was uns angetan wurde. Auch habe ich Kontakt zu verschiedenen Familien aufgenommen, deren Kinder, Männer oder Frauen entführt sind. Ich versuche, ihnen Hoffnung zu geben und Einblicke in die Luftschloss-Überlebenskünste einer ehemaligen Entführten. Jeden Tag schaue ich im Internet, ob diese Opfer inzwischen frei sind, oder ob wenigstens ein Video eingegangen ist, und anschließend schreibe ich den Angehörigen wieder, spreche ihnen Mut zu.

Zudem versuche ich nach wie vor, Kontakt zum Doktor aufzunehmen, um ihm unseren Dank auszusprechen. Er soll schon kurz nach unserem Zusammentreffen freigekauft worden sein und sich anschließend – entsprechend unserem gegenseitigen Versprechen – für unsere Befreiung engagiert haben..

Oft werden wir gefragt, ob wir keinen Hass verspürten. David und ich hatten in Pakistan besprochen, dass wir, sobald wir im Flugzeug Richtung Heimat sitzen, alle Wut symbolisch aus dem Fenster werfen wollen. Das haben wir schluchzend, unter Tränen getan. Seitdem bin ich frei von Ressentiments oder Hass. Mit diesen negativen Gefühlen würde ich nur mir und meinem Umfeld schaden.

Trotzdem ist mir bewusst, dass eine Entführung eines der größten Verbrechen ist und dass es dafür keine Rechtfertigung gibt. Manchmal habe ich in diesen Innenhöfen gedacht, ich sei bereits tot. Es gab Momente, in denen ich glaubte, durchzudrehen, auch wenn ich es stets schaffte, dies nach außen nicht zu zeigen, denn ich war umzingelt von bewaffneten Bewachern. Dann habe ich mir gesagt, dass ich knapp dreißig Jahre alt bin, und selbst wenn ich mehrere Jahre gefangen sein sollte, so würden immer noch vierzig, fünfundvierzig Jahre Freiheit in der Schweiz auf mich warten, ich würde Kinder haben und mir alle meine Träume erfüllen können. Ich versuchte, die Situation zu ertragen und von den Einblicken in eine uns bis dato verborgene Welt zu profitieren.

Die Zustände in Waziristan sind für uns westliche Menschen schlichtweg unvorstellbar. In der Generation von Dumbos Mutter haben alle Familien mehrere Söhne verloren, im Krieg gegen die Sowjetunion, im darauffolgenden Bürgerkrieg in Afghanistan oder später im Kampf gegen die Amerikaner und ihre Verbündeten. Viele sind von Bomben getötet, manche in pakistanischen Sondergefängnissen zu Tode gequält worden. Hinzu kommen die Jungen und Mädchen, die am Mangel an Hygiene, medizinischer Versorgung oder den elementarsten Regeln der Säuglingspflege sterben. Wenn diese Mütter uns sagten, es sei doch nicht schlimm, wenn ich nicht nach Hause zurückkehren würde, meine Eltern hätten ja noch drei weitere Kinder, war das für uns ein Schock. Aber aus ihrer Sicht ist dieser Fatalismus verständlich. Für uns dagegen war es schon erschreckend zu riechen, welch verpestete Luft Dumbos Neugeborenes im Winter einatmete. Die Familie wärmte sich am offenen Feuer, das mitten im Raum loderte. Meistens wurden nur getrocknete Kuhfladen, Plastikmüll, alte Kleider und alte Schuhe verbrannt, denn Holz kostet Geld. Natürlich machte sich keiner Gedanken über Emissionen, denn derlei Gedanken sind das Privileg eines Menschen, der sich nicht ums nackte Überleben, sondern um Lebensqualität sorgt. In vielen Dörfern der Paschtunen-Region ist ein Ofenrohr, das den Rauch durch das Dach ins Freie leitet, schon eine technologische Raffinesse.

Achttausend Kilometer von uns entfernt leben die Frauen noch immer in ihrem Innenhof (falls nicht eine Rakete sie inzwischen getroffen hat). Ich weiß zu jeder Uhrzeit, was sie machen, welche harte körperliche Arbeit sie verrichten, wie sie sich, aus Perspektivlosigkeit, in ihre lebenslange Gefangenschaft fügen.

Wenn die Frauen mich fragten, ob ich meine Kleider zu Hause auch mit einer Bürste und kaltem Wasser in der Hocke mit schmerzendem Rücken abschrubben würde, dann log ich sie an und sagte: »Ja.« Wenn sie fragten, ob wir auch so selten Strom hätten und dann das Wasser zu Fuß holen müssten, antwortete ich ebenfalls mit einem verlogenen Ja. Ich brachte es nicht übers Herz, ihnen zu sagen: »Ich komme aus einem Land, wo es immer Strom und fließendes Wasser gibt, wo ich nur auf einen Knopf zu drücken brauche und eine Stunde später kommt die Wäsche sauber und nach Weichspüler duftend aus einer Maschine.« Heute fühle ich mich schuldig, weil ich sie belogen habe. Damals dachte ich, ich täte es zu ihrem Schutz. Heute denke ich, dass ich vor allem uns schützen wollte und dass ich mehr für diese Mütter hätte tun können.

Ich fühle mit diesen Frauen, ich hoffe, sie werden durch dieses Buch ein wenig sichtbarer.

Wie also hat uns die Entführung verändert? Werden wir nun auf das Reisen verzichten, nur noch nach Sicherheit und einem komfortablen Stillstand streben? Sollen wir uns in eine Gated Community zurückziehen? Sollen wir den Menschen grundsätzlich mit Misstrauen begegnen?

Dazu sind wir, David und ich, nicht in der Lage. Dazu haben wir zu viele positive Überraschungen erlebt, auf unseren Reisen ebenso wie in unserem Schweizer Alltag. Wir haben nicht nur liebende Eltern und Geschwister, sondern auch zahlreiche Freunde, die uns mit ihrer Zuwendung aufgefangen haben. Vieles hat sich geändert durch die Entführung, aber die

Freundschaften sind geblieben. Und Freundschaften lassen sich nur knüpfen, wenn man sich öffnet. Wir werden weiter auf die Menschen zugehen, wir werden neugierig bleiben, auch auf alles Fremde.

Die Liebe hat uns aufgefangen, hat uns ein neues Zuhause geschaffen. Vielleicht findet man nur bei geliebten und liebenden Menschen wieder zurück zu sich selbst.

Was am Ende bleibt, ist das Leben – und die Liebe.

DANKSAGUNG

Es gibt eine Unzahl von Menschen, denen wir zu danken haben, Menschen, die uns während und nach der Entführung ihre Unterstützung zukommen ließen und lassen. Einige wichtige haben in diesem Buch bereits Erwähnung gefunden, doch auch die vielen Ungenannten seien nicht vergessen.

Wir hatten den uns nahestehenden Menschen viel Kummer verursacht. Sie haben sich schon in den achteinhalb Monaten unserer Gefangenschaft einer Polemik stellen müssen, von der wir bis dato nichts wussten. Für diesen Kampf, die Freundschaft und Liebe danken wir allen. Sie haben uns nicht nur ihre Fürsorge, sondern auch ein offenes Ohr und Unterschlupf geboten, und vor allem haben sie uns das Vertrauen in uns selbst zurückgegeben.

Wir danken Davids Mutter Ursina und Danielas Eltern Yvonne und Beat, wir hatten manchmal unsere Bedenken, dass sie uns aufgegeben haben oder wir in Vergessenheit geraten sind. Nach unserer Rückkehr war uns klar, dass sie uns keinen Augenblick haben vergessen können und ihre Herzen von Trauer und Hoffnungslosigkeit überschattet waren, bis zu dem Moment, wo sie uns in die Arme nahmen und wir eintauchen konnten in den vertrauten und so sehr vermissten Geruch.

Aber nicht allein Angehörige und Freunde haben mit uns gelitten, selbst wildfremde Menschen waren mit uns solidarisch.

In Internetblogs haben Unbekannte den gehässigen Kommentaren widersprochen. Nach unserer Befreiung sind wir von Leuten kontaktiert worden, die ein ähnliches Schicksal hatten oder einfach nur ihrer Anteilnahme und Sympathie Ausdruck verleihen wollten. Dies alles gab uns Kraft.

Auch danken wir Christian Försch, Prinz unserer Herzen, der uns unermüdlich Mut gemacht und unsere Erinnerungsarbeit unterstützt hat, der alles noch einmal gemeinsam mit uns durchlebt und durchlitten und uns am Ende unsere Selbstachtung zurückgegeben hat. Er ist Teil dieser Geschichte geworden.

Wir danken dem ganzen DuMont Verlag, vor allem Tanja Rauch, welche uns an die Hand genommen und in ein neues Abenteuer geführt hat: die Entstehung eines Buches.

Daniela Widmer und David Och

Dieser Text basiert auf Danielas Tagebuchaufzeichnungen. Bei der Arbeit am Manuskript wurde mir klar, wie unterschiedlich wir vieles wahrgenommen und empfunden hatten. Dies betraf »objektive« Fakten (was sie zum Beispiel auf der Flucht für zwei Minuten hielt, war für mich eine Viertelstunde) ebenso wie Subjektives. Daniela spürte manchmal unter den Paschtunen eine menschliche Nähe, zu deren Wahrnehmung ich nicht in der Lage war – zu deutlich war für mich die latente Gewalt, zu groß der seelische Aufwand, mit dem ich meine Ausbruchs- und Rachefantasien unterdrücken musste, wenn ich zum Beispiel die unbeaufsichtigten Waffen oder die grobschlächtige Ich-Sucht Dumbos sah. Ich war so darauf konzentriert, keinem der Taliban an die Gurgel zu gehen, dass ich keine Herzlichkeit, aber auch keine Freude empfinden konnte, nicht einmal in den Schlaglichtern von Selbsttäuschung oder Träumerei, in denen man sich über die Wirklichkeit erhebt. Es ist vor allem Danielas sonnigem, optimistischem Wesen zu verdanken, dass wir (die gelangweilten Bewacher eingeschlossen) immer wieder Mut schöpften. Sie war in der Lage, selbst in absoluter Bedrängnis ein Luftschloss zu bauen, das unserem Gefängnis, dem Innenhof, entschwebte. Sie ist ein Mensch, der nicht einfach positives Denken nutzt, um egoistische Ziele zu erreichen, sondern der eine positive Energie im Herzen trägt und mit allen teilt.

Als wir uns schließlich zur Flucht entschlossen, schaffte sie es außerdem, ihre Ängste zu überwinden. Ein Mensch, der sich vor dunklen Kellern, Hornhaut an den Füßen und Nagetieren fürchtet, bricht in finsterer Nacht aus einem Gefängnis der Taliban aus und marschiert neben mir durch die Wildnis der Stammesgebiete! Eine unglaubliche Frau.

David Och

INHALT